東ドイツと「冷戦の起源」1949〜1955年

清水 聡 Soh Shimizu

法律文化社

東ドイツ

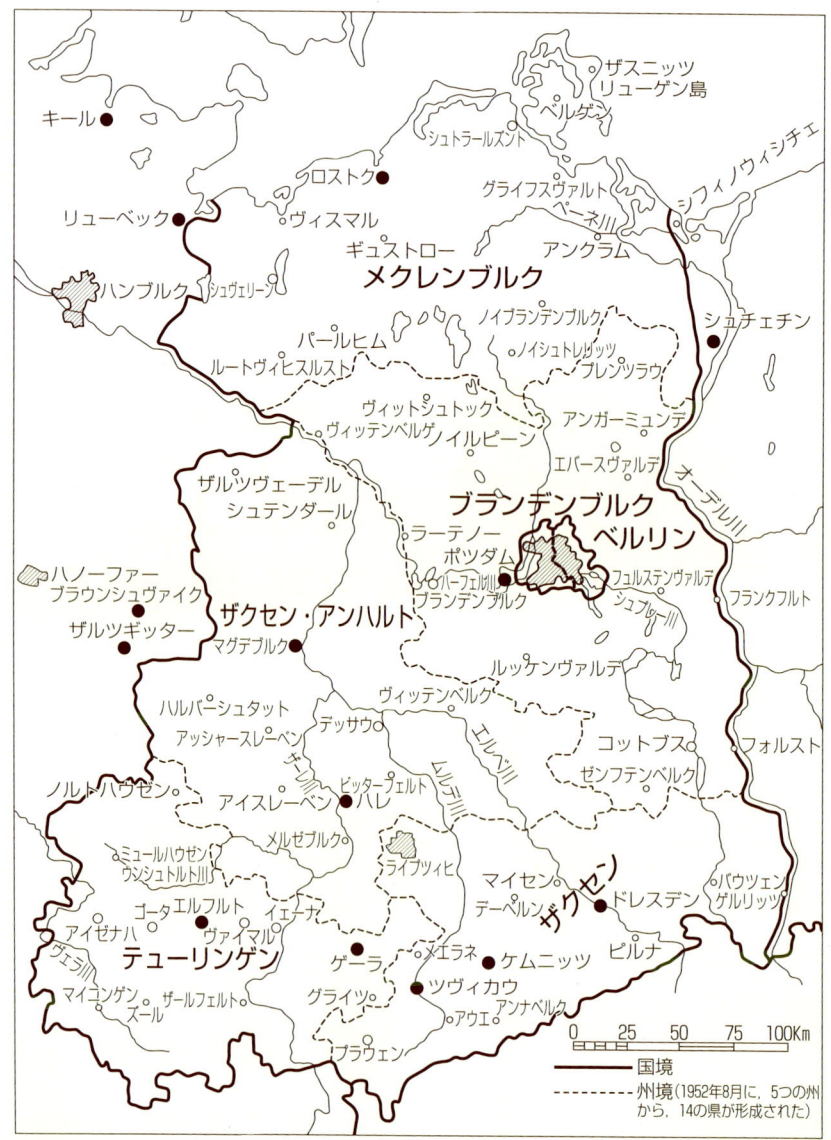

(Christian F. Ostermann, *Uprising in East Germany 1953: the Cold War, the German question, and the first major upheaval behind the Iron Curtain* (Budapest; New York: Central European University Press, 2001). オスターマンの研究書を参考に筆者が修正と加筆を加えた)

はじめに

　1990年10月3日，ドイツは統一された。本書は，ドイツの統一25周年を記念してまとめられたものである。とくに，統一と同時に姿を消したドイツ民主共和国（東ドイツ）について，その歴史（1949～1990年）を，「冷戦の起源」との関連から探っている。

　ドイツは日本と同様に第二次世界大戦の敗戦国であった。日本の戦後は，「敗戦－占領」に出発点があったのに対し，ドイツでは，「敗戦－占領」と「冷戦－分断」の2つに出発点があった。アメリカによる占領政策が開始された日本に対して，戦後のドイツはアメリカ占領地区，イギリス占領地区，フランス占領地区，ソ連占領地区へと四分割されていた。四分割された占領行政へと「冷戦」が流れ込み，1949年に，西側（米英仏）占領地区はドイツ連邦共和国（西ドイツ）として，ソ連占領地区はドイツ民主共和国（東ドイツ）として，それぞれ成立した。そして，1955年に至るまでの過程において，西ドイツは超大国アメリカを中心とした西側システムへと，東ドイツは超大国ソ連を中心とした東側システムへと，強固に組み込まれた。それは，ドイツにおける「冷戦」が，「秩序」として確立する過程であった（「冷戦秩序」）。

　西ドイツは資本主義を国家体制とし，東ドイツは社会主義を国家体制として，相互に国家の正統性をめぐる「体制競争」を開始した。ひとつのドイツ民族が2つの国家の成立を必要とする理由は，イデオロギーの相違（資本主義，社会主義）にあった。そのような東西ドイツの対立は，米ソ対立と連動し，1961年には「ベルリンの壁」が建設された。やがて「冷戦秩序」の制度疲労が見え始めた時，冷戦は終焉へと向かった。1989年11月9日，「ベルリンの壁」は崩壊し，1990年10月3日，東西ドイツは統一されたのである。

　このようなドイツにおける大きな歴史の流れは，冷戦後の史料公開によって，細部における「再検討」が進んでいる。筆者なりにその傾向を分類すれば，次の6点を指摘することができよう。すなわち，第1に西ドイツの「アメリカ化」と東ドイツの「ソ連化」の実態について，第2に東ドイツにおけるドイツ労働運動の伝統と戦後のソ連型社会主義との関係について，第3にドイツにお

ける国際冷戦と国内冷戦との相互関係について，第4に西ドイツと「ヨーロッパ統合の起源」について，第5にソ連の戦後ドイツ政策の展開について，第6にナチス・ドイツに対する「過去の克服」について，である。

　本書はこれらの「再検討」を念頭に，東ドイツにおける冷戦が「冷戦秩序」として確立するまでの1949～1955年の期間を分析した。この時期には，まだソ連の戦後政策に確定されていない部分があり，また東ドイツの発展方向も不明確であり（「社会主義か，統一か」），冷戦とは別の「秩序」へと至る可能性が残されていた。それらのことは，1952年の「スターリン・ノート」（ソ連による東西ドイツの中立的統一提案）や，1953年6月17日事件（東ドイツ全土における蜂起）に象徴されており，本書がとくに注意した研究課題である。

　また，1949～1955年の期間を説明するために，その前後の期間の分析についても，本書は取り組んでいる。とくにソ連占領地区における政治史，東ドイツの憲法制定過程，カードル・ノメンクラトゥーラ・システムの成立，プロテスタント教会の役割，である。さらに，東ドイツ研究の学問的位置づけを明確にするために，研究史の分析にも注意した。様々な研究者の分析・解釈を知ることが，冷戦，さらには東ドイツ史の理解に役立つのである。

　東ドイツに対する関心は高い。しかし，東ドイツは，ドイツ史のなかにどのように位置づけられるのか？　東ドイツは，ドイツの一部だったのか，それとも東ヨーロッパの一部だったのか？　そもそも社会主義とは何だったのか？　また，冷戦とは何だったのか？　これらの問題は思ったよりも難しい。本書は，東ドイツを分析する際に，なるべくドイツ史の流れ（時間軸）と，ヨーロッパ国際社会との関わり（空間軸）に注意して，東ドイツの位置づけを明確にすることを目指した。本書から，読者諸氏がひとつでも有意義な発見を得たとするならば，筆者としては望外の喜びである。

目　次

はじめに

略語一覧

序章　新史料で実証する東ドイツ政治外交史 …………………… 1
本書の目的　　東ドイツ史(1949～1955年)と史料　　本書の構成

第Ⅰ部　冷戦の起源と東ドイツ政治外交

【総説】ドイツ民主共和国研究の概観と問題点
冷戦史研究の動態　　冷戦史研究概観　　西欧諸国と「招待された帝国」
東欧諸国と「招待された帝国」

第1章　「ドイツからの冷戦」とドイツ民主共和国 ……………… 16
Ⅰ　国際レヴェルの「ドイツからの冷戦」論……16

国際レヴェルの「ドイツからの冷戦」論の研究状況　　国際レヴェルの「ドイツからの冷戦」論と時期区分

Ⅱ　国内レヴェルの「ドイツからの冷戦」論……20

国内レヴェルの「ドイツからの冷戦」論の研究状況　　全体主義体制としての東ドイツ　　「協議的権威主義体制」としての東ドイツ　　ドイツの統一と東ドイツ体制研究　　東ドイツ体制研究の諸問題

Ⅲ　東ドイツ体制研究の方法論と展望……27

東ドイツ体制研究の方法論　　国内レヴェルの「ドイツからの冷戦」論と時期区分

第2章　ヨーロッパにおける冷戦の激化と「ドイツ問題」 …… 34
Ⅰ　ヨーロッパにおける冷戦の激化……34

Ⅱ　ヤルタ会談から第二次世界大戦の終結へ……36

Ⅲ　「大同盟」から冷戦へ——ガディスの研究を参考に……38

「大同盟」から冷戦へ　　スターリンの戦後目的と「幻想」

Ⅳ　冷戦への多様な道……40

　　　　　　マーシャル・プラン　　ドイツと冷戦への多様な道
　　Ⅴ　東ドイツの憲法制定過程……46
　　　　　　ドイツの憲法と統治の歴史（概論）　　東ドイツの憲法制定過程の特徴
　　　　　　東ドイツの憲法制定過程とドイツ社会主義統一党
　　Ⅵ　ドイツにおける冷戦の激化……53
　　　　　　ヤルタ会談・ポツダム会談とソ連のドイツ政策　　西ドイツと東ドイツ
　　　　　　の「体制競争」　　過去の克服　　「プラハ・イニシアチブ」と「全ドイツ
　　　　　　設立委員会」構想

第Ⅱ部　独ソ関係の変容とドイツ中立化構想

　　【総説】「スターリン・ノート」と「冷戦モデル」
　　　　「スターリン・ノート」の概略　　ドイツと「冷戦モデル」

第3章　ヨーロッパ防衛共同体構想と「スターリン・ノート」……73

　　Ⅰ　ヨーロッパ防衛共同体と西側同盟……73
　　Ⅱ　「西側統合政策」の輪郭……74
　　　　——ヨーロッパ石炭鉄鋼共同体から「二重の封じ込め」へ
　　Ⅲ　「西側統合政策」と「統合による『帝国』」……77
　　　　——ルンデスタッドの研究を参考に
　　　　　　「統合による『帝国』」とアメリカ　　「統合」と冷戦
　　Ⅳ　「スターリン・ノート」と「ドイツ問題」……79
　　Ⅴ　「スターリン・ノート」に対する「肯定派」と「否定派」……85
　　　　　　「スターリン・ノート」研究の概略　　「スターリン・ノート」をめぐる研
　　　　　　究史の概観
　　Ⅵ　「スターリン・ノート」に対する西ドイツの対応外交……90
　　　　　　戦後ドイツ政治とアデナウアー政権　　西ドイツの政党の配置とキリス
　　　　　　ト教民主／社会同盟　　アデナウアー外交と「スターリン・ノート」
　　Ⅶ　「スターリン・ノート」に共鳴した「中立」勢力——「第三の道」路線……93
　　　　　　「中立主義」（「第三の道」）　　ドイツ社会民主党の政治・外交路線
　　Ⅷ　「スターリン・ノート」に対する西側同盟の対応外交……98
　　　　　　西側同盟の「スターリン・ノート」に関する分析過程　　「スターリン・
　　　　　　ノート」への西側同盟の対応外交（英米仏）　　「スターリン・ノート」と
　　　　　　欧州国際政治—「中立」,「選挙」,「領土」　　「覚書戦」への西側同盟の評価

ヨーロッパ思想とドイツの中立主義

第4章 「東ドイツ－ソ連」関係の転換点 ……………………… 115
Ⅰ 「ドイツ民主共和国」とソ連との関係……115
Ⅱ ソ連外交の意思決定過程――マストニーの研究を参考に……118
Ⅲ 「スターリン・ノート」に対する東ドイツの対応過程……120
　「国内派」と「モスクワ派」　ウルブリヒトと東ドイツの東側統合政策
Ⅳ 「スターリン・ノート」の失敗と東ドイツの東側統合……124
　モスクワ非公式協議（1952年4月1日・4月7日）の概略　モスクワ非公式協議を記録したソ連側の史料
Ⅴ 東ドイツにおける「社会主義の建設」――「ドイツからの冷戦」……128

第Ⅲ部　東ドイツ市民と社会主義システム

【総説】カードル・ノメンクラトゥーラ・システム
Ⅰ 東ドイツとカードル・ノメンクラトゥーラ・システム（ドイツ労働運動と「ソ連型社会主義」　カードル・ノメンクラトゥーラ・システムとは　カードル・ノメンクラトゥーラ・システムの概観　カードル政策）
Ⅱ ドイツ社会主義統一党と国家の権力構造（ドイツ社会主義統一党の権力手段とカードル・ノメンクラトゥーラ・システム　カードル・システムと「3つの世代」）

第5章 ドイツ労働運動と「ソ連型社会主義」 ……………………… 144
Ⅰ 1953年の「危機」……144
Ⅱ 東ドイツの「強硬」な「ソ連化」政策――「危機」の先鋭化……147
　第2回全党協議会（1952年7月9日～12日）と「強硬」な「社会主義の建設」　「社会主義の建設」の実態と「危機」の深刻化
Ⅲ スターリン以後の権力闘争……151
Ⅳ 1953年の「危機」とドイツをめぐる国際政治の動態……156
　アイゼンハワー政権と「解放政策」　「解放政策」と「西側統合政策」
　チャーチルと「ドイツ問題」　モロトフと「ドイツ問題」

第6章 「民族蜂起」と東ドイツ政治外交 ……………………… 168
Ⅰ 東ドイツと1953年6月17日事件……168
　「新コース」と東ドイツ指導部　6月17日事件―事件の経過　ソ連軍

　　　　と6月17日事件　　東ヨーロッパと6月17日事件　　ベリヤと6月17日
　　　　事件　　ウルブリヒトと6月17日事件
　　Ⅱ　6月17日事件とヨーロッパ国際政治の展開……179
　　　　アデナウアーと6月17日事件　　アイゼンハワーと6月17日事件
　　　　チャーチルと6月17日事件　　公表されなかった「モロトフ・プラン」
　　　　ヨーロッパ国際政治と6月17日事件

終　章　戦後ソ連とヨーロッパ国際秩序 ……………………… 193
　　Ⅰ　「スターリン・ノート」と「ドイツ問題」の地政学的再検討……193
　　　　「国際秩序」としての「冷戦秩序」　　オーストリアと「中立化」
　　Ⅱ　「冷戦秩序」の確立……197
　　　　ベルリン外相会議　　パリ協定と西ドイツの主権回復　　ワルシャワ条
　　　　約　　ジュネーブ会談
　　Ⅲ　プロテスタント教会と東ドイツ国家……201
　　Ⅳ　本書の成果と課題……204
　　　　「米ソからの冷戦」と「現地からの冷戦」　　本書の成果　　今後の課題

おわりに……211

文献一覧……219

索引（人名・事項）

＊本文における引用文中の〔　〕は，引用者による補足である。

略語一覧

ABI（Arbeiter-und-Bauern-Inspektion：労働者農民監査局）
AfS（Archiv für Sozialgeschichte：『社会史資料集』）
APuZ（Aus Politik und Zeitgeschichte：『政治・現代史論集』）
BEK（Bund der Evangelischen Kirchen in der DDR：東ドイツ福音主義教会連盟）
BRD（Bundesrepublik Deutschland：ドイツ連邦共和国〔西ドイツ・今日のドイツ〕）
BzG（Beiträge zur Geschichte der Arbeiterbewegung：『労働運動史紀要』）
CCFA（Commandement en Chef Français en Allemagne：フランス対独管理委員会）
CCG/BE（Control Commission for Germany, British Element：ドイツ管理委員会／イギリス部門）
CIA（Central Intelligence Agency：（アメリカ）中央情報局）
CDU（Christlich-Demokratische Union：キリスト教民主同盟）
CMEA（Council for Mutual Economic Assistance：経済相互援助会議）
CSCE（Conference on Security and Cooperation in Europe：欧州安全保障協力会議）
CSU（Christlich-Soziale Union：キリスト教社会同盟）
COMECON（Communist Economic Conference：コメコン，CMEAの通称）
DA（Deutschland-Archiv：『ドイツ資料集』）
DBD（Demokratische Bauernpartei Deutschlands：ドイツ民主農民党）
DDR（Deutsche Demokratische Republik：ドイツ民主共和国〔東ドイツ〕）
DEK（Deutsche Evangelische Kirche：ドイツ福音主義教会）
DFD（Demokratischer Frauenbund Deutschlands：ドイツ民主婦人同盟）
DTSB（Deutscher Turn- und Sportbund der DDR：ドイツ体操・スポーツ連盟）
EAEC（European Atomic Energy Community：ヨーロッパ原子力共同体）
EC（European Community：ヨーロッパ共同体）
ECSC（European Coal and Steel Community：ヨーロッパ石炭鉄鋼共同体）
EDC（European Defense Community：ヨーロッパ防衛共同体）
EEC（European Economic Community：ヨーロッパ経済共同体）
EKD（Evangelische Kirche in Deutschland：ドイツ福音主義教会）
EU（European Union：ヨーロッパ連合）
EURATOM（European Atomic Energy Community：ヨーロッパ原子力共同体）
FDGB（Freier Deutscher Gewerkschaftsbund：自由ドイツ労働組合総同盟）
FDJ（Freie Deutsche Jugend：自由ドイツ青年同盟）
FDP（Freie Demokratische Partei：自由民主党）
FRUS（Foreign Relations of the United States: Diplomatic Papers, U.S. Government Printing Office, Washington, D.C.：米国対外関係史料）
GATT（General Agreement on Tariffs and Trade：関税と貿易に関する一般協定）

HICOG（High Commission for Germany：連合国高等弁務府）
HJ（Hitler-Jugend：ヒトラー青年団）
HOs（Handelsorganisation：国営商店）
IBRD（International Bank for Reconstruction and Development：国際復興開発銀行）
IM（Inoffizieller Mitarbeiter：非公式協力者）
IMF（International Monetary Fund：国際通貨基金）
KDT（Kammer der Technik：技術委員会）
KGB（Komitet Gosudarstvennoi Bezopasnosti：ソ連国家保安委員会）
KP（Kommunistische Partei：共産党）
KPD（Kommunistische Partei Deutschlands：ドイツ共産党）
KPdSU（Kommunistische Partei der Sowjetunion：ソ連共産党）
KZ（Konzentrationslager：強制収容所）
LDPD（Liberal-Demokratische Partei Deutschlands：ドイツ自由民主党（1951年まではLDP））
LPGs（Landwirtschaftliche Produktionsgenossenschaft：農業生産協同組合）
MdI（Ministerium des Innern：内務省）
MfNV（Ministerium für Nationale Verteidigung：国[家]防[衛]省）
MfS（Ministerium für Staatssicherheit：国家保安省（シュタージ））
MSP（Mutual Security Program：相互安全保障計画）
NATO（North Atlantic Treaty Organisation：北大西洋条約機構）
NDPD（National-Demokratische Partei Deutschlands：ドイツ国家民主党）
NEP（Novaya Ekonomicheskaya Politika：新経済政策〔ネップ〕）
NÖS（Richlinien über das neue ökonomische System der Planung und Leitung der Volkswirtschaft：新経済システム）
NSDAP（Nationalsozialistische Deutsche Arbeiterpartei：国民社会主義ドイツ労働者党（ナチ党））
NVA（Nationale Volksarmee：国家人民軍）
OECD（Organization of Economic Cooperation and Development：経済協力開発機構）
OEEC（Organization for European Economic Cooperation：ヨーロッパ経済協力機構）
OMGUS（Office of Military Government for Germany, United States：アメリカ対ドイツ軍政本部）
ÖSS（Ökonomisches System des Sozialismus：社会主義経済システム）
PSB（Psychological Strategy Board：（アメリカ）心理戦略局）
RIAS（Rundfunk im amerikanischen Sektor (von Berlin)：（ベルリン）アメリカ占領地区放送，リアス放送）
SAPMO-BArch（Stiftung Archiv der Parteien und Massenorganisationen der DDR im Bundesarchiv：ドイツ連邦文書館旧東独共産党・大衆組織関係史料センター）
SBZ（Sowjetische Besatzungszone Deutschlands：ソ連占領地区）

SED（Sozialistische Einheitspartei Deutschlands：ドイツ社会主義統一党）
SKK（Sowjetische Kontrollkommission in Deutschland bzw. der SBZ：ソ連管理委員会）
SMAD（Sowjetische Militäradministration：ソ連軍政本部）
SPD（Sozialdemokratische Partei Deutschlands：ドイツ社会民主党）
SPK（Staatliche Plankommission：国家経済計画委員会）
UN（United Nations：国際連合）
UP（United Press：ユナイテッド・プレス）
VdgB（Vereinigung der gegenseitigen Bauernhilfe：農家相互援助連盟）
VfZ（Vierteljahrshefte für Zeitgeschichte：『季刊現代史』）
VKSK（Verband der Kleingärtner, Siedler und Kleintierzüchter der DDR：小菜園所有主・入植者・小動物飼育者連盟）
WEU（Western European Union：西欧同盟）
WTO（Warsaw Treaty Organization：ワルシャワ条約機構）
ZfG（Zeitschrift für Geschichtswissenschaft：『歴史学雑誌』）
ZV（Zivilverteidigung：民間防衛体制）

東ドイツと「冷戦の起源」1949〜1955年／序　章

新史料で実証する東ドイツ政治外交史

1. 本書の目的

　本書は，1949〜1955年の東ドイツ政治外交の展開について，とくに，①冷戦の起源と東ドイツ政治外交，②独ソ関係の変容とドイツ中立化構想，③東ドイツ市民と社会主義システム，④戦後ソ連とヨーロッパ国際秩序，に焦点を当てて分析を進める。それにより，東ドイツ政治外交の視座を中心としてヨーロッパ国際政治の再編過程の実相を解明する。

　欧米諸国では，冷戦の終焉と旧社会主義諸国の史料公開の進展により，東ドイツ政治外交史研究が飛躍的に前進した。本書は，欧米の最新の研究成果を日本に紹介するとともに，新史料を駆使した実証研究により，日本の研究者の視点から東ドイツ政治外交史（1949〜1955年）を捉え直すものである。

　ヨーロッパ国際秩序をめぐる研究について，現代史家ラレスは次のように分析している——1945〜1989/90年のヨーロッパ国際関係を特徴づけた傾向として，①冷戦，②ヨーロッパ統合運動，③トランス・アトランティック関係（西欧・アメリカ関係），④東欧諸国に対するソ連の権威的支配，に示される4つの潮流が確認される。その際，イギリスが①と③，フランスが②と③に外交政策上の強い連関性を持っていたのに対して，4つの潮流のすべてに適合・関連していたのはドイツだけであった（「ドイツ問題」の特殊性）。

　さらにラレスは，米ソの強いイデオロギー志向，すなわち「伝道活動（a strong missionary drive）」——自国の国内システムと類似のシステムを建設することを，独占的・排他的に世界規模へと拡大させる衝動——に着目すると同時に，その作用メカニズムを次のように結論づけた。アメリカは西欧における覇権的リーダーシップを西欧諸国との協議の下で行使したため，「招待された帝国（"empire" by invitation）」であったが，ソ連による東欧支配は「強要された窮屈な安定性（an enforced uneasy stability）」であり，ソ連の東欧支配とアメリカの西欧支配の形態は根本的に異なっていた。経済史の観点からみても，米ソ

双方の支配形態の相違から，東欧では，西欧で示されたような「経済の奇跡」は生じなかった。

ラレスは4つの潮流から冷戦史を捉え直したことで，アメリカと西欧諸国との関係が必ずしも一枚岩ではなく，多様な力学が西側陣営内部で作用していたことを明らかにした。しかし他方で，ソ連の東欧支配を一枚岩的で一貫していたとみなすことで，東側陣営内部の動態を単純化している。ラレスが解き明かした西側世界における多様な力学に関する動態分析を，東側世界の研究に応用することが重要である[1]。

冷戦後の東ドイツ政治外交研究の焦点は，この問題関心（東側世界における多様な政治外交力学の分析）に沿って進められた。例えば，ロートは，ソ連の対外政策の数次にわたる修正の過程で，東ドイツ側に政策調整の余地が生まれたとした[2]。また，シュターリッツは，著書『東ドイツの創設 *Die Gründung der DDR*』のなかで，東ドイツの国内再編の過程に注目し，ソ連の指令が東ドイツ指導部を経由して国内政治に反映され，そこに東ドイツ指導部の影響力が存在したことを指摘した[3]。他方，ヴェティヒからは，ソ連の支配力の強さが改めて指摘され，冷戦政策に関わる東ドイツ側のイニシアチブは限定的であることが強調された[4]。またヴェントカーは，ソ連外交の展開における東ドイツと東欧諸国との連関を強調している[5]。

これらの欧米の研究に対して，筆者は，東ドイツ政治指導部の外交政策について，「『スターリン・ノート』と冷戦 1950〜1952年—ドイツ統一問題をめぐるドイツ社会主義統一党（SED）の動向」を，また，冷戦の起源と東ドイツ政治外交との関係について，「ヨーロッパと冷戦史 1945〜1955年」を分析した[6]。

しかし，国内・国外の研究動向を俯瞰した場合，個別領域における研究は進んでいるものの，実証研究の「総合化」（新しい東ドイツ政治外交史の構築）は，依然として不十分である。筆者は，ドイツ冷戦史に取り組み，新史料に基づく実証研究を続けることにより，上記の課題に取り組んできた。これまでの研究で明らかになった課題は，①冷戦の起源と東ドイツ政治外交，②独ソ関係の変容とドイツ中立化構想，③東ドイツ市民と社会主義システム，に関わる3つの領域が，実際は，バラバラの個別事象ではなく，相互に関連し，それにより，1950年代の国際政治史を特徴づけてきた，とする視座であった。

他方で，筆者は，戦後ソ連とヨーロッパ国際秩序との関係について「戦後ドイツと地域統合」を，また，ゴルバチョフが示したドイツの中立化構想と「スターリン・ノート」との関係について"Integration of Postwar Germany"を，さらにソ連外交と「スターリン・ノート」との関係について「スターリン・ノートとソ連外交の展開」を分析した。ここからは，冷戦におけるソ連外交の連続性と不連続性の問題，さらには整合性と非整合性に関わる問題が新たな課題として念頭に浮かんだ。すなわち，「冷戦初期のソ連外交に一貫性はあったのか，なかったのか」とする課題である。これらの結果，4つ目の課題領域として，④戦後ソ連とヨーロッパ国際秩序，に関わる研究分析が必要不可欠となり，今回，本書を通じて総合化・体系化を試みる作業に取りかかった。

　その過程で明らかにされた研究課題は，戦後ヨーロッパ国際秩序の形成に関わる検討が，主にアメリカとヨーロッパとの関係で議論されることが多く，「ソ連外交－東ドイツ政治－ヨーロッパ国際秩序」を柱とする分析が見落とされてきたことであった。ソ連・東ドイツが冷戦の創出に積極的・主体的な役割をどこまで担ったかとする議論は，東ドイツ政治外交の詳細な検討が不可欠である。本研究の特色は，冷戦後に公開された史料［Stiftung Archiv der Parteien und Massenorganisationen der DDR im Bundesarchiv（SAPMO-BArch：ドイツ連邦文書館）所蔵史料］を使用して，東ドイツの歴史を，ソ連外交（社会主義史）とヨーロッパ国際秩序（ヨーロッパ外交史）の双方に位置づけることであった。従来，東ドイツ政治外交に関わる分析はソ連外交との関連で検討されることが多かったが，本研究はここにさらにもう1つの柱としてヨーロッパ国際秩序との関連から検討を進めた。それにより，東側世界においても多様な外交の力学が存在していたことが東ドイツを中心に明らかにされた。それは，一方で東ドイツ指導部による積極的なドイツ分断の受容であり，他方でソ連指導部によるドイツ分断とは異なるヨーロッパ国際秩序の模索であり，東ドイツ初期の歴史（1949～1955年）の東ドイツとソ連との関係を方向づけていた。この視点は本研究を一貫する主張である。

2．東ドイツ史（1949～1955年）と史料

　東ドイツ史（1949～1955年）に関わる史料のなかでも，とくに本書の作成に

際して活用した史料は次の文書である。SAPMO-BArch（ドイツ連邦文書館）所蔵史料として，(A)ドイツ社会主義統一党（SED）政治局史料，(B)東ドイツ指導部（とくにウルブリヒトやピーク）の遺稿，(C)自由ドイツ労働組合総同盟（FDGB）を中心とした大衆組織史料。さらに，Cold War International History Project, Woodrow Wilson International Center for Scholars（CWIHP：ウィルソン冷戦史研究センター）公開史料，『米国対外関係史料（FRUS）』，ソ連外務省史料，在独ソ連軍史料，ロシア連邦大統領府史料（APRF：Arkhiv Prezidenta Rossiiskoi Federatsii）のなかの，とくにソ連共産党政治局で開催された「ドイツ問題」に関する協議記録(Woodrow Wilson International Center for Scholars, Washington, D.C.: Cold War International History Project. Bulletin, Issue 4, Fall 1994, pp. 34-35, 48. (Source: APRF, Fond 45, opis 1, delo 303, list 179.))。さらには，連邦全ドイツ問題省によるドイツ外交関連史料（Bundesministerium für gesamtdeutsche Fragen (Hrsg.), *Die Bemühungen der Bundesrepublik um Wiederherstellung der Einheit Deutschlands durch gesamtdeutsche Wahlen* (Bonn: Ludw. Leopold, 1954).) である。また，以下の記録や史料もとくに活用した。

東ドイツ指導部とソ連指導部の会談記録（Rolf Badstübner and Wilfried Loth (Hrsg.), *Wilhelm Pieck —Aufzeichnungen zur Deutschlandpolitik 1945-1953* (Berlin: Akademie Verlag, 1994).)

モロトフによるドイツ統一構想関連史料（Elke Scherstjanoi, 'Die sowjetische Deutschlandpolitik nach Stalins Tod 1953: Neue Dokumente aus dem Archiv des Moskauer Außenministeriums,' in : *Vierteljahrshefte für Zeitgeschichte*, 46 (1998).)

ソ連外務省における講和問題関連史料（Jürgen Zarusky (Hrsg.), *Die Stalin-Note vom 10. März 1952: Neue Quellen und Analysen* (München: R. Oldenbourg, 2002).)

その他，関連史料・文献については，巻末の「文献一覧」にまとめた。

3. 本書の構成

ここで本書の構成をまとめておきたい。

第Ⅰ部「冷戦の起源と東ドイツ政治外交」では「ドイツからの冷戦」論を手

がかりとして議論が展開される。これは，冷戦の作用は必ずしも米ソからドイツへと一方通行に波及する局面ばかりでなく，ドイツの側から米ソへと影響を与える側面があったとする議論であり，この理論的枠組みを整理するために，第1章「『ドイツからの冷戦』とドイツ民主共和国」では，「ドイツ」と「冷戦」との関連に関わる「国際レヴェル」の側面と，「国内レヴェル」の側面について，それぞれ，従来の研究状況が分析される。とくに冷戦の終焉により，新史料が公開され，それにより，冷戦史研究は飛躍的に前進した。それらの新・旧の研究状況を分析することで，本書の独自の視点として，「ドイツからの冷戦」論の輪郭を第1章で示す。

　さらに第2章「ヨーロッパにおける冷戦の激化と『ドイツ問題』」では，戦後初期から東西ドイツの成立に至る国際政治の展開が分析される。とくに戦後のヨーロッパ国際秩序の形成をめぐる最大の焦点が「ドイツ問題」であったことから，米英ソの三大国が，どのような戦後構想を準備していたのか，さらにはそれらの構想は，国際政治の展開のなかで，どのような修正を迫られたのか，あるいは，ナチス・ドイツの崩壊後に生じるヨーロッパ大陸の「力の空白」に対してどのような国際秩序構想によって，三大国は対応しようとしたのか，これらの点が検討される。とくに，ヤルタ会談，ポツダム会談，ドイツへの占領政策，「2つのドイツ」の成立，さらには，ドイツ統一問題について，冷戦後の史料を用いながら再検討することが，第2章での課題である。

　第II部「独ソ関係の変容とドイツ中立化構想」の第3章「ヨーロッパ防衛共同体構想と『スターリン・ノート』」で論じる課題は，1952年3月10日に，ソ連から西側連合国（米英仏）宛に提案されたドイツの中立的統一提案，通称「スターリン・ノート」の帰趨をめぐる問題である。すでに1949年に2つのドイツが建国され，東西対立が激化していたこの時期に，なぜ，ソ連は同提案を提示したのか，さらには同提案の目的について，冷戦後に公開された史料を中心に検討する。「スターリン・ノート」をめぐっては冷戦史研究者を中心に，激しい論争が続いている。その争点は，とくにソ連の戦後ヨーロッパ政策への再検討であり，本書ではそれらの論争の概要についても指摘する。第3章では，ソ連と「ドイツ問題」との関連，ソ連の対ドイツ戦後構想の推移，西ドイツ指導部と冷戦との関係について，西ドイツ指導部の側からアメリカとの協力関係を

強く模索する動き（＝「招待された帝国」としてのアメリカ）について，それぞれ分析を進める。

ところで，「ドイツからの冷戦」論の対極に位置する視点が「米ソからの冷戦」論である（「ドイツからの冷戦」論については，第Ⅰ部を参照）。すなわち，米・ソ間の対立が直接ドイツへと波及し，資本主義・西ドイツ（BRD）と社会主義・東ドイツ（DDR）という2つのドイツの建国をもたらしたとする視点である。その場合，冷戦の作用は米・ソからドイツ（東・西）へと一方通行であり，ドイツは米・ソ間の対立（＝「米ソからの冷戦」）に不可避的に巻き込まれてしまったと考えられる。さらにこの議論に立脚すれば，米・ソは2つのドイツを建国した時点で，ドイツにおける分断体制を承認し，その維持・強化に向けて積極的に動き出したと考えられる。

しかし，このような「米ソからの冷戦」論に立脚した場合，はたして「スターリン・ノート」はどのように位置づけられるのであろうか？　東西ドイツが建国されてから3年後に，なぜソ連は「米ソからの冷戦」論に逆行する動きを示したのであろうか？　第Ⅱ部第4章「『東ドイツ−ソ連』関係の転換点」ではこの問題に答えるにあたって，「東ドイツ−ソ連」関係の展開について探る。その上で，ソ連の戦後方針には，東ドイツに対して，①「社会主義圏」（東欧諸国の一員）という選択肢と同時に，②「ドイツ問題」（東西ドイツの統一）という選択肢が存在したことを明らかにする。スターリンがこの2つの選択肢の間で揺れ動いていた状況が，第4章にて明らかにされる。

また，第4章では，東ドイツ指導部と冷戦との関係について，東ドイツ指導部の側からのソ連との協力関係を強く模索する動き（＝「招待された帝国」としてのソ連）について，あるいは「ドイツからの冷戦」論の作用について，それぞれ分析する。

第Ⅲ部「東ドイツ市民と社会主義システム」では，「スターリン・ノート」が西側に受け入れられなかった後の時期の，ドイツをめぐる状況を議論する。とくに第5章「ドイツ労働運動と『ソ連型社会主義』」で中心課題とされるのは，1953年6月17日に東ドイツで生じた蜂起（6月17日事件）の問題である。同年4月末から5月半ばにかけて，スターリン没後のソ連指導部は，「ドイツ問題」の解決をめぐって，西側との緊張緩和を模索していた。それは，「米ソ

からの冷戦」に逆行する動きであり，当時のイギリス首相チャーチルの外交方針（緊張緩和政策）とも相まって，ヨーロッパ国際秩序に大きな影響を与える可能性があった。他方，アメリカでは，同時期，政権が交代し（民主党から共和党），新しい世界戦略が発動された。それは「心理作戦」を通じてソ連圏を守勢に追い込むという，いわば「解放政策」の方針に立脚していた。ソ連，イギリスの方針（平和外交政策）とは異なるが，アメリカもまた現状の打開を政権公約に掲げ，それを実践に移していた。そしてそのようにドイツを中心にヨーロッパ情勢が変化する可能性を秘めていた時期に，6月17日事件が生じた。同事件は東ドイツ体制を根底から揺さぶり，ソ連の軍事介入により蜂起はかろうじて鎮圧された。

　6月17日事件について，第5章では，6月17日事件が発生した諸要因について，同事件の発生と東ドイツ指導部の進めた国内政策との関連について，さらには，スターリン没後の「ソ連・東欧圏」における権力闘争の影響について，それぞれ分析する。

　さらに第6章「『民族蜂起』と東ドイツ政治外交」では，第5章の研究成果を踏まえて，6月17日事件がヨーロッパ国際政治に与えた影響について探る。とくに，ソ連の外交政策，イギリスの外交政策，さらにはアメリカの進めた東ドイツに対する「解放政策」の展開について，それぞれ分析する。また，6月17日事件により「国際秩序」はどのような影響を受けたのかを探る。

　終章「戦後ソ連とヨーロッパ国際秩序」では，各部の議論を踏まえて，1955年に「国際秩序」としての「冷戦秩序」が確立したことを指摘し，1955年以降，「ドイツ問題」に関しては，「ドイツからの冷戦」と「米ソからの冷戦」が均衡したことを明らかにする。なお，終章の個別課題は，ソ連外交の「中心－周縁」と「招待された帝国」としてのソ連について指摘する。とくに，①オーストリア国家統一条約（中立化政策，1955年）とドイツ中立化構想（1952年）との比較分析，②冷戦の確立（「1955年体制」）とフルシチョフによる「二国家理論」について，それぞれ検討することである。

1) Klaus Larres, 'International and security relations within Europe,' in : Fulbrook, Mary (ed.), *Europe since 1945* (New York: Oxford University Press, 2001), pp. 187, 195.

2) Wilfried Loth, *Stalins ungeliebtes Kind: warum Moskau die DDR nicht wollte* (München: Deutscher Taschenbuch Verlag, 1996) ; Wilfried Loth, *Die Teilung der Welt: Geschichte des Kalten Krieges 1941-1955*, 7. überarbeitete Neuaufl(München: Deutscher Taschenbuch Verlag, 1989).

3) Dietrich Staritz, *Die Gründung der DDR: von der sowjetischen Besatzungsherrschaft zum sozialistischen Staat*, 3., überarbeitete und erw. Neuaufl (München: Deutsche Taschenbuch Verlag, 1995) ; Dietrich Staritz, *Geschichte der DDR*, Erw. Neuausg, (Frankfurt am Main: Suhrkamp, 1996).

4) Gerhard Wettig, *Bereitschaft zu Einheit in Freiheit?* (München: Olzog, 1999) ; Gerhard Wettig, 'Die Deutschland-Note vom 10. März 1952 auf der Basis der diplomatischen Akten des russischen Außenministeriums,' in : *Deutchland-Archiv*, 26 (1993), S. 786-805.

5) Hermann Wentker, *Außenpolitik in engen Grenzen. Die DDR im internationalen System 1949-1989* (München: Oldenbourg, 2007). (ヘルマン・ヴェントカー著, 岡田浩平訳『東ドイツ外交史 1949～1989』三元社, 2013年。)

6) 清水聡「『スターリン・ノート』と冷戦 1950～1952年 ―ドイツ統一問題をめぐるドイツ社会主義統一党（SED）の動向」『ロシア・東欧研究』第37号, 2009年3月, 58～68頁。
清水聡「〈書評論文〉ヨーロッパと冷戦史 1945～1955年」『国際政治』第159号, 2010年2月, 162～174頁。

7) 清水聡「戦後ドイツと地域統合」（山本吉宣・羽場久美子・押村高編著『国際政治から考える東アジア共同体』ミネルヴァ書房, 所収）2012年, 277～296頁。Soh Shimizu, 'Integration of Postwar Germany: Experience of Western Europe and Integration of East Asia,' in: G. John Ikenberry, Yoshinobu Yamamoto and Kumiko Haba (eds.), *Regional Integration and Institutionalization comparing Asia and Europe* (Kyoto: Shokadoh 2012), pp. 215-232.

第Ⅰ部
冷戦の起源と東ドイツ政治外交

総説 ドイツ民主共和国研究の概観と問題点

1. 冷戦史研究の動態

　冷戦の終焉により，「冷戦史」が歴史研究の対象として改めて注目されるようになった。従来，冷戦史研究は現実の世界政治の動向に左右されやすく，資本主義諸国での研究は，資本主義陣営に傾斜した冷戦理解を提供するのか（正統主義史観），それとも社会主義陣営に傾斜するのか（修正主義史観）という，二分論的思考様式に陥り，学問的にも二極化する傾向を強く帯びていた。[1]

　しかし，このような学問と現実政治との強い相互補完性は，冷戦の終焉によって大きく変化した。現実の冷戦動態に影響を受けることのない，冷戦期よりも中立的で客観的な研究環境が整えられると同時に，旧社会主義諸国の史料の公開が進んだことで，それまで憶測が必要とされた歴史事象・歴史過程が，実証的な研究対象へと変わり始めたのである。ウッドロウ・ウィルソン・センターでの冷戦国際史プロジェクト，[2] 冷戦研究に関するハーバード大学のプロジェクト，さらにはわが国における日本国際政治学会（とくに「冷戦史部会」）では，近年とくに冷戦史の「再検討」を課題として，次々と新しい研究成果が提示されている。[3]

　第Ⅰ部では，これらの冷戦史研究の新しい動向を踏まえつつ，東ドイツと冷戦との相互関連をみるうえで重要と思われる研究枠組みを整理し，その上で，冷戦の起源と東ドイツ政治外交との関連について探る。その際，以下では，東ドイツに関わるヨーロッパ冷戦史についての従来の議論を整理し（研究史概観），新しい研究枠組みとしての「ドイツからの冷戦」論――東ドイツ指導部がソ連指導部に強い影響（作用）を与えたことで，ソ連が「ドイツからの冷戦」から手を引けなくなったと考える冷戦論――の意義と課題について検討する。

2. 冷戦史研究概観

　従来の冷戦史研究を俯瞰すれば，次の２つの傾向を認めることができる。すなわち第１に，「国際システム」として冷戦の特徴を掘り下げる議論である。モーゲンソーは，国家間に働く勢力均衡の概念を冷戦期の動態にあてはめて議論し，[4] カプランは，冷戦の国際システムを「緩やかな双極システム Loose Bipolar System」として捉えた。[5] またギャディスは，緊張状態にもかかわらず安定した国際システムとしての冷戦を描写し，冷戦を「長い平和」の時代として位置づけた。[6] これらの研究では，冷戦の本質が米ソ二大超大国による国際共同管理体制として把握され，巨視的な視点から冷戦が体系的・構造的に論じられた。

　しかし，これらの議論では，冷戦の安定的・静的側面を強調することにより，冷戦の動的側面が軽視されている。また，「長い平和」と論じるギャディスの議論は，

少なからぬ熱戦の事実（朝鮮戦争，ヴェトナム戦争）を軽視すると同時に，東側で進んだ抑圧（人権侵害，移動制限，言論封殺）の程度をも「平和」とみなすなど，多くの問題を孕んでいる。

　他方，従来の冷戦史研究の第2の傾向は，アメリカの対外政策の基礎を構築するためにソ連の本質を探ろうとした研究であり，源流は，アメリカの「封じ込め政策 (containment policy)」の基盤となったケナンによる分析である。そしてソ連の本質を膨張主義とみなすケナンの議論をより精緻化したウラムの研究に対して，ハレーは，ソ連が自国の安全保障問題を解決するために，ヨーロッパにおける領土の確保を目指したことが，アメリカと西欧の強い不信感と反発を招き，東西間の対立を激化させた，と論じた。また西ドイツの戦後ソ連外交研究の第一人者マイスナーによる研究も，この第2の傾向に含まれる。

　この冷戦史研究の第2の傾向は，冷戦後，さらに精緻化され，マストニーは，戦争の後遺症と，国際的に包囲されることへの恐怖心理から，ソ連指導部に潜むパラノイアを見抜き，安全保障問題がソ連指導部の最大の関心事であったと論じた。またアドマイトは，ソ連が自国の安全保障問題を解決するために，過剰な領土的膨張を追求し，それ（過剰膨張）が「ソ連帝国」にとって，むしろ深刻なマイナス要因になったと論じた。これらソ連の本質を探る研究は，程度の差はあるものの，ほぼ共通して，ソ連の安全保障問題に対する不安心理を描写している。そしてその不安を解消するために，領土を必要とし，東欧諸国がソ連の国内システムと類似のシステムへと変質させられたと論じた。しかし，共産化の程度（さらには共産化に対する現地での反発の度合い）は，対象国によって強弱が異なった可能性があったことは否めない上，「東欧」と論じる場合に，東ドイツが含まれるのか否か，これらの議論からは判然としない。

3. 西欧諸国と「招待された帝国」

　このような従来の冷戦史研究（一部，近年の冷戦史研究を含む）の問題に対して，西欧諸国の個々の動態に焦点を当てた冷戦論が，新たな理論的枠組みを提示しつつある。ルンデスタッドは，西欧諸国がソ連の脅威に対抗するために，自発的にアメリカの関与を招き入れたという見解を示し，戦後の西欧諸国へのアメリカの関与を「招待された帝国」と表現した。また高橋進は，従来の冷戦史（およびデタント研究）において，ヨーロッパが2つの超大国の舞台としてのみ論述されてきたこと（「ヨーロッパにおける冷戦とデタント」史観）に疑問を抱き，新たな歴史観「西欧の冷戦とデタント」（西欧がいかにアメリカを冷戦に引きずり込んでいったのか）を強調した。これらの議論は，前述した国際システムとしての冷戦論，あるいはソ連の本質を探る冷戦論とは異なる理論の提示であった。すなわち，従来，超大国の下位システムとみなされてきた国々（アメリカに対する西欧諸国）が，実際には単なるアメリカ

の従属国ではなかったこと，さらに西欧諸国が，自国の軍事的脆弱性を補うために，むしろ積極的にアメリカの関与を「招き入れた」ことを論証したのである。

また先に指摘したラレスは，ヨーロッパ国際関係（1945～89/90年）について，4つの潮流──①冷戦，②ヨーロッパ統合運動，③トランス・アトランティック関係（西欧・アメリカ関係），④東欧諸国に対するソ連の権威的支配──から分析し，イギリスが①と③，フランスが②と③に外交政策上の連関性を持っていたのに対して，ドイツは4つの潮流のすべてに適合・関連していたと指摘した。そのうえでラレスは，多様な力学が西側陣営内部で作用していたことを明らかにした。そして今日，ラレスが解き明かした西側世界における多様な力学に関する動態分析を，東側世界の研究に応用することが求められている。

4．東欧諸国と「招待された帝国」

アメリカと同様，ソ連も「招待された帝国」であった，とする議論は，長い間見落とされてきた。しかし，冷戦の終焉により公開され始めた史料を用いることによって，少しずつではあるが，「招待された帝国」としてのソ連が議論されるようになってきた。例えば柳沢秀一は，東欧各国の指導者が，東欧の複雑な領土問題の解決をソ連に求め，自ら進んでソ連の支配下に入る側面もあったことを実証した。すなわち，領土問題の調停者としてのソ連の役割であり，柳沢はルーマニア・ハンガリー間，チェコスロヴァキア・ポーランド間の領土問題を題材にして議論を展開した[15]。

さて，ラレスが論じたように，また「ドイツ問題」というタームが示しているように，ドイツは戦後ヨーロッパにおける複雑な諸事象のすべてを抱え込んだ地域であった（ラレスは論じていないが，筆者が補足的に想定し得ると考える第5，第6の潮流──⑤帝国の崩壊〔ないしは没落〕と植民地の独立，⑥領土問題──についても，とくに第6に関して，戦後ドイツは深く関わりを持っていた）。したがって「ドイツ問題」の考察は，冷戦史の実相を解く手がかりとなるが，その際，上記の研究枠組み，すなわち「招待された帝国」としてのソ連論を，東ドイツを中心に論じることは可能であろうか？　また，この分析枠組みを用いる際，誰が主要なアクターであり（政治指導者か，政治的反対派か，大多数の国民か），時期区分をどのように設定することが求められるのであろうか？（なお，以下の分析では，東ドイツに関連した「招待された帝国」としてのソ連論を，「ドイツ〔東ドイツ〕からの冷戦」論と呼ぶ。もっともその際，「ドイツ〔東ドイツ〕からの冷戦」論の場合，半ば無理やりソ連を「招待」する側面もあったことを付け加えておく）。

この問いに答えるにあたって，ロートによる研究を参照しておこう。従来，東ドイツ史は，ヴェーバーや，ゼーテが示しているように，ソ連が戦後初期から東ドイツの成立を追求し，ソ連の傀儡政党（ドイツ社会主義統一党〔SED〕）を頂点とした

支配体制を確立させたと考えてきた[16]。しかしロート，クレスマン，シューリッツは，冷戦後に入手可能となった史料を用いて，これとはまったく異なる見解を提示した。すなわちソ連は，1952年に至るまで，東ドイツの建国，さらには東ドイツの社会主義的発展を望んでおらず，東ドイツは，他の東欧諸国とは別のカテゴリー（「ドイツ問題」）におかれた。すなわち，東ドイツの歴史発展（建国，国際的承認の確保，社会主義的発展）は，東ドイツの最高権力者ウルブリヒトによるソ連への強い働きかけの結果，成し遂げられた[17]。すなわちソ連は，「ドイツ（東ドイツ）からの冷戦」に巻き込まれたのである。シューリッツが論じているように，ソ連から提案されたドイツの中立的統一提案「スターリン・ノート」（1952年）が，西側から拒否されたことを受けて初めて，ソ連は具体的な東ドイツに関する構想を打ち出し始めている[18]。東ドイツに関する具体的な構想とは，東ドイツの安全保障政策（準軍事機構の設置，西ドイツ・東ドイツ間の国境警備の強化，国境の封鎖〔ベルリンは除く〕），ならびに政治経済機構の再編（「社会主義の建設」の開始，行政機構の再編〔州の解体と県の設置，中央集権システムへの再編〕）である。そのことは，中田潤が指摘しているように，ソ連は東ドイツに対して，一貫した明確な構想を準備しておらず，西側諸国の政策への対応過程のなかで，止むを得ず東ドイツの建国を承認したとも考えられるのである[19]。

これらの議論からは，西欧諸国と同様に東欧諸国も，超大国による庇護を確保することで，国内の統治能力を強化・維持することを目指したことが確認できる。行為主体は政治指導層であり，一般の国民の動向は別の分析視角から検討されなければならない。また，本稿が扱う「ドイツ（東ドイツ）からの冷戦」について，それが作用した時期区分について考察されなければならない。以下，第1章では「ドイツからの冷戦」の研究状況，さらには時期区分の問題について論じる。[20]

1) 冷戦史観の分類については，麻田貞雄「冷戦の起源と修正主義研究――アメリカの場合」『国際問題』第170号，1974年5月，2～21頁。
2) Hope M. Harrison, 'Ulbricht and the concrete "rose": new archival evidence on the dynamics of soviet-east German relations and the Berlin crisis, 1958-1961,' in : *Cold War International History Project: Working Paper*, No. 5 (May 1993) ; Vladislav M. Zubok, 'Khrushchev and the Berlin crisis (1958-1962),' in : *Cold War International History Project: Working Paper*, No. 6 (May 1993) ; Christian F. Ostermann, 'The United States, the east german uprising of 1953, and the limits of rollback,' in : *Cold War International History Project: Working Paper*, No.11 (December 1994) ; Ruud Van Dijk, 'The 1952 Stalin Note debate: myth or missed opportunity for German unification?,' in : *Cold War International History Project: Working Paper*, No.14 (May 1996).
3) 冷戦史研究に関する近年の研究動向と研究成果は，田中孝彦「序論　冷戦史の再検討」

『国際政治』第134号，2003年11月，1～8頁。田中孝彦「冷戦構造の形成とパワーポリティクス」（東京大学社会科学研究所編『20世紀システム（1）構想と形成』東京大学出版会，所収）1998年，216～251頁。田中孝彦「冷戦史研究の再検討」（一橋大学法学部創立50周年記念論文集刊行会編『変動期における法と国際関係』有斐閣，所収）2001年，523～545頁。Odd Arne Westad, *The Global Cold War: Third World Interventions and the Making of Our Times*（Cambridge: Cambridge University Press, 2005）．（O・A・ウェスタッド著，佐々木雄太監訳，小川浩之・益田実・三須拓也・三宅康之・山本健訳『グローバル冷戦史―第三世界への介入と現代世界の形成』名古屋大学出版会，2010年。）菅英輝編著『冷戦史の再検討―変容する秩序と冷戦の終焉』法政大学出版局，2010年。菅英輝編著『冷戦と同盟―冷戦終焉の視点から』松籟社，2014年。佐々木卓也『冷戦―アメリカの民主主義的生活様式を守る戦い』有斐閣，2011年。

4） Hans J. Morgenthau, *Politics among Nations: The Struggle for Power and Peace*（New York: Knopf, 1948）．（ハンス・J・モーゲンソー著，現代平和研究会訳『国際政治』福村出版，1986年，364～367，376～381頁。）

5） Morton A. Kaplan, *System and Process in International Politics*（New York: J. Wiley, 1957），pp. 36-43.

6） John Lewis Gaddis, *The Long Peace: Inquiries Into the History of the Cold War*（New York: Oxford University Press, 1987）．（ジョン・L・ギャディス著，五味俊樹他訳『ロング・ピース―冷戦史の証言「核・緊張・平和」』芦書房，2002年，375～422頁。）

7） George F. Kennan, *American Diplomacy, 1900-1950*, Expanded Edition（Chicago: University of Chicago Press, 1951）．（ジョージ・F・ケナン著，近藤晋一・飯田藤次・有賀貞訳『アメリカ外交50年』岩波書店，1991年，161～191，271～280頁。）

8） Adam B. Ulam, *Expansion and Coexistence: Soviet Foreign Policy, 1917-73*, 2 nd ed（New York: Praeger, 1974）．（アダム・B・ウラム著，鈴木博信訳『膨張と共存―ソヴェト外交史（全3巻）』サイマル出版会，1974年。）

9） Louis J. Halle, *The Cold War as History*（London: Chatto & Wisdus, 1967）．（ルイス・J・ハレー著，太田博訳『歴史としての冷戦―超大国時代の史的構造』サイマル出版会，1970年，2～8頁。）

10） Boris Meissner, *Rußland, die Westmächte und Deutschlandpolitik: Die sowjetische Deutschlandpolitik, 1943-1953*, 2. Aufl（Hamburg: H.H. Nölke, 1954）．

11） Vojtech Mastny, *The Cold War and Soviet Insecurity: The Stalin Years*（New York; Oxford: Oxford University Press, 1996）．（ヴォイチェフ・マストニー著，秋野豊・広瀬佳一訳『冷戦とは何だったのか―戦後政治史とスターリン』柏書房，2000年，282～292頁。）

12） Hannes Adomeit, *Imperial Overstretch: Germany in Soviet Policy from Stalin to Gorbachev: An Analysis Based on New Archival Evidence, Memoirs, and Interviews*, 1. Aufl（Baden-Baden: Nomos Verlagsgesellschaft, 1998），pp. 11-12.

13） Geir Lundestad, *The United States and Western Europe: Cooperation and Conflict: The Past, The Present, and The Future*（Kyoto: The Doshisha, 1997），pp. 6-7.

14） 高橋進「西欧のデタント―東方政策試論」（犬童一男・山口定・馬場康雄・高橋進編『戦後デモクラシーの変容』岩波書店，所収）1991年，1～68頁。

15) 柳沢秀一「領土問題とソ連＝東欧諸国関係の変容」『国際政治』第134号，2003年11月，9～25頁。
16) Paul Sethe, *Deutsche Geschichte im letzten Jahrhundert von 1848 bis 1960*, 2. Aufl (München: W. Heyne Verlag, 1978).
17) Wilfried Loth, *Stalins ungeliebtes Kind: warum Moskau die DDR nicht wollte* (München: Deutscher Taschenbuch Verlag, 1996), S. 8.
18) Dietrich Staritz, *Die Gründung der DDR: von der sowjetischen Besatzungsherrschaft zum sozialistischen Staat*, 3., überarbeitete und erw. Neuaufl (München: Deutsche Taschenbuch Verlag, 1995), S. 211.
19) 次の研究も，1952年を重要な分岐点と捉えている。佐瀬昌盛「西ドイツにおける冷戦研究」『国際問題』第170号，1974年5月，22～34頁。
20) 中田潤「冷戦体制と分裂国家ドイツの成立——最近の議論の紹介」『歴史と地理——世界史の研究』第566号，2003年8月，59～63頁。

冷戦の起源と東ドイツ政治外交／第1章
「ドイツからの冷戦」とドイツ民主共和国

I 国際レヴェルの「ドイツからの冷戦」論

1. 国際レヴェルの「ドイツからの冷戦」論の研究状況

　「ドイツ（東ドイツ）からの冷戦」に立脚した研究は、これまでの議論で概観してきたように、きわめて少ない。その理由の第1は、「ドイツ（東ドイツ）からの冷戦」にソ連が次第に絡め取られる過程として国際レヴェルでの冷戦史を見直すことが、冷戦期の限られた史料状況では、きわめて困難であったことによる。「ドイツからの冷戦」論に立脚するためには、現地（＝東ドイツ）とソ連との対外交渉過程・相互作用過程を綿密に調査すること以外に他に方法はなく、そのためには史料確保が絶対条件であったのである。
　加えて、第2の理由は、東ドイツの国際的位置づけの複雑さにあった。ドイツは敗戦国であり、終戦形態として無条件降伏の方式が採用されたため、ソ連が該当地域の「ソ連占領地区（SBZ：1945〜1949年）」を占領・支配・管理することは、他の東欧諸国の場合と異なり、道義的・国際法的に問題がなかった（SBZは1949年以降、「ドイツ民主共和国〔東ドイツ＝DDR：1949〜1990年〕」となる）。他の東欧諸国での共産化の試み（とくに、ポーランド、チェコスロヴァキア）が西側諸国の過剰な反発を引き起こしたのに対して、SBZの管理・運営の全権はソ連に委ねられ、西側諸国がソ連の占領政策に直接、干渉することはなかった。4つの占領地区を4つの占領国（アメリカ、イギリス、フランス、ソ連）がそれぞれ個別に管理していたのであり、仮に占領方針・占領政策に関して、全ドイツで統一的な政策の調整が必要と判断された場合にも、個別に相互干渉するのではなく、四大国が共同で開催する連合国ドイツ管理理事会が議論の場とされ、そこで意見調整が図られたのである。このように、SBZ支配がソ連の正統な権限であったため、ソ連指導部とソ連占領地区／東ドイツ（SBZ/DDR）指導部と

の関係は、他の東欧諸国よりも垂直的な関係にならざるを得なかった。したがって、SBZ/DDRでの現地からソ連への要求、現地からソ連へと作用する力学、すなわち「ドイツからの冷戦」は、そもそも議論の土台として考えられることがほとんどなかったのである。

　しかしこれら2つの要因に対して、冷戦の終焉により史料公開が進んだこと、1980年代から「ドイツからの冷戦」論と類似の議論が展開され始めたことから、研究状況は大きく変わりつつある。例えばクレスマンは、被占領者が占領側に与えたインパクトについて、「占領国はすべて、[……]多かれ少なかれドイツ人の協力に依存していた」と論じ、前述したロートは、SBZ/DDR指導部がソ連指導部に与えた作用を重視した。これらから引き出される見解を、筆者なりに整理すると以下のようになる。すなわち、①ソ連によるSBZ/DDR支配は、必ずしも垂直的な関係となる局面ばかりでなく、現地（＝SBZ/DDR指導部）からの要求がソ連の占領政策決定にかなりの多くの影響を与えたこと。②さらにそのようなSBZ/DDRにおける支配政党であるドイツ社会主義統一党（SED）が、現地の市民に不人気であったが故に、占領政策が強硬的・一元的政策にならざるを得ず、恒常的に市民とSED指導部との間の緊張関係を招いたこと。③これらのSBZ/DDRにおける政治動態が、西側諸国にSBZ/DDRの共産化の試みと解釈されたこと。④ドイツ統一（＝冷戦の緩和）に固執するソ連指導部（とくにスターリン）の意図を最終的に挫折させ、ソ連を「ドイツ（東ドイツ）からの冷戦」に巻き込んだのは、自らの権力基盤に固執するSED指導部（とくにウルブリヒト）であったこと、である。

2. 国際レヴェルの「ドイツからの冷戦」論と時期区分

　ところで、仮に「ドイツからの冷戦」が冷戦史と東ドイツ史の再検討に資する議論であると仮定して、それが作用する時期はどのように区分されるであろうか？　この問題は、後述する東ドイツ国内の動態とも関連しているので議論を避けることはできない。その際、レムケの議論を参照することが重要である。

　レムケは、従来の東ドイツ研究が独裁の形態に関する議論に固執しすぎていることに警鐘を鳴らし、国際・国内の複雑な連繋をみることが重要であると論

じた。そして，西ドイツが1951年以後，経済的・社会的発展の結果，国際舞台での自立性を勝ち得たのに対して，東ドイツは1949年以後も，公式的には独立国家の位置づけであったものの，本質的には，国際舞台での主権と国内政治の場面において自立していないこと，むしろ，①東ドイツがソ連の保護国であったこと，②国際舞台で生き残るための他の選択肢が東ドイツにはほとんどなかったこと，から，東ドイツ指導部がソ連による支配を進んで受容したことを論じた。とくにレムケは，1949～1950年代半ばのSEDの戦略を，ローズノウが指摘した，ソ連の要求への「黙従的適合（acquiescent adaption）」であったと論じた。[2)]

さらにレムケは，東ドイツの存立に際して，東ドイツにはソ連と西ドイツの2つの強力な国家が存在していたことを指摘し，その際，「ソ連と東ドイツの協調，西ドイツと東ドイツの対立」という図式を示した。さらにレムケの議論を参照すれば，西ドイツが「アメリカ化」されたのに対して，東ドイツは「ソ連化」され，東ドイツの「ソ連化」は2つの特徴を持っていたとされる。すなわち，一方で，東ドイツを「ソ連化」することで建設された「反ファシズム民主国家」は，ドイツが統一された場合に「核」となることを期待され（ドイツ統一の方向性），他方で，「ソ連化」は東ドイツの自立（ドイツ分裂の方向性）を促進する影響力を持った，と論じるのである。[3)]

しかしレムケの議論には，以下のような問題点がある。すなわち東ドイツの「ソ連化」が，「反ファシズム民主国家」の建設を意味するのか，1952年以降に実施されたソ連型社会主義体制への移行（＝「社会主義の建設」）を意味するのか，その区分が不鮮明な点である。むしろ，レムケの図式は，時期を区切って，あるいは若干，時期をずらして議論しなければならないのではないだろうか。例えば，「Ⅰ．国際冷戦構造の形成期（1945～1955年：第1期）」における，ソ連とSBZ/DDRの関係は，「協調」よりも，ソ連を「ドイツ問題」へと巻き込んでいく「ドイツからの冷戦」の時期として位置づけた方が適切であろう。つまり，国際冷戦構造が形成される過程では様々な選択肢があり，そのなかからひとつの方向性が選択されたのであり，その意味では，「ドイツからの冷戦」が最も強く作用した時期と考えられる。

これに対して，レムケの議論「ソ連と東ドイツの協調」は，「Ⅱ．国際冷戦

構造の安定期（1955〜1985年：第2期）」に，むしろよく適合するであろう。すなわちこの時期には，国際冷戦構造が受容可能な範囲での政策の修正が試みられ，「ドイツからの冷戦」の作用は微弱であったと把握できる。ただしこの長い時期にも，危機の期間（「ベルリン危機」〔1958〜1961年〕，オスト・ポリティークとウルブリヒト失脚（1969〜1972年）[4]，ヘルシンキ文書と人権問題〔1975年〕）には，「ドイツからの冷戦」が作用しており，第2期に関しては，これらの危機を区別して考察することが必要である。そしてこれらの危機（＝国際冷戦構造を突き崩そうとする動き）に関する考察を通じて，この時期（第2期）の細部の動態をより詳細に探ることができよう。

そして最終段階，「Ⅲ．国際冷戦構造の崩壊期（1985〜1989/90年：第3期）」は，再び第1期に近い形態へと戻ったと考えることができる。すなわち，「ドイツからの冷戦」が強く作用したにもかかわらず，逆に，その限界性が示され，国際冷戦構造そのものが崩壊し，それと同時に東ドイツの崩壊ももたらされたのである。

このように，国際レヴェルと東ドイツに関する考察に関しては，3つの時期に区分することが議論の組み立て方をわかりやすくする。これに対して国内レヴェルの考察に際しては，以下にみるように，これとは異なる時期区分を用いることが必要である。それは，「ソ連化」政策が，東ドイツの40年間にわたって，必ずしも一貫して推進されたわけではないからである。すなわち東ドイツ史のなかで，「ソ連化」政策の路線が変化する時期——例えば，ソ連指導部が「ソ連化」の推進を了承しない時期，東ドイツ指導部が強硬な「ソ連化」政策を実施する時期，さらには東ドイツ指導部が「ソ連化」政策からの部分的逸脱を試みる時期——を観察することができる。したがって第Ⅱ節では，「ソ連化」政策と，「ソ連化」を通じて構築された東ドイツ体制について，従来の研究が提示してきた議論を概観し，さらには問題点を指摘することとする。その上で，第Ⅲ節で，東ドイツ体制研究を進めるにあたり重要な方法論と，「ソ連化」政策に関する時期区分について論じる。

II　国内レヴェルの「ドイツからの冷戦」論

1. 国内レヴェルの「ドイツからの冷戦」論の研究状況

　国内レヴェルの「ドイツからの冷戦」論とは，東ドイツ体制をソ連体制へといかにして近づけるか，すなわち，東ドイツ指導部により推進された東ドイツ体制の「ソ連化」の問題である。その際，最初に問題となるのが，「ソ連化」とは何か？という点である。ここでは，「ソ連化」の定義を，東ドイツの体制をソ連の体制へと近づけること，としつつも，次の点に注意を向けておきたい。すなわち，東ドイツとソ連とでは国家の諸前提（人口，領土，国力，宗教，民族問題etc.）が異なることから，「ソ連化」を追求しても，東ドイツは必ずしもソ連と同一の体制とはならない。さらに，「ソ連化」政策を通じて東ドイツでは，①「ソ連化」の受容，②「ソ連化」への反発，③「ソ連化」の変容，という諸局面を経験する。これらの諸局面は重層的に折り重なりながらも，相互に共鳴し，あるいは反発しあいながら，独特の体制を形作っていく。そしてその際，「ソ連化」の主要な担い手は東ドイツ指導部であるから，彼らがどのような体制を作り上げようとしていたのか，その理念について簡単に指摘しておく必要もある。

　東ドイツ指導部が「ドイツ民主共和国」を発展させていく上で目指された国家政策は，第1に「反ファシズム民主国家」としての発展方向であり，第2には「ソ連化」としての発展方向であった。ソ連指導部がこの2つの方向性を厳密に区分してドイツ政策を進めたのに対して，東ドイツ指導部にとってはこの2つの方向性は必ずしも対立する考え方ではなかった。東ドイツ指導部からみれば，ナチスと闘争を続けたのはドイツ共産党（KPD）であり，KPDを基盤として創立されたドイツ社会主義統一党（SED）が新国家の建設を進めていくことは，「反ファシズム民主国家」を達成するための最良の方策であった。そしてSEDが新国家建設の際に指導的勢力となることは，社会主義への道を進むことでもあり，東ドイツ指導部の考え方では，それは「ソ連化」政策の推進を意味したのである。したがって，「反ファシズム民主国家」の建設と「ソ連化」は連続した過程にあり，言い換えれば，「ソ連化」を強化することが，「反ファ

シズム民主国家」を維持する大前提でもあったのである。

　そしてこの場合,「ソ連化」はソ連型社会主義体制の導入を意味し,そのために諸々の措置が進められた。例えば,①共産主義勢力による国内の「一元的」支配,②計画経済の実践（5カ年計画）,③農業集団化,④民主集中制,⑤中央集権主義,等である。そしてこれらの措置を通じて,資本家により搾取され続け,社会の底辺へと追いやられた労働者が解放されると考えられた。すなわち,「ソ連化」政策を通じて,平等で平和な社会が作り出され,東ドイツの国是であった「労働者と農民の国家」が実現されると考えられたのである。

　しかし現実の東ドイツ体制が,必ずしも東ドイツ指導部が理想としたような社会とならなかったことは,容易に推測される。したがって,「ソ連化」を通じて,現実にはいかなる体制が作り出されたのか,という問いに対する答えが導き出されなければならない。しかし,この問いに対して簡潔な答えを提示することは,実際のところ非常に困難である。なぜならば,東ドイツ体制論に関しては,多様な解釈が存在し,今日に至るまで学問的に統一した見解が提示されているとは言い難いからである[5]。したがって以下の議論では,東ドイツ体制論に関する多様な解釈を紹介し,その上でそれらの解釈が抱える問題点をそれぞれ指摘する。

2. 全体主義体制としての東ドイツ

　東ドイツ体制の実態を探る上で,最初に概観しなければならないのは,「東ドイツ（DDR）＝全体主義国家」とする考え方である。「反ファシズム民主国家」として建国されたと宣言（自称）する東ドイツ指導部からみれば,ナチスとの人的連続を部分的に維持した西ドイツは「帝国主義の国家」であった。しかし他方で,西ドイツ国家からみれば,ナチズム体制と多くの点で類似性があるとみなされた東ドイツの国家構造は全体主義システムであった[6]。2つの国家の激しい対立は,両国の研究環境にも強い影響を及ぼし,戦後初期は,双方の対立国家についての研究上の視線は厳しいものとならざるを得なかった。なお以下では,西ドイツにおける研究を中心に概観する。なぜならば,東ドイツにおける自国（東ドイツ・DDR）の体制研究はSEDの厳格なコントロールの下にあり,必然的に東ドイツ政府の公式見解に同調せざるを得なかったためであり,それ

らの研究から東ドイツ体制の本質を探ることはきわめて難しいからである。もっとも，東ドイツよりも自由な研究環境があった西ドイツにおいても，冷戦史研究の場合と同様に，東ドイツ体制に関する研究も現実政治の影響を強く受けていた。総じて，東ドイツ体制の研究は，様々なゆがみとひずみを孕みつつ，今日まで修正・継承されてきたと言えるであろう。

さて，東ドイツ体制の内在的な欠陥を探る上で，戦後初期から用いられてきた議論が全体主義論であった。1945年以後のソ連占領地区／東ドイツ（SBZ/DDR）における社会主義支配システムを分析する際には，全体主義モデルを利用することが適切とされ，とくにフリードリッヒ，ブレジンスキー，レーヴェンタール[7]，シュタムマー[8]が重要な役割を果たした。このなかでもフリードリッヒとブレジンスキーによる古典的研究『全体主義独裁と独裁政治』は，「全体主義独裁は，以下の全ての諸点を保持している」として，全体主義の形態・特徴を6点にまとめている。すなわち，それらを要約して示せば，①公的なイデオロギー，②一人の人間によって指導される単一の大衆政党，③テロ手段を行使する警察・管理システム，④ほぼ完全に整備された支配の独占（大衆コミュニケーション手段〔報道機関，ラジオ，映画〕），⑤ほぼ完全に整備された支配の独占（武装戦力），⑥官僚機構による調整を通じた経済全体の中央管理・指令，である[9]。ブレジンスキーの議論はあらゆる全体主義独裁に通じる特徴を抽出する試みであったため，その後，今日に至るまで体制類型の古典的基礎として用いられた[10]。そしてこの類型を参考にして西ドイツでは，東ドイツを「全体主義」と位置づけ，さらには，東ドイツは「暫定体制＝SBZ」であるが故に，いずれ消滅する国家と考えられた。東ドイツは建国（1949年）以後も，「SBZ」または「ソ連地区（Sowjetzone）」として議論され続けたのである。

3．「協議的権威主義体制」としての東ドイツ

しかし，1960年代半ば以降，西ドイツにおける東ドイツ研究の方向性が根本から変化した。まさにパラダイムの転換とも呼び得るような西ドイツ政治状況の変化——保守政権（キリスト教民主・社会同盟：CDU/CSU）から革新政権（ドイツ社会民主党：SPD）への政権交代，東方政策（オスト・ポリティーク）による東西ドイツの相互承認の試み，ヴェトナム戦争の影響と学生運動——は，世界

的な緊張緩和の動態とも連動し，冷戦史研究における研究環境の変化と同様に，東ドイツに関する研究環境にも強い影響を与えた。従来の「東ドイツ（DDR）＝全体主義国家」という図式は溶解し，1963年に開始された東ドイツでの経済改革「新経済システム（NÖS）」に関心が寄せられた（NÖSでは，中央の権限が部分的に削減され，生産の計画策定の際に企業により多くの決定権が与えられ，「利潤」の追求が重視された）。この経済改革（NÖS）は，必然的に政治と社会の自由化の進展を伴うと予想され，NÖSを通じて，東ドイツ（東側）が次第に西ドイツ（西側）に接近する可能性がある，と考える「収斂理論（Konvergenztheorie）」が提起され始めたのである。「接近による変化」を主張するSPD政権にとっては，西ドイツと東ドイツがばらばらの歴史発展を遂げるのではなく，いずれ両国が「収斂」していくことが重要であった。「収斂」の方向性が，現実政治だけではなく，学問的にも裏づけられなければならなかったのである。

　このような1960年代半ば以降の西ドイツにおける東ドイツ体制研究のパラダイムの転換の中心にいたのがルッツであった。ルッツは，著書『変化過程にある党エリート』のなかで，NÖSの進展に関心を寄せ，NÖSが経済改革を超えた大きな社会構造変動を東ドイツ体制にもたらすと考えた。ルッツはとくに，東ドイツの権力基盤（既得権益）に固執する「策略グループ」に対して，テクノクラートを中心とした「制度化された対抗エリート」が，経済改革に際して，新たに主導権を握ったと論じ（エリートの交代），そこに東ドイツ体制の合理的側面の萌芽を見出すことで，東ドイツ体制が全体主義から，協議を重視する「協議的権威主義（konsultativer Autoritarismus）」へと移行し始めたと考えた[11]。さらには，NÖSの推進を現代産業社会の趨勢に即応した経済改革の実践と評価し，従来の西ドイツにおける東ドイツ研究のあり方――西ドイツ（西側）の価値・イメージ・規範だけを基準として，東ドイツの支配構造を測定する方法――を疑問視し，東ドイツの基準に従って「内在的」に，東ドイツ・システムの「業績」を評価しなければならないと論じた[12]。世界的な緊張緩和の趨勢と連動する形で，ルッツの提起した「内在的」アプローチは，1989/90年に至るまで，西ドイツにおける東ドイツ研究の主流を占めていったのである。

4．ドイツの統一と東ドイツ体制研究

　しかし，東ドイツの崩壊とドイツの統一により，東ドイツ体制に関する研究状況はさらに大きな変化を受け始めた。SED所蔵の史料が統一後のドイツ政府（西ドイツの政治体制を基礎として統一されたドイツ連邦共和国：BRD）の管轄下に入り，外交史料などの一部の史料を除き，大半の史料が30年原則の制約を受けることなしに公開されたことは，従来の東ドイツ研究の「再検討（Aufarbeitung）」を加速させたのである。[13]　さらにそれと同時に，国家保安省（シュタージ）により収集された史料が西ドイツ主導の下に管理され，公開が開始されたことは，勝者（西ドイツ・BRD）による敗者（東ドイツ・DDR）の裁きの様相を強め，そうした傾向は東ドイツに関する歴史研究にも強く影響を及ぼした。ミッターとヴォレによる研究は，東ドイツがあらかじめ定められた没落への道を40年間かけて進んでいったと論じ，[14] 仲井斌は，シュタージの高度監視技術とその近代性に着目し，「東ドイツにおけるSED支配システムは『権威主義』と名づけられる以上のものであった」として，「部分全体主義」という位置づけが必要であることを論じた。[15] 同様の傾向（東ドイツを全体主義に近い体制とみなす研究）は，チャイルズ[16]による研究にもあてはまる。

　このような流れを受けて，ドイツ統一直後の東ドイツ体制研究は，東ドイツが全体主義であったのか否か，東ドイツとナチスとの体制比較は可能か否か，という争点に焦点が集まった。例えばメーラーは，ブレジンスキーの全体主義モデルを発展させて，20世紀の大半の独裁に適用可能な論点を列挙した。それらを要約すれば，次のようになる。①党と，党の下位に位置する社会的大衆組織による住民の全体主義的統制と画一化の目標，②支配システムによる報道機関の独占，③党が決定を独占する権限を掌握した一党独裁国家，④テロの権力装置の使用（秘密警察，監視・スパイ・抑圧機構の存在），⑤支配的・社会的イデオロギーの要求，⑥一人の指導者，あるいは党内の指導グループへの独占的な権力の集中，⑦指導者をめぐる個人崇拝，⑧排除と，部分的に殺害にまで至る住民へのテロ手段を用いた弾圧，⑨少数派の抑圧，ならびに移住（亡命）の強制，⑩イデオロギー的な敵のイメージの創出，⑪政治的決定・制裁の無制限な拡大（司法の政治化），⑫抑圧，恐怖政治，誘惑手段（例えば，〔物質的〕特権，職務エリートへの表彰）の結びつき，⑬支配崇拝の演出，ならびに支配貫徹のため

の現代的技術の駆使[17]。

　確かにメーラーは，東ドイツとナチスの体制比較が同一視を意味するものではないと強調している。東ドイツはナチスのように大量殺戮（人種・絶滅イデオロギーとジェノサイド）や世界大戦を引き起こしたわけでもなく，社会主義とナチズムとではイデオロギーも異なっていた。しかし，これらの点を強調することで比較の視点が閉ざされてはならないとし，国家体制の構造的特徴の「類似性」と「相違点」を，とくに戦前のナチス体制（1933～1939年）と東ドイツ（SED）体制とを比較することで，はっきり示すことが重要であると論じた。とくに重要であるとされたのは支配の実践形態であり，上記の13に及ぶ論点はそのような問題関心から引き出された[18]。

5．東ドイツ体制研究の諸問題

　このように東ドイツ体制に関する研究は，現実政治（国際・国内の両方）の影響を強く受けつつ，一方で，継承・修正・発展され，他方で，全体主義論と権威主義論との間の学問的分極化傾向と根深い学問的対立をもたらした。これらの議論には多くの利点がある反面，見落とすことのできない数多くの欠点がある。そこで以下に，それらの問題点を列挙する。

（1）全体主義論の問題点

　第1に指摘しなければならないのは，戦後初期から1960年代半ば，さらにはドイツ統一以降，東ドイツ体制研究の中心を占めた全体主義論の問題点についてである。とくに，ブレジンスキーの議論を批判的に発展させたメーラーによる議論は，確かに一方で，ナチスと東ドイツの体制の比較に際して類似性だけでなく相違点も同時に強調すること，さらには体制間の個別領域に焦点を当てることで，両者を単純に一括りにしないことと論じることによって，客観的な体制比較の視点を提供したという意味において評価できる。

　しかし他方で，次の点が重要な問題として残されている。すなわち，ナチスの6年間と東ドイツの40年間との比較は，その期間の長さが6～7倍もかけ離れていることから，そもそも無理があると言わざるを得ない。仮に比較することが有効であるとしても，時期区分をさらに詳細に設定することが必要不可欠

であり，その際，東ドイツ体制の変動をよりよく把握することのできる時期区分が改めて考え出されなければならない。さらにメーラーの議論は，総じて国家体制の比較にのみ焦点が当てられており，制度構造が詳細に列挙されているが，これらの制度構造を並べただけでは，東ドイツ体制の実態は何もみえてこないのである。また，ナチスと東ドイツの体制を比較した上で何が結論として論じられるかという問題があるが，メーラーはこれに関して何も答えていない。

（2）権威主義論の問題点

第2に，ルッツにより進められた「内在的」研究についても問題点が指摘されなければならない。西ドイツ（西側）の基準に準拠しない新たな研究枠組みを提示したことで，ルッツの功績は過小評価されてはならない。しかし，近年の研究（例えばカイザー）が示しているように[19]，ルッツの研究は誤った結論を導き出している。例えば，経済改革を担ったテクノクラートが，ルッツの議論では，一枚岩的に一致団結したものとされているが，実際は，テクノクラート内部でも激しい権力闘争が生じていた。さらに，やがて現代化されていくと想定された東ドイツは，1960年代の終わりには経済改革を頓挫させ，70年代後半から経済的苦境に喘ぎ，発展した産業社会とは程遠い，非効率で硬直化した経済システムへと回帰してしまったのである。したがって自由化も民主化も達成されたとは言えず，「収斂」過程も十分に確認されることは最後までなかった。さらにより根本的な問題として，東ドイツ社会のSEDを頂点とした一元化の傾向と，それが貫徹せず，途中で静止してしまった実態（東ドイツ社会の「壁龕社会〔Nischengesellschaft〕」化）[20]が，なぜ東ドイツで同時に生じたのか，という問題についても明確な答えを引き出すことはできない。「協議的権威主義体制」と呼ばれる言葉の背後にある現実を受け止めるためには，ルッツの研究が示した東ドイツにおける政治エリートの職務の変遷過程を探る研究だけでは限界があるのである。

ここまで従来の東ドイツ体制研究に関する先行研究を概観してきたが，これらの先行研究には利点と同時に多くの問題点があった。そこで，この後の議論

では，これらの問題を克服し得る研究上の枠組みについて，さらには，今後の東ドイツ体制研究の展望として求められる議論について，次の点に注目する。すなわち，「制度構造」と「現実」との問題である。

Ⅲ 東ドイツ体制研究の方法論と展望

1．東ドイツ体制研究の方法論

　従来の東ドイツ体制研究の諸問題を克服し得る研究上の枠組み（方法論）について，レプシウスの議論が重要な手がかりを与えている[21]。レプシウスは，東ドイツ体制の本質を探るためには，従来の東ドイツ研究が提示してきた東ドイツ支配システムの特徴，すなわち「（社会的）諸制度の構造（Institutionenordnung）」（制度構造）と，現実に東ドイツで生じた動態（＝社会構造・社会発展の結果）とを相互に照らし合わせる作業が必要不可欠であることを説く。

　すなわちレプシウスは第1に，東ドイツの制度構造に関して，従来の研究が提起してきた6つの特徴を挙げる——①ドイツ社会主義統一党（SED）の権力独占，②経済の国有化と，市場（経済）に代わり推進される計画（経済），③党と国家（ならびに企業や軍隊）におけるヒエラルキー的・官僚機構的な命令と配置の体系，④市民権の制限，⑤公共性の欠如，⑥党と国家機構が掌握した制裁手段（筆者なりに補足すれば，これらの6つの特徴は，ブレジンスキーあるいはメーラーが提起した議論と大きな相違があるものではない）——。その上でレプシウスは第2に，これら6つの特徴をみるだけでは，以下の諸点を研究対象として抽出し，際立たせ，さらには分析することが困難であると論じる。それは，個人の生活，社会関係の特色，（体制への）一致（Konformität）の程度，順応の多様な形態，ノルマ回避（の傾向），社会的多元化の特色，潜在的な（社会的）対立要因，エリート選抜，社会的変動性と革新の可能性，意思形成と決定過程，である。そして第3に，制度構造（上記の6つの特徴）に関する研究と，現実に東ドイツで生じた動態（社会的結果）との間に「隙間」があること，したがって，制度構造へと現実の動態を組み込む作業が重要であることを論じるのである[22]。

　制度構造と現実の動態とを照らし合わせる作業を通じて導き出すことのできる東ドイツの特徴として，レプシウスは以下のような議論を展開している。す

なわち，近代化傾向（価値の多元化と，それに伴い相互に独立した諸制度が設けられる傾向）とは逆に，東ドイツでは，すでに一度多元化された価値関係が再び融合され，「諸制度の一元化（Entdifferenzierung von Institutionen）」の傾向が示された。そして党（＝SED）があらゆる生活領域へと権限を拡張する権限を保持し，あらゆる決定は，事前あるいは事後に，党によって決定・承諾され，その限りにおいて，党の外に独自の権限領域は（ほとんど）存在しなかった。しかしその反面，教会，文学，造形美術，諸個人によってなされる学問は，党・国家機構のコントロールが最も行き渡らない領域として，東ドイツの社会空間のなかに残され，東ドイツの支配システムは必ずしも均質な状況ではなく，支配の強弱（むら）と支配の隙間を伴っていた。さらにレプシウスは，これらの「諸制度の一元化」傾向が引き起こした問題点として，多元的・合理的基準の効力が失われたことを指摘している。すなわち，法の支配と，経済効率の考え方の後退であり，政治目的が常に優先され，法の支配と経済的損益の問題は，下位レヴェルの基準として制度化（Unterinstitutionalisierung）されたのである[23]。そしてこのような社会形成に中心的に関わったのが，カードル（＝幹部）であり，カードルの役職を詳細に記したリスト，すなわちノメンクラトゥーラがエリート選抜の際の重要な手段であった[24]。

　レプシウスは，従来の研究が提起してきた制度構造に関する諸々の特徴と現実の動態（社会的結果）とを相互に照らし合わせる作業を通じて，体制内部（機構・価値・規範）の相互矛盾と緊張関係，さらには対立関係を図示することに成功し，東ドイツ体制研究の基本的枠組みを提示することに成功したと言える。そこでは，党による社会の「一元化」（すなわち全体主義）要求にもかかわらず，細部において「一元化」が貫徹できなかったことが明らかにされた。言い換えれば，SEDの「一元化」要求にもかかわらず，東ドイツには「一元化」に伴う隙間と「一元化」の影響（作用）の濃淡が残され，それが東ドイツ史の複雑さとダイナミズムを生み出す源泉であったと結論づけることも可能であろう。

　そしてこのようなレプシウスの議論を土台として研究を進めるならば，例えば，東ドイツ社会のなかで最も自律的な組織と位置づけられたプロテスタント教会に関して，はたしてどの程度自律的であったのか，あるいは，そうした自

律性を教会はどのようにして確保することができたのか，という問題設定が可能となる。さらには，自律的な教会とは対極の位置にあるとされた，東ドイツ社会の「一元化」の構造を目指したカードル・ノメンクラトゥーラ・システムに関して，それがどのような歴史過程のなかで生成され，その実態はいかなるシステムであったのか，という問題設定，あるいは，東ドイツ社会に多元的余地を残したプロテスタント教会と「一元化」を目指したカードル・ノメンクラトゥーラ・システムとの相互関係はどのように把握できるのか，等々の比較検討も含めた研究対象を想定することもできるであろう。

このようにして，1990年代半ば以降，レプシウスが提示した体制研究は，一方で，フルブルックによる体制研究と連動し，『独裁体制の解剖』へと拍車をかけたのである。[25] さらに他方で，より詳細な現実の動態（社会的結果）の把握に向けた，社会史研究の隆盛とも連動している。[26] そして今後の東ドイツ体制研究は，これらの方向性に沿って進められることが重要であり，それを本節の「東ドイツ体制研究の展望」に関する結論としたい。

2. 国内レヴェルの「ドイツからの冷戦」論と時期区分

「ドイツからの冷戦」論を中心に国際レヴェルでの東ドイツ問題に関する時期区分については既述したが，時期区分の問題は「ソ連化」の動態を探る上でも重要である。そこで，従来，試みられてきた東ドイツ史の時期区分を俯瞰すれば，おおむね，次のアリンソンの研究が示した時期区分となる。[27] 第1期（1945～1949年）：ソ連による占領から東ドイツの建国まで（＝基本的政治構造の創出），第2期（1949～1961年）：建国から「ベルリンの壁」の建設まで（＝社会主義的政治経済構造の強化・発展），第3期（1961～1971年）：「ベルリンの壁」の建設からウルブリヒトの失脚まで（＝東ドイツの黄金期・限定的な経済の自由化），第4期（1971～1989年〔半ば〕）：ホーネッカーへの権力者の交代から危機が先鋭化するまで（＝国際的経済危機と東ドイツ国内の不満の増大），第5期（1989〔半ば〕～1990年）：SEDの支配権の喪失と東ドイツの崩壊。

しかし本書では，東ドイツ体制の変動をみる上で，より重要と思われる時期区分を，これとは別に提起したい。すなわち，
第1期（1945～1952/53年）：この時期は，多様な目標設定（方向性）の混在（と

くに,「ソ連化」と「反ファシズム民主国家」建設の二方向)によって特徴づけられる。ソ連からの正式な「社会主義の建設」の承認が得られないため,SEDの政策は,東ドイツの「ソ連化」,「反ファシズム民主国家」の建設,さらにはドイツ統一問題の間で揺れ動き,東ドイツ体制にも多くの多元的余地が残されていた。

第2期 (1952/53年～1961/62年):ソ連からの承認を得たSED指導部が「社会主義の建設」を実施し,東ドイツの体制を中央集権体制へと根本的に変革させた。

第3期 (1961/62～1970/71年):「ベルリンの壁」が建設され国内が安定したこと,さらにはソ連において経済改革に関する議論が開始されたことを契機として,東ドイツで経済改革が開始された。それは,東ドイツ体制の分権化の試みであったが,1971年のウルブリヒトの失脚により頓挫する。

第4期 (1970/71～1989年〔半ば〕):東ドイツでのウルブリヒトからホーネッカーへの指導者の交代と,それに伴う東ドイツ体制の再集権化の開始。経済効率の持続的悪化と,西側への借款(負債)の累積。

第5期 (1989年〔半ば〕～1990年):SEDの支配機能の麻痺,「革命」の進展,東ドイツの崩壊。

これら5つの時期区分は,確かに上記のアリンソンによる区分と類似している。しかしその意味内容が,若干,異なっていることは指摘されなければならない。すなわち,アリンソンは事件を境に時期区分を試みているが,ここで筆者が示した時期区分は,体制の変動に力点をおいているのである。すなわち,①東ドイツ体制の形成期,②中央集権化,③分権化,④再・中央集権化,⑤崩壊,の5つのプロセスである。確かに,事件史に重点をおくのであれば,アリンソンの見方の方が適切であろう。しかし「ソ連化」の動態を探るためには,事件そのものではなく,事件が生ずる背景としての体制の変化をみることが重要であろう。もっとも,アリンソンも指摘しているように,時期区分の問題について,これまでの研究が十分に検討してきたとは言い難い。様々な角度からの東ドイツ研究が求められており,その角度により時期区分も異なってくるであろう。

第1章では,国際レヴェルと国内レヴェルの2つの視角から,東ドイツ史に

関する研究状況（研究史概観）と，研究の方向性（展望）について論じてきた。その際，国際レヴェルの問題からは，今後の東ドイツ史研究の展望として国際レヴェルの「ドイツからの冷戦」論に立脚した研究を進めることが重要であることを指摘した。現地（＝東ドイツ・DDR）の意図が，ソ連の政策決定（ひいては冷戦の帰趨そのもの）にどのような影響を与えたのか，より詳細な研究が必要とされており，冷戦の終焉により史料制約を解かれた現在，東ドイツ史研究の展望として，「ドイツからの冷戦」論に立脚した研究を進めることも可能となった。とくに「ドイツ問題」という言葉で刻印された戦後ドイツの状況をみることは，冷戦の本質を探る上できわめて重要であり，その際に，新しい研究枠組みから状況（歴史）を捉え直すことは，これまでの研究に欠けていた視点を提起することにもつながる。

1) Christoph Kleßmann, *Die doppelte Staatsgründung: Deutsche Geschichte 1945-1955*, 5., überarbeitete und erweiterte Auflage (Göttingen: Vandenhoeck & Ruprecht, 1991). （クリストフ・クレスマン著，石田勇治・木戸衛一訳『戦後ドイツ史：1945～1955—二重の建国』未来社，1995年，76～77頁。）
2) Michael Lemke, 'Foreign Influences on the Dictatorial Development of the GDR, 1949-1955,' in : Konrad H. Jarausch (ed.), *Dictatorship as Experience: Towards a Socio-Cultural History of the GDR* (New York: Berghahn Books, 1999), pp. 91-93.
3) *Ibid.*, p. 94.
4) 「オスト・ポリティーク」の研究動向については，妹尾哲志「ブラントの東方政策に関する研究動向—東西ドイツ統一後の研究を中心に」『歴史学研究』第787号，2004年4月，28～37頁。妹尾哲志『戦後西ドイツ外交の分水嶺—東方政策と分断克服の戦略，1963～1975年』晃洋書房，2011年。
5) 東ドイツ（DDR）体制崩壊研究の研究動向を紹介したものとして，大塚昌克『体制崩壊の政治経済学—東ドイツ1989年』明石書店，2004年。
6) 「西ドイツ（BRD）—東ドイツ（DDR）」間の正統性をめぐる対立は，「過去の克服」に関する論戦においても顕著である。Vgl. Detlef Sigfried, 'Zwischen Aufarbeitung und Schlußstrich: Der Umgang mit der NS-Vergangenheit in den beiden deutschen Staaten 1958 bis 1969,' in : Axel Schildt, Detlef Siegfried, und Karl Christian Lammers, *Dynamische Zeiten: Die 60er Jahre in den Beiden deutschen Gesellschaften* (Hamburg: Christians, 2000), S. 77.
7) Richard Löwenthal, 'Staatsfunktionen und Staatsform in den Entwicklungsländern,' in : Richard Löwenthal (Hrsg.), *Die Demokratie im Wandel der Gesellschaft: Vorträge gehalten im Sommersemester 1962* (Berlin: Colloquium Verlag, 1963), S. 164-192.
8) Otto Stammer, 'Zehn Jahre Institut für politische Wissenschaft,' in : Otto Stammer

(Hrsg.), *Politische Forschung: Beiträge zum zehnjährigen Bestehen des Instituts für Politische Wissenschaft* (Köln: Westdeutscher Verlag, 1960), S. 197-203.

9) Carl J. Friedrich and Zbigniew K. Brzezinski, *Totalitarian Dictatorship and Autocracy* (Cambridge: Harvard University Press, 1956), pp. 9 -10.

10) ブレジンスキーの議論を発展的に敷衍しつつ、全体主義と権威主義を精密に分類したのが、リンスによる研究である。Juan J. Linz, 'Totalitarian and Authoritarian Regimes,' in : F. I. Greenstein and N. W. Polsby (ed.), *Handbook of Political Science Vol. 3, Macropolitical Theory*, 1975, pp. 175-411.（ホアン・J・リンス著、高橋進監訳『全体主義体制と権威主義体制』法律文化社、1995年。)

11) Peter Christian Lutz, *Parteielite im Wandel: Funktionsaufbau, Sozialstruktur und Ideologie der SED-Führung: Eine empirisch-systematische Untersuchung*, 2., Unveränderte Aufl (Köln: Westdeutscher Verlag, 1968), S. 32-35.

12) Peter Christian Lutz, 'Die soziologische Analyse der DDR-Gesellschaft,' in : Rüdiger Thomas (ed.), Eingeleitet von Peter Christian Lutz, *Wissenschaft und Gesellschaft in der DDR* (München: C. Hanser, 1971), S. 13-14.

13) Deutscher Bundestag (Hrsg.), *Materialien der Enquete-Kommission "Aufarbeitung von Geschichte und Folgen der SED-Diktatur in Deutschland": Formen und Ziele der Auseinandersetzung mit den beiden Diktaturen in Deutschland* (Baden-Baden: Nomos, 1995).

14) Armin Mitter und Stefan Wolle, *Untergang auf Raten: unbekannte Kapitel der DDR-Geschichte* (München: Goldmann, 1995), S. 499-506, 544-553.

15) 仲井斌『ドイツ史の終焉―東西ドイツの歴史と政治』早稲田大学出版部、2003年、161～162頁。

16) David Childs, *The fall of the GDR: Germany's road to unity* (New York; Tokyo: Longman, 2001).

17) Horst Möller, 'Der SED-Staat: die zweite Diktatur in Deutschland,' in : Rainer Eppelmann, Horst Möller, Günter Nooke, und Dorothee Wilms (Hrsg.), *Lexikon des DDR-Sozialismus: Das Staats- und Gesellschaftssystem der Deutschen Demokratischen Republik* (Paderborn・München・Wien・Zürich: F. Schöningh, 1997), S. 12.

18) Ebd., S. 10-11.

19) Monika Kaiser, *Machtwechsel von Ulbricht zu Honecker: Funktionsmechanismen der SED-Diktatur in Konfliktsituationen 1962 bis 1972* (Berlin: Akademie Verlag, 1997), S.11-25.

20) 「壁龕社会」とは、公的領域（職場や学校）と私的領域（家族や親しい仲間）との間で、行動パターンを厳密に使い分ける市民のメンタリティーを基礎として形成された社会のことを意味する。人々は、公的領域で国家に忠誠を示し、私的領域では国家に対する不満を吐露するようになった。Christoph Kleßmann und Georg Wagner (Hrsg.), *Das gespaltene Land: Leben in Deutschland 1945-1990: Texte und Dokumente zur Sozialgeschichte* (München: Beck, 1993), S. 504-506；山田徹『東ドイツ・体制崩壊の政治過程』日本評論社、1994年、109～110頁。

21) M. Rainer Lepsius, 'Die Institutionenordnung als Rahmenbedingung der

Sozialgeschichte der DDR,' in : Hartmut Kaelble, Jürgen Kocka, und Hartmut Zwahr (Hrsg.), *Sozialgeschichte der DDR* (Stuttgart: Klett-Cotta, 1994), S. 17-30.
22) Ebd., S. 17-18.
23) Ebd., S. 18-21.
24) Ebd., S. 26-28.
25) Mary Fulbrook, *Anatomy of a dictatorship: inside the GDR 1949-1989* (Oxford; New York: Oxford University Press, 1995) ; Mary Fulbrook (ed.), *German history since 1800* (London; New York: Arnold, 1997) ; Mary Fulbrook, *German national identity after the Holocaust* (Cambridge: Polity Press, 1999) ; Mary Fulbrook, *Historical theory* (London; New York: Routledge, 2002) ; Mary Fulbrook, *The people's state: East German society from Hitler to Honecker* (New Haven: Yale University Press, 2005) ; Mary Fulbrook, *Interpretations of the Two Germanies, 1945-1990*, 2 nd ed (Basingstoke; New York: Palgrave Macmillan, 2000). (メアリー・フルブルック著, 芝健介訳『二つのドイツ：1945～1990』岩波書店, 2009年。) ; Mary Fulbrook, *A Concise History of Germany* (Cambridge; New York: Cambridge University Press, 1990). (メアリー・フルブロック著, 高田有現・高野淳訳『ケンブリッジ版世界各国史—ドイツの歴史』創土社, 2005年。)
26) わが国における東ドイツ社会史研究については, 福永美和子「フォーラム：『ベルリン共和国』の歴史的自己認識—東ドイツ史研究動向より」『現代史研究』第45号, 1999年12月, 63～73頁。
27) Mark Allinson, 'The failed experiment: East German communism,' in : Mary Fulbrook (ed.), *20th Century Germany: Politics, Culture and Society 1918-1990* (London: Arnold, 2001), p. 207 ; Mary Fulbrook, *Two Germanies, 1945-1990: problems of interpretation* (Houndmills: Macmillan Education, 1992), pp. 10-26.

冷戦の起源と東ドイツ政治外交／第2章
ヨーロッパにおける冷戦の激化と「ドイツ問題」

I　ヨーロッパにおける冷戦の激化

　東西冷戦はしばしば「ヤルタ体制」と表現される。
　1945年2月4日～11日，ロシア・クリミア半島のヤルタ（厳密には，ロマノフ王朝離宮リヴァディア）にて，8日間にわたる会談（ヤルタ会談：Yalta Conference）が開催された。ヤルタ会談に出席した連合国三巨頭，すなわちアメリカのローズヴェルト大統領，イギリスのチャーチル首相，ソ連のスターリン首相は，枢軸国に対する総攻撃の方針と戦後の国際秩序をめぐる議論に臨んだ。ヤルタ会談では，戦後処理，国際連合の創設，ソ連の対日参戦，各種の秘密協定の締結に関わる問題が取り上げられたが，なかでも最大の争点は「ポーランド問題」と「ドイツ問題」であった。ナチス・ドイツが崩壊した後に生じる「力の空白」をどのようにして再編し，戦後国際秩序を組み立てるのか，また同時に，戦後の再建をどのように進めるのかが問われたのである。
　ヤルタ会談を開催した三大国は，国際秩序の創出に決定的な役割を有していた。アメリカは，第二次世界大戦中に軍需経済システムを拡充し，経済面において超大国の地位を獲得していた。ブレトンウッズ会議（1944年7月）に象徴されるように，アメリカには，戦後国際社会における指導力を担い，「アメリカ・システム」を普及させ得る潜在力があった。戦後，アメリカはただちに，国際通貨基金（IMF），国際復興開発銀行（IBRD），さらには，関税と貿易に関する一般協定（GATT）を中核とした金融・経済・貿易をめぐるシステムの編成を進め，その世界化を目指した。[1]
　これに対してイギリスは，第二次世界大戦において，ナチス・ドイツとの戦争に関わり，フランスやポーランド，さらにはチェコスロヴァキアの亡命政府を受け入れ，これらの過剰な負担を通じて国力を著しく衰退させていた。すで

にミュンヘン会談（1938年）において，イギリスはナチス・ドイツに対する譲歩（「宥和政策〔appeasement policy〕」）の立場を示し，外交の羅針盤を喪失していた。第二次世界大戦後，覇権国としてのイギリスの「揺らぎ」は植民地の相次ぐ独立により増幅し，「スエズ危機」（1956年）において，それは頂点へと達した。イギリスにとってヤルタ会談は，イギリスの相対的な「国力」が上昇から下降へと，すなわち長期的な衰退へと向かう転機であった。

　ソ連の立場はさらに複雑であった。レーニンとトロツキーが追求した「世界革命」は，「一国社会主義」の建設へとソ連外交の舵を切ったスターリンによって放棄された。しかし，戦後（ナチス・ドイツ崩壊後）のスターリンの外交政策は「世界革命」の様相を呈していた。安全保障問題への深刻な懸念から，スターリンはソ連の周囲に，ソ連への忠誠を示す社会主義政権の防壁を築くこと（具体的には東ヨーロッパの「社会主義化」）を望んだのである。その過程は，ナチス・ドイツの後退と連動し，ドイツが去った東ヨーロッパの各地には，次々と「ソ連・システム」の国家が建設された。それは，最初「人民民主主義」[2]と呼ばれ，1947/1948年頃からは「ソ連型社会主義」[3]へと組み替えられた。「ソ連・システム」の拡大は「防御的」な安全保障の再編を企図していたとされるが，西側諸国にはソ連による「攻撃的」な勢力圏の拡大と受け止められた。すなわち，戦後ソ連の対外政策は（後述するように），一方で，ヤルタの取り決めへの違反とみなされ，他方で，「世界革命」の予兆と分析されたのである。

　ソ連の行動への疑義は，すでに戦時中からチャーチルの行動によって示され，英ソの国際秩序をめぐる思惑の一部は，「パーセンテージ協定」を通じて調整されたことが明らかになっている。チャーチルは，ナチス・ドイツ崩壊後のヨーロッパにおける「力の空白」にソ連が入り込むことを警戒していた。1944年10月9日，モスクワ会談でチャーチルはスターリンに，勢力分割案を提示している。そこでは，ルーマニアに対するロシアの優先権を90％，イギリスの優先権は10％，さらにギリシアに対しては，ロシア10％，イギリス90％，ユーゴスラヴィアに対しては，ロシア50％，イギリス50％，ハンガリーに対しては，ロシア50％，イギリス50％，そしてブルガリアに対しては，ロシア75％，イギリス25％，とする配分案が示されていた。10月10日～11日にかけて，さらにモロトフ（ソ連外相）による修正案，これに応じたイーデン（英外相）

の対案が示され，勢力圏の交渉が進められていた[4]。ヨーロッパ国際秩序の再編をめぐる駆け引きは，戦争末期からすでに国際政治の争点であったのである[5]。

ヤルタ会談はこのような米英ソの複雑な思惑を背景に開催された。「アメリカ・システム」の普遍化を望むアメリカ，国力の衰退に苦しむイギリス，安全保障問題から自国周辺の社会主義化（「ソ連・システム」の構築）を強行したソ連である。総じて，これらは，ナチス・ドイツ後のヨーロッパ国際秩序の再編と関連していた。すなわち，ナチス・ドイツ後の「力の空白」をどのように編成するか，という問題である。それは，大戦末期から戦後初期にかけて，「ドイツ問題」として連合国首脳部に認識され，冷戦時代における国際政治の最大の争点となったのである。

II　ヤルタ会談から第二次世界大戦の終結へ

ヤルタ会談の争点は，「ポーランド問題」と「ドイツ問題」であった。スターリンは安全保障上の理由から，国境問題（ポーランドの西方移動）と政府樹立問題（ソ連の傀儡政権であったルブリン政権の強化）に固執した。

また，ヤルタ会談では降伏後のドイツをめぐる問題が議論された。スターリンはドイツから賠償を取り立てるために，工場，機械施設，鉄道車両を撤去することを主張した。さらにスターリンは，ドイツの重工業と生産財の80％を徴収すること，ドイツを解体して，孤立した一群の弱小国家の寄せ集めにすべきことを要求した。チャーチルはこれに対して，第一次世界大戦後にドイツに巨額の賠償を課したことが2度目の世界大戦につながったことを指摘した。スターリンは，それはイギリスが現金払いを要求したことに問題があったとし，第二次世界大戦後は，ソ連は生産財や原料といった現物を要求すると主張した。ヤルタ会談では，賠償問題の決着は見送られたものの，ドイツを降伏後に「分割占領」することが決定された[6]。

ヤルタ会談の後，ソ連は東欧各地へと進撃を続け，各地の枢軸国勢力を撃退し，それにより，ナチス・ドイツを東欧から駆逐した。ソ連はナチスの支配から東欧各地を「解放」することに成功したのである。しかし，ソ連は同時に東欧各地に共産主義勢力を中核とした政権の構築を進めた。こうして大戦末期か

ら戦後初期のソ連の対東欧政策には、「解放」の側面と「共産化」の側面が混在することとなったのである。2つの側面はソ連の安全保障問題と密接に関わり、戦略的に優先される必要のある東欧各地の領域に対しては、ソ連の支配システム（傀儡政権）の樹立が強硬に進められた。ジラスは、『スターリンとの対話』のなかで、スターリンが進撃できる限り、その国の支配体制を押しつけることを説明したことを回想している[7]。ポーランドでは共産化は強硬に進められ、ソ連はロンドン亡命政権の指導者を逮捕することで、ポーランドに対するイギリスの影響力を排除した。ソ連によるポーランドへの介入は米英にとって許容の範囲を超えていた。ハンガリー、ルーマニア、ユーゴスラヴィアにおいても、それぞれ独自の展開を伴いながらも「共産化」の過程が進んだ。

　なお、東欧諸国ならびに中欧諸国へのソ連による「解放」と「共産化」の側面は3つのカテゴリーに分類される。第1のグループは、連合国の一員としてソ連とともに戦ったポーランド、チェコスロヴァキア、ユーゴスラヴィアであり、これらの国々・地域に対しては、「解放」と「共産化」が連続していた（ユーゴスラヴィアは自力で祖国を「解放」した）。ソ連はこれらの国々・地域の「解放」の後、国際法上、本国に軍隊を帰還させなければならなかった。換言すれば、占領に関わるような法的基盤を有していなかった。ここから、ソ連はとくに戦略的要衝であるポーランドに対して、「解放」と「共産化」を連続させたのである。ポーランドの「共産化」は強硬に進められた。第2のグループは、枢軸国の一員として、ソ連に対して戦った東欧諸国、すなわち、ハンガリー、ルーマニア、ブルガリアであり、これらの国々・地域に対しては、「解放」、「占領」、「共産化」の3段階が確認される。そして、第3のグループは、中欧諸国の枢軸国、すなわち、ドイツ、オーストリアであり、これらは戦後、「分割占領」された。

　問題となったのは、ソ連が「解放」後も（第二次世界大戦後も）、東欧全域に自国の影響力を留め続けたことであった。その影響は、確かに東欧各地において地域差を伴っていたが、チャーチルには画一的なソ連による東欧支配の開始と受け止められた。チャーチルはソ連の勢力圏が際限なく拡大する可能性を憂慮し、ヤルタ会談における取り決めが失敗した可能性があることをローズヴェルトに伝えた。これに対して、ローズヴェルトは、対日参戦をめぐる問題か

ら，ソ連との協調を必要としていたため，チャーチルのメッセージに対するアメリカの立場決定を保留した。

　しかし，まもなくローズヴェルトは他界した（1945年4月12日）。そうして米ソ関係は変容し始めた。4月12日，ローズヴェルトの後任として，副大統領から大統領へと昇格したトルーマンは，対ソ関係の修正を開始した。トルーマンは，大統領に就任するまでヤルタ会談や対ソ関係の細部について十分な情報を把握していなかったのである。4月23日，ソ連外相モロトフとの会談において，トルーマンはヤルタ協定を遵守することを要求した。この後，米ソ関係は急速に悪化した。1945年5月7日，ドイツは降伏し，6月5日，ドイツの敗北とドイツの最高統治権の引き継ぎが宣言された[8]。

　7月16日，アメリカはニューメキシコ州・アラモゴードでの原爆実験に成功し，「原子爆弾」という強力な外交カードを獲得した。翌日（7月17日），ポツダム会談（Potsdam Conference）が始まり，ベルリン近郊のポツダムに米英ソの三首脳は集まった。原爆を保有したアメリカは，ソ連との協力関係を優先する戦略目標を失った[9]。

　8月6日，広島に，8月9日，長崎に，アメリカは原子爆弾を投下し，8月9日，ソ連は対日参戦に踏み切り，満州へと進撃した。8月15日，日本は降伏し，これを受けて8月16日，スターリンはトルーマンに書簡を送り，北海道北部の分割を提案した。トルーマンはこれを拒否した。

Ⅲ　「大同盟」から冷戦へ——ガディスの研究を参考に

1．「大同盟」から冷戦へ

　こうして第二次世界大戦は終結した。しかし大戦末期から戦後初期にかけて「大同盟」は冷戦へと変容した。その過程は研究者によって様々な議論が展開されている。ここでは外交史家ガディスが，「大同盟」から冷戦への展開をどのように分析しているのかを探りたい[10]。

　第二次世界大戦において，ファシズムとの戦いのために結束した「大同盟」（米英ソ）は，いつからか冷戦へと向かった。ガディスは次のように指摘している。

米ソ間の潜在的対立傾向は，第二次世界大戦末期において，軍事的ではないものの，「イデオロギー的，地政的」に，すでに相互に戦争状態にあった。このアメリカとソ連にはいくつかの点において類似点と相違点が存在した。すなわち米ソの類似点は，ともに革命の経緯を経て誕生し，さらに世界的な影響力を持つイデオロギーを保持していたこと。さらに，双方のイデオロギーは国内の統治過程において十分に機能し，したがって，米ソの指導者は世界の他の国々・地域においてもこれらのイデオロギーがうまく作用すると考える傾向があった点である[11]。しかし戦後の出発点において米ソ間の相違点は，類似点よりも巨大であった。大戦終結後，アメリカは世界で最も自由な社会を作り上げることに成功し，ソ連は比類ない権威主義体制を構築した。アメリカは第二次世界大戦の際の戦時支出によって経済規模を拡大させることに成功した。アメリカの国内総生産は4年足らずの間にほぼ倍増した。他方，ソ連では戦争の結果，約2700万人のソ連市民が死亡した。その人的被害はアメリカ人の死亡者数のおよそ90倍であった。1945年のソ連は「破壊された国家」であり，米ソ間の非対称性は顕著であった[12]。

　しかしガディスによれば，米ソは戦後の出発点の差異（非対称性）にもかかわらず，戦後秩序の形成に向けて対等な立場にあった，とされる。すなわち，米英は，ソ連との同盟がなければナチス・ドイツに勝利することはできなかった。第二次世界大戦の勝利は米英にとって，ファシズムに対する勝利であり，権威主義への勝利ではなかったのであり，他方でソ連は数々の「資産」を持っていた。ソ連の「資産」とは，第1に，ソ連がヨーロッパの一部に位置し，米英よりも有利にヨーロッパにおいて地上軍を展開できたこと。第2に，世界恐慌においてソ連の指令経済が完全雇用を維持したこと。第3に，ソ連が独ソ戦において甚大な負担を引き受け，したがって戦後秩序の構築に向けて道義的な力を持っていたこと。そして第4に，ソ連の指導者スターリンは，戦後も国家の頂点に君臨し続け，それはヤルタ会談からポツダム会談へと指導者を交代させた（ないしは交代を余儀なくされた）米英と著しい違いを生んでいたこと，である[13]。

　これらのソ連の「資産」に関する議論について，とくにここで指摘しなければならないことは，この「資産」を根拠としてスターリンが「幻想」を抱いた

点である。すなわちそれは，第二次世界大戦後も，世界恐慌が再来し，資本主義諸国間の戦争が始まるという見通しであった。

2．スターリンの戦後目的と「幻想」

ガディスは，スターリンの戦後目的は「自分自身の安全，体制の安全，国家の安全，そしてイデオロギーの保全であった」と論じ，さらに「この順序で重要度の優先順位に序列がつけられていた」と指摘している。さらに，ガディスは，スターリンの戦後構想はイデオロギーから生じており，それは資本主義諸国が相互に長期にわたって協力することはできないというレーニンにまで遡る考え方にあった。第一次世界大戦は資本主義諸国間の戦争であり，この時期に世界最初の共産主義国家が出現した。世界恐慌は資本主義諸国を保護主義へと駆り立て，ナチス・ドイツの台頭とともにヴェルサイユ体制は瓦解した。スターリンは第二次世界大戦の後も世界恐慌が再来する可能性があり，それを回避するために資本主義諸国がソ連（生産物を売るための市場としてのソ連）を必要とすることになる，と考えていた。スターリンは，アメリカがソ連に対して何十億ドルもの貸付を行うことになると真剣に期待していた，と指摘している。

確かにガディスが指摘しているように，アメリカが第二次世界大戦後の経済危機（世界恐慌の再来）を恐れていたことは複数の研究者が指摘している[14]。しかしスターリンの期待に対してアメリカは，応えることはなかった。アメリカは戦後経済の展開に大きな懸念を抱いていたが，アメリカの回答はマーシャル・プランであった。

Ⅳ 冷戦への多様な道

1．マーシャル・プラン

1947年6月5日，アメリカのマーシャル国務長官の講演により，マーシャル・プラン（欧州経済復興援助計画：Marshall Plan）が，事実上，開始された。1947年7月12日，第1回欧州復興会議（於：パリ）において，マーシャル・プランは西欧16カ国を受け入れ対象国とすることが決定され，その援助の受け入れ調整機関として，1948年3月15日，欧州経済協力機構（OEEC）が成立した。

1951年12月31日に，マーシャル・プランはその計画を終了させたが，その期間に，アメリカは西ドイツを含むヨーロッパ17カ国に総額120億ドルの援助資金を提供した。1951年10月10日，マーシャル・プランは，朝鮮戦争を契機として，アメリカの相互安全保障計画（MSP）へと，実質的に受け継がれた。

　マーシャル・プランの複雑な構造は，今日，様々な研究により指摘されているが，おおむね次の４点が指摘される。すなわち，第１には，「人道」目的であり，第二次世界大戦後の飢餓と貧困，さらには崩壊した社会からヨーロッパを救出し，再建することであった。ここには，アメリカの理想主義の精神の一部が反映されていた。第２には，当初，「全ヨーロッパ」へと復興資金が提供されることが計画されていたが，冷戦の激化のなかで，「西ヨーロッパ」へと復興資金提供の対象国が限定されたことであり，やがて，マーシャル・プランは「経済的・封じ込め」の一環へと変貌した。それは，「軍事的・封じ込め」と分類されるトルーマン・ドクトリンと対になっている印象を広めた。第３には，アメリカの排他的・独占的な市場として「西ヨーロッパ」を再建するために，復興資金を提供し，それを通じて，自由貿易体制の基礎条件を西ヨーロッパに整備することにあった。第４には，国民国家の単位に細分化されているヨーロッパの市場を「西ヨーロッパ」レヴェルの巨大な市場へと「統合」させ，それにより競争力のある共同市場を西ヨーロッパに創出することであった。これは，「アメリカ－西ヨーロッパ」関係の強化と同時に，西欧の再建がアメリカの潜在力を補完するものと計算されていたことによる。[15]

　ソ連はマーシャル・プランへの参加を期待したが，そのためには，自国の経済データを公開しなければならなかった。ソ連は，マーシャル・プランが当初の想定と異なる計画であることが判明するにつれて，同計画への敵意を強め，東ヨーロッパ諸国にも圧力をかけて，同計画から距離をおくことを指示した。さらにソ連は，マーシャル・プランへの対抗措置として，1947年９月，コミンフォルム（共産党・労働者党情報局：Cominform）を創設した。コミンフォルムには，ソ連共産党，ブルガリア共産党，ユーゴスラヴィア共産党（1948年６月，除名），フランス共産党，チェコスロヴァキア共産党，イタリア共産党，ルーマニア労働者党，ハンガリー勤労者党，さらにはポーランド統一労働者党が参加した。

マーシャル・プランへの敵意は，東側ドイツ指導部の記録のなかにも残されている。1948年3月26日のスターリンとピークとの会談（於：モスクワ）のなかでは，「ドイツの統一と公正な平和，マーシャル・プランと西側ドイツ（Weststaat）に反対すること」と記録されている。なお，ピークの記録では，「西側（米英仏）占領地区」については「西側ドイツ（Weststaat）」とも表現されており，「西側ドイツの創設はドイツを引き裂く」と記録されている。「西側ドイツ」は，後に「西ドイツ」となる。[16]

アメリカと西ヨーロッパ諸国は，スターリンの期待するような世界観とは異なるヨーロッパ戦略を進めていたのであり，それは「ヨーロッパの分断」と「ヨーロッパの統合」を結びつける方式であった。

2．ドイツと冷戦への多様な道
（1）バーンズ提案(1946年)とモロトフ提案(1947年)

東西ヨーロッパへの分断と東西ドイツへの分断が進んだ。しかし，それは一直線に進んだのではなく，国際秩序の再編の過程で，段階的に「分断」への道程が選択されていった。しかし冷戦初期の段階（とくにマーシャル・プランが開始される1年前まで）では，ソ連のみならずアメリカも，「分断」とは異なるヨーロッパ国際秩序のシナリオも描いていた。ここではその事実について，とくにアメリカのバーンズ国務長官による提案（1946年）とソ連のモロトフ外相による提案（1947年）を指摘しておきたい。

1946年4月29日，パリ外相会議の際に，バーンズは次の構想を英仏ソの外相に提案した。①4カ国政府（米英仏ソ）はドイツの完全非武装の措置をとる。②4カ国管理委員会は再軍備が秘密裡に行われていないことを確かめるため，常に査察する権限を持ち，もし将来のドイツ政府が条約の本条項に違反したならば，4カ国はただちに武力で干渉する。③この条約の有効期限は25年として，これを更新することができる。[17]

「ドイツ問題」を解決するために，米国務省の専門家によりまとめられた構想であったが，フランスとイギリスが同提案を受け入れたものの，ソ連は，賠償問題をめぐってアメリカと対立したため，バーンズの提案を7月9日に拒絶している。

他方，モロトフによる提案は，1947年3月10日～4月24日のモスクワ外相会談（米英仏ソ）において示されたソ連による次の4つが論点であった。①賠償責任を負うドイツは単一の政治代表を持つ必要があること。②工業中心地ルールを占領4カ国の共同管理におく必要があること。③全ドイツ臨時政府の基礎として統一的経済行政機関が創設されるべきこと。④将来の全ドイツ政府はヴァイマル憲法を規範とすべきこと[18]。

ソ連の戦後ドイツ政策（戦中～1949年頃）を分析した岩田賢司によれば，戦後復興のためにソ連はソ連占領地区（東側ドイツ）だけでなく，全ドイツからの賠償の取り立てに奔走する必要に迫られ，そこから導き出されたソ連の外交方式が「中立・統一ドイツ」の建国であったとされる[19]。すなわちソ連は，モスクワ外相会談において，ドイツ分断とは異なるヨーロッパ国際秩序のシナリオとして，ドイツの中立化を検討していたのである。しかし，モスクワ外相会談の期間中に，トルーマン・ドクトリン（1947年3月12日）が布告された。トルーマン大統領は「ギリシア・トルコ援助法案」への理解を求める演説を行い，「軍事的」な「封じ込め」政策を開始したのである。さらにフランスもドイツの統一を警戒し，ソ連提案（モロトフ提案）は十分に検討されることなく，モスクワ外相会談は失敗した。

バーンズ提案（1946年）とモロトフ提案（1947年）が示していることは，1945～1947年の期間にはまだ，米ソの双方に，ドイツの分断とは異なるヨーロッパ国際秩序の模索の余地が残されていたことであった。確かに，米ソの譲歩は，双方にとって，自国の国益を損なわない範囲で入念にまとめられた提案であった。したがって，米ソにとって，そこから妥協の一致点を見つけることは困難であった。しかし，バーンズ提案ならびにモロトフ提案が示していることは，冷戦への過程が，一直線に進んだのではなく，段階的にドイツの「分断」に象徴される国際秩序が選択されていったことを示している。そして，「冷戦」への秩序を先に模索したのがアメリカであった。既述したように，マーシャル・プランを通じて，「封じ込め」が開始されたのである。米ソ（「上から」・「超大国から」）の提案は様々に内容を変えつつも断続的に1955年に至るまで続けられた。しかし，分断の克服は進展せず，むしろ，時間を経るごとに，分断の制度構築の過程が強まっていった。

（2）「第三の道」勢力の衰退

　他方，ドイツの側（「下から」・「占領国から」）の国際秩序の模索も進展しなかった。そもそも，占領国（敗戦国）の側からイニシアチブを発揮することは困難であった。それに加えて，戦後のドイツ市民は，崩壊社会からの再建，「非ナチ化」，4つに分割占領されたことによる4つの異なる占領行政の創出，さらには東方（オーデル＝ナイセ線以東）からの被追放民の流入など，数々の問題への対応と適応の過程におかれていた。

　しかし，このような複雑な戦後の出発点においても，占領地区ごとに政党が再組織化された。西側占領地区での政党結成許可は，アメリカ占領地区が1945年8月27日，イギリス占領地区9月15日，フランス占領地区12月13日であった。これにより政党が再建あるいは創設されたが，西側占領地区では地方選挙を通じて，キリスト教民主同盟／社会同盟（CDU/CSU）とドイツ社会民主党（SPD）が広範な支持を集め始めた。このなかでもとくに，ドイツの4占領地区への分断を克服し，全ドイツへと横断的な活動を目指したSPDを中心に，戦後初期には，ドイツの分断とは異なるドイツの側からの戦後秩序の模索も散見された。そのような傾向は1950年代半ばまで一定の立場を維持し，しばしば東西どちらにも与しない「第三の道」と総称された。そのような視点に立てば，ドイツにおいて冷戦が深まったことは，一方で「2つのドイツ」（東西ドイツ）の確立が進展した結果であり，他方で「第三の道」勢力の衰退の結果でもあった。

　「第三の道」勢力の衰退の原因は，第1に，その内実の多様さにあった。SPDはヴァイマル・ドイツの復権を望み，「第三の道」の立場を重視したカイザー（CDU）はドイツの中立化による統一を通じて東西ヨーロッパ，さらには米ソの利害調停を果たすドイツの役割（「架橋構想」）を主張した。「第三の道」は左派知識人や平和運動の担い手を巻き込みながらも，具体的な戦略は欠如し，様々な願望を象徴化させたスローガンを唱え，輪郭もはっきりせず，さらには様々な主張の寄せ集めであったため，政治的影響力を確保することは困難であった。

　「第三の道」勢力が衰退した第2の原因には，ソ連占領地区（SBZ）におけるドイツ共産党（KPD）とSPDの「合同」があった。1946年4月，SBZでは，ソ

資料1　戦後東西ドイツにおける政党と政治指導者の位置関係

```
1) 戦後初期
         西側（英米仏）占領地区      │    ソ連占領地区
   ┌CDU/CSU┐←政策論争→┌西SPD┐←対立→┌東SPD┐←緊張関係→┌東KPD┐
   （アデナウアー）    （シューマッハー）（グローテヴォール）（ピーク,
                                                      ウルブリヒト）    4占領地区
                                          ↓                            (1945〜49年)
2) 1946年4月………┌西SPD┐─批判→ SED（東SPDと東KPDの合同）の成立
                                  共同議長：グローテヴォールとピーク（パリティ原則）
                                          ↓
                                    旧SPD党員の段階的排除

3) 1949年………ドイツ連邦共和国          ドイツ民主共和国
        ┌CDU/CSU┐      ┌SPD┐       「統一リスト」方式（1950年10月，第1回・  東西ドイツ
         139議席[与党]   131議席[野党]    人民議会選挙）                       成立以降
        (1949年8月, 第1回・連邦議会選挙)
```

備考：西ドイツのドイツ共産党（KPD）は，1956年に連邦憲法裁判所により，違憲判決を受けた。
（筆者作成）

連の指令を介して，「労働者階級」の統一という観点から，KPDとSPDは「合同」して，新たにドイツ社会主義統一党（SED）が結成された。背景には，ナチス時代に，KPDとSPDが相互に反目・対立し，そのことがナチスの台頭を許したとする政治責任の問題があった。しかしそのような名目にもかかわらず，現実政治の場面では，「合同」は強制的に進められた。表向き「合同」は「パリティ原則」に従い，KPDとSPDの「対等」な「合同」が進められたが，実際は，旧KPD勢力がSEDの枢要なポスト（警察権力など）を独占した。これらの過程は，他の東ヨーロッパ諸国における共産党（ソ連の傀儡政党）の権力掌握過程と酷似していた。確かに，SPDの下部組織には，ナチス時代への政治責任を克服するための政治的道義から，「合同」を望む声も存在していた。しかし，ソ連占領地区におけるKPDとSPDの「合同」が「第三の道」勢力の衰退を促進することとなったことは，KPDとSPDの「合同」により結成されたSEDと西側占領地区のSPDが相互に対立へと向かったことからも明らかである。

　これらの経緯から，分断は，「上から」（米ソから）も「下から」（ドイツから）も，時間差と程度差を伴いながら段階的に進んだ。

V 東ドイツの憲法制定過程

1. ドイツの憲法と統治の歴史（概論）

東ドイツの憲法制定過程を分析する前に，ドイツの憲法と統治の歴史を概論しておきたい。

ドイツでは，1848年の「二月革命」の影響により，フランクフルト憲法（1849年3月28日の帝国憲法）が制定された。しかし，同憲法は施行されず，ドイツは統一されなかった。他方，各邦のレヴェルでは憲法の制定は進み，プロイセン憲法（1850年1月31日）もその1つであった。この後，プロイセンを中心とした北ドイツ連邦（Norddeutscher Bund）がドイツ帝国へと発展的に再編され（1871年1月1日），ドイツ帝国の憲法は帝国憲法（Reichsverfassung）（1871年4月16日）として，君主主義を統治の中心に据えた。しばしばそれは「ビスマルク憲法」とも称されたが，ドイツ帝国は，第一次世界大戦と大戦末期のドイツ革命（1918年11月）によって崩壊した。これを契機として，国民主権（第1条）を基礎とした「ヴァイマル憲法」が制定された。それは，民主主義の諸制度を導入し，自由権の保障，社会権の保障を特徴としていた。

しかし，世界恐慌（1929年）の影響を受けて，ドイツの政治は方向性を見失った。ヴァイマル共和国を支えたドイツ社会民主党（SPD）は次第に議席数を減らし，ナチスとドイツ共産党（KPD）が台頭した。1932年11月の総選挙の結果（議席数）は，SPD121，ナチス196，KPD100であり（他諸政党の議席数は除く），KPD台頭による国有化の可能性を恐れた財界はナチス支持へと傾いた。1933年3月23日，中央党の支持を取り付けたナチスは，「授権法（Ermächtigungsgesetz：全権委任法）」を成立させ，これにより，ヴァイマル憲法は実質的な効力を失った。ナチスは一方で国際秩序（ヴェルサイユ体制）の修正を求め，他方で「人種主義」に基づく選別・排除を開始した。しかし，ナチスの挑戦は短期間で破綻し，後のドイツには「負の遺産」しか残さなかった。

第二次世界大戦に敗北したドイツ（1945年5月8日）は，英米仏ソの4カ国により分割され，占領行政が開始された。冷戦の影響のなかで，ドイツは東西に分裂し，英米仏の占領地区を統合した西側のドイツでは，1949年5月23日，ド

イツ連邦共和国基本法（Grundgesetz für die Bundesrepublik Deutschland）が制定され，西ドイツが成立した。ドイツ連邦共和国基本法は「ボン基本法（Bonner Grundgesetz）」とも称された。他方，ソ連占領地区（SBZ，東側のドイツ）では，1949年10月7日，ドイツ民主共和国憲法（Verfassung der Deutschen Demokratischen Republik）が制定され，東ドイツが成立した。

2．東ドイツの憲法制定過程の特徴

　東ドイツの憲法制定過程の特徴は，第1に，憲法草案を準備したドイツ社会主義統一党（SED）が自らを中心とした支配システムを整備した過程に特徴がある。SEDはソ連のシステムをドイツへと受容することに自らの役割を見出していた。第2には，憲法草案がドイツ全土における正統性を象徴しているような「外観」を作り出すために，積極的に「大衆運動」が呼びかけられた点であり，それは1947年末以降，「ドイツ人民会議（Deutscher Volkskongreß）」運動として進められた。しかし，その運動の実態は大衆不在の「大衆運動」であった。

　なお，東ドイツは，1949年の成立当初は，「連邦制」に基づいて5つの州（Land：ラント）から構成されていた。すなわち，ザクセン，ザクセン＝アンハルト，テューリンゲン，メクレンブルク，ブランデンブルクである。これが，1952年に14の地区（Bezirk：県）に置き換えられた。さらに州議会は廃止され，州政府の権限は地区評議会（Rat des Bezirks）に移された。州は，州の利害を代弁する諸州議院（Länderkammer：参議院）の議員を選出する役割に限定された。諸州議院は人民議会（Volkskammer）とならぶ第二院であった。しかし，この諸州議院も1958年12月8日，廃止された。東ドイツの「連邦的」な特徴はこの段階で断絶したのである。

3．東ドイツの憲法制定過程とドイツ社会主義統一党

（1）ドイツ社会主義統一党の創設と「統一リスト」方式

　大戦末期（1945年4月），すなわちナチス・ドイツの降伏以前に，モスクワからドイツへと空路で（途中からはトラックで）潜入したウルブリヒト（「モスクワ派」，あるいは「ウルブリヒト・グループ〔Gruppe Ulbricht〕」）は次の2点を追求した。それは第1に，SBZ／東ドイツ（国内問題）における支配権力を確保するため

に選挙システムを整備することであり，第2に，ドイツ統一問題（国際問題）においてイニシアチブをとり，その目的に沿う形で「ドイツ民主共和国」（東ドイツ）を樹立することであった。そこで以下，この2点について，順番に検討する。

選挙システムの整備をめぐる問題については，政党の再建ならびに政党システムの再編の問題と連動していた。SBZではソ連軍政本部（SMAD）が，1945年6月10日の「指令第2号」を通じて，政党の結成を許可し，KPD（1945年6月11日創設），SPD（1945年6月15日創設），キリスト教民主同盟（CDU，通称，CDU-Ost）（1945年6月26日創設），ドイツ自由民主党（LDP，後にLDPD）（1945年7月5日創設）の4党が設立された（SBZ／東ドイツのCDUは，西側占領地区／西ドイツのCDUとの混同を避けるためにCDU-Ostと呼ばれる）。この4党は，KPDの提唱する「反ファシズム民主主義諸政党ブロック（Block der antifaschistischen demokratischen Parteien）」に1945年7月14日，結集した。政党は占領地区レヴェルで（米英仏ソの各占領地区で別々に）結成された。

1946年4月，KPDとSPDは「合同」し，SEDが創設された。既述したように，SEDは「労働者階級」を代表する政党として「合同」したが，それはヴァイマル時代に「労働者階級」がKPDあるいはSPDへと分裂したことが，ヒトラーの台頭を許した原因であり，したがって戦後はそれを繰り返してはならない，とする教訓に基づいていた。「労働者階級」の統一を実現することがファシズムを根絶する，と解釈されたのである。換言すれば，それは「シンボル」としてのSED（「反ファシズム〔Antifaschismus〕」）の役割であった。しかし「合同」は，事実上，「強制合同（Zwangsvereinigung）」であった。ソ連の介入により「合同」は実現され，SEDの中枢は旧KPD勢力により独占された。さらにSEDの中心には，ソ連からの指令の受け皿となっていたウルブリヒト（「モスクワ派」）が位置していた。他方，SBZにおいてSEDが創設されたこと（すなわち，KPDとSPDの合同）は，西側占領地区のSPDからみれば，事実上，SBZにおけるSPDが消滅したことと同義であった。それは「労働者階級」の統一よりもむしろ，「労働者階級」が東・西の占領地区へと分裂していくことを象徴する出来事であった。

しかしSEDは，SMADの後押しを受けていたにもかかわらず，選挙におい

て十分な得票を獲得することができなかった。こうして1948年6月16日，SEDの衛星政党として，SEDの支配力を農村へと伝播させるためにドイツ民主農民党（DBD）が，また元ナチ党員（あるいは愛国主義者）へと伝播させるためにドイツ国家民主党（NDPD）が新たに創設された。さらには，SEDの支持団体・支持組織であった「大衆団体」（自由ドイツ労働組合総同盟〔FDGB〕，自由ドイツ青年団〔FDJ〕など）がSEDの支配力を補完する役割を担った。1949年5月29日〜30日に開催された「第3回・ドイツ人民会議」の選出に際して，有権者は事前に議席が配分された「統一リスト（Einheitsliste）」（候補者リスト）に賛否を表明した。換言すれば，SBZ／東ドイツの有権者には「統一リスト」への信任・不信任という手続きが与えられたにすぎなかったのである。この「統一リスト」方式はやがて制度化され，SBZ／東ドイツにおける有権者の政治参加と政治文化の傾向を特徴づけていくこととなった。SEDは，一方で諸政党や「大衆団体」を自らの「伝動ベルト」へとその機能と役割を制限し，他方で「統一リスト」方式を東ドイツの各種の選挙に適用し始め，これらの仕組みによりSED支配体制の整備を図った。

（2）「ドイツ人民会議」運動と「ドイツ人民評議会」

　ウルブリヒトが追求した第2の点は，ドイツ統一問題においてイニシアチブをとることであり，その目的に沿う形で東ドイツを樹立することであった。1947年12月6日〜7日，「第1回・ドイツ人民会議」が開催された。それは，ドイツ人の利害を代弁する政治代表（「国民代表」）が，「ドイツ人民会議」を開催し，占領4カ国に対してドイツ統一の実現を要求する政治運動であった。しかし，クレスマンによれば，「ドイツ人民会議」に参加した代議員はその選出の政治的基準が曖昧であり，したがって，民主的な正統性が欠如していたという[20]。実質的には，「ドイツ人民会議」は，SMADの指示の下，SEDが呼びかけた運動であり，そこに参集した人々があたかも全ドイツを代表しているような「外観」を作り出すことが目的であった。後に東ドイツ大統領となるピークの記録には，「第1回・ドイツ人民会議」に参加した代議員は合計2215人であり，そのうち西側占領地区からは462人が参加したとされる。さらに参加者の所属は，SED605, SPD91, 共産党（KP）242, CDU219, LDP253, 無所属371,「大

衆団体」432人であった[21]。なお，CDU（於：SBZ）の党代表であったカイザーとレンマーは，この「ドイツ人民会議」運動（Volkskongreßbewegung）に距離をおいたため，党とSMADの圧力を受け，1947年12月に解任されている（後任はヌシュケであった）。

1948年3月17日〜18日，「第2回・ドイツ人民会議」が開催され，「ドイツ人民評議会（Deutscher Volksrat）」の設置が決定された。「第2回・ドイツ人民会議」では，「1848年革命」とのつながりが強調されていた。ピークの記録によれば，「第2回・ドイツ人民会議」に参加した代議員は合計1989人であり，そのうち西側占領地区からは512人が参加した。また参加者の所属は，SED360，SPD105，KP144，CDU191，LDP219，無所属156，「大衆団体」814人であった[22]。さらに「ドイツ人民評議会」は憲法委員会を設置した。この後，東側ドイツの憲法草案の準備は，憲法委員会により進められることとなった。なおクレスマンによれば，「ドイツ人民評議会」はドイツの統一を目指していたが，失敗した場合にも備え，東側ドイツの創設に向けた準備も同時に進めていたとされる[23]。

（3）冷戦の激化と東ドイツの憲法制定過程

1948年12月18日，東側ドイツにおける憲法制定過程に対して，ピークはスターリンから次のような方針を忠告された。すなわち，ドイツの共産党は「慎重な政策が必要であり，〔それは〕日和見主義的な政策〔である〕。社会主義への道はジグザグ〔に進むのであり〕，まだ積極的な闘争〔の段階〕ではない」[24]。

「第2回・ドイツ人民会議」を前後して，ドイツをめぐる冷戦は激化していた。1948年3月17日，西側諸国はソ連からの侵略を仮定して，国連憲章第51条の集団的自衛に基づく「ブリュッセル条約」（イギリス，フランス，ベルギー，オランダ，ルクセンブルク）を調印した。1948年2月23日〜3月6日には，ロンドン外相会議（アメリカ，イギリス，フランス，ベルギー，オランダ，ルクセンブルク）において西側ドイツの政府樹立が計画された。3月20日，ソ連代表ソコロフスキーはロンドン外相会議に抗議して連合国ドイツ管理理事会を退席した[25]。これにより，連合国ドイツ管理理事会を通じた連合国共通の占領政策は完全に破綻した。6月21日，西側占領地区（西側ドイツ）の通貨改革が実施された。ソ連

はこれに抗議して，6月24日，西側占領地区と西ベルリンとの間の鉄道，交通路，運河を封鎖する，いわゆる「ベルリン封鎖」を開始した（封鎖は1949年5月4日に解かれた）。アメリカは「空輸作戦」（「空の架け橋〔Luftbrücke〕」）を開始し，空路，物資を西ベルリンへと輸送し，「ベルリン封鎖」に対抗した。アメリカの輸送力の前に「ベルリン封鎖」の効果は薄れ，ソ連外交は守勢へと追い込まれた[26]。

そのようななかで，スターリンはピークに対して，社会主義へのジグザクの道という方針を伝えていた。その発言は，一方で国際政治の展開（守勢へと追い込まれたソ連外交）が，SBZ／東ドイツの発展に影響を与えたことを示していた。他方で，SBZ／東ドイツの社会主義への道がドイツの分裂を不可避にし，西側占領地区がアメリカと強固に連結することで，ソ連の安全保障に深刻な敵対国を生み出す可能性があることを，スターリンが危惧し，そうした不安を象徴する発言がジグザクの道であった。西側占領地区とアメリカが強固に連結する可能性を阻止するためには，「ドイツ統一」という外交カードを使わざるを得なかったのである。こうして「ドイツ問題」が改めてスターリン外交の核心部分におかれることとなった。

しかし，「ベルリン封鎖」が解除された後，「全ドイツ国民」を代表する政府としてドイツ連邦共和国（西ドイツ）が成立した。1949年5月8日，ドイツ連邦共和国基本法が採択され，同基本法は前文で次のように謳ったのである。「ドイツ国民は，基本法の制定に協力することを拒絶された，かのドイツ人のためにも行動した。全ドイツ国民は，自由な自己決定により，ドイツの統一および自由を完成することを引き続き要請されている[27]。」ここで指摘された「かのドイツ人」とは，東側ドイツを指していた。

また，第146条「基本権の適用期間」では，次のように記された。「この基本法は，ドイツ国民が自由な決断により制定した憲法の効力の生じる日に，その効力を失う[28]。」

1949年8月14日，西ドイツでは，ドイツ連邦共和国基本法に基づき第1回連邦議会選挙が実施され，連邦議会は9月4日に成立した。ドイツ連邦共和国（西ドイツ）の初代大統領にホイスが選出され，初代首相にはアデナウアーが就任した。そして9月7日，連邦政府が組織され，西ドイツが樹立された。

西ドイツの成立により，東ドイツの成立が不可避となった。というのも，東側ドイツが進めてきた「ドイツ人民会議」運動の正統性を証明するためには，東ドイツを成立させ，その正しさを国際・国内の世論に呼びかける以外に方法がなくなったためである。東側ドイツには2つの選択肢があった。第1は，西ドイツの成立を不当な政治体制として見過ごすか，第2には，対抗国家として東ドイツを成立させ，自らの正統性を説得する闘争を開始するか，であった。東側のドイツは後者の道を進んだ。

(4)「ドイツ民主共和国憲法」(東ドイツ憲法)とスターリン

1949年10月7日，「ドイツ人民評議会」から「臨時人民議会 (Provisorische Volkskammer)」が形成され (於：東ベルリン)，同日，「臨時人民議会」は「ドイツ民主共和国憲法」(東ドイツ憲法)の発効を宣言した。その第1条では「ドイツは分割することができない民主共和国である」ことが謳われた。[29] 東ドイツ憲法はヴァイマル憲法を模範として作成された。10月11日，「臨時人民議会」と「臨時諸州議会」はドイツ民主共和国(東ドイツ)の初代大統領にピークを選出し，10月12日には「臨時人民議会」がグローテヴォールを首相とする臨時政府の成立を承認した。同12日，副首相には，ウルブリヒト (SED)，ヌシュケ (CDU)，カストナー (LDPD) が就任することが承認された。こうして東ドイツが樹立された。[30]

しかし，東ドイツの建国に際して，スターリンは「社会主義」の言葉を使用することを避けた。ピークとグローテヴォール宛の祝電のなかでスターリンは，「統一的・独立的・民主的・平和愛好的」ドイツの実現を呼びかけたものの，「社会主義」の言葉は使わなかったのである。すなわち，東ドイツは「暫定政体」として出発し，目標は「ドイツ統一」の実現であり，他の東欧諸国(「人民共和国」)とは異なり，東ドイツは「民主共和国」であったこと，したがって「社会主義」の国ではないこと，これらの事実がスターリンのドイツ政策の核心部分を示していたのである。[31]

他方，東側ドイツのドイツ統一を模索する方式は，東ドイツの樹立以降，東ドイツ政府から西ドイツ政府へと「書簡」が送られ，そのなかで提案され，ドイツの統一が追求されることとなった。SEDの解釈では，東ドイツ憲法はすべ

ての占領地区に効果が波及するとされていた[32]。したがって,「ドイツ民主共和国」を中核とした諸制度を西側占領地区（すでに樹立された西ドイツ）にも送り出すことが重要であり,東ドイツ政府のドイツ統一政策は（第Ⅱ部で指摘するように,ソ連から「スターリン・ノート」〔1952年〕が提案されるまで）,この方針に沿って進められた。

なお,第1回・人民議会（Volkskammer）選挙は1950年10月15日に行われた[33]。そして1950年の選挙は,それ以降の東ドイツのすべての選挙と同様に,「統一リスト」に基づいていた。1963年までの人民議会の議員数は466人であり,それ以降,議員数は500人に変更されている。1963年以降の「統一リスト」方式に基づく議員の議席配分は,SED127,CDU52,LDPD52,NDPD52,DBD52,さらに,「大衆団体」に合計165人（FDGB68,ドイツ民主婦人同盟〔DFD〕35,FDJ40,文化同盟〔Kulturbund〕22人）であった[34]。

マーシャル・プラン,ベルリン封鎖,占領地区の統合（ないしは再編）を通じて,1949年,東西ドイツは成立した。この後,1955年に至るまで,様々な歴史的局面を経て,分断は1955年までに「国際秩序」として確立していった。そのなかで,分断の受容に,最後まで（1955年まで）消極的であったのはソ連であった。分断の受容は,国際秩序としての「冷戦秩序」の確立につながることが不可避であった。西側は「ヨーロッパの分断」と「ヨーロッパの統合」を結びつけた「冷戦秩序」の創出へと向かった。これに対して,ソ連はドイツの中立化を通じて,古典的な権力外交を基礎にした勢力均衡（balance of power）の再現を目指した。

Ⅵ ドイツにおける冷戦の激化

1. ヤルタ会談・ポツダム会談とソ連のドイツ政策

ヤルタ会談（1945年2月4日〜11日）においてアメリカ,イギリス,ソ連は,既述のように,ドイツを数個の国に分割する構想を主張していた。このことは「ヤルタ協定（Yalta Agreements）」のなかに次のように盛り込まれた。「Ⅲ.ドイツの分割（DISMEMBERMENT OF GERMANY）。『イギリス,アメリカ,ソ連は,ドイツに関して最高の権力を有する。そのような権力の行使において,3

国は将来の平和と安全のために必要不可欠と認めるドイツの完全な武装解除，非軍事化，分割を含めた措置をとるであろう。』」[35]

しかしソ連はこのドイツ分割構想に対して，ドイツの無条件降伏の翌日 (1945年5月9日)，スターリン演説のなかで，路線転換を明言した。「ソ連は勝利を祝う。だが，ドイツを粉砕したり，絶滅したりはしない。」[36]

さらに，この路線転換を占領政策に反映させるために，1945年6月4日，スターリン，モロトフならびにジダーノフとの間で，次のような内容が討議された。以下の文書はピークの記録である。「ドイツの細分化計画はイギリス，アメリカの下にあった。北部－南部ドイツへの分割は，ラインラント－オーストリアを含むバイエルン。スターリンはそれに反対した。ドイツの統一を，統一的ドイツ共産党（KPD），統一的中央委員会，勤労者の統一的政党によって保障する。中心には統一的政党。」[37]

1945年6月10日，ソ連はこの路線転換に沿って，ドイツの他の占領地区よりも早く，ソ連軍政本部（SMAD）「指令第2号」を通じて，ソ連占領地区（SBZ）での政党・労働組合の再建を許可した。そして，ソ連のこの路線転換はポツダム会談（1945年7月17日～8月2日）にも影響を与えた。

1945年8月2日，「ポツダム協定」（Potsdam Agreement）が決定され，そこではドイツについて，以下の諸点が決定された。すなわち，ドイツの民主化，法の下の正義，差別の禁止，地方分権化，言論・出版・宗教の自由，自由な労働組合，非ナチ化，武装解除，非軍事化，軍事生産の管理，である。さらに，ドイツの最高権力は米英仏ソにあること，可能な限り画一的なドイツの占領が進められること。そして，「当分の間は，いかなるドイツ国中央政府も樹立されてはならない」。ただし，財政，運輸，通信，貿易ならびに産業の各部門において，ドイツ国の中央行政省が設けられなければならないこと。そして，占領期間中はドイツは単一の経済単位として取り扱われること。ソ連の賠償はソ連の占領地帯から，ならびにドイツの適当な外国資産からの撤去物をもって支払われ，米英の賠償は西側の占領地帯から支払われること。ポーランド，チェコスロヴァキア，ハンガリーからのドイツ人の移送は秩序的・人道的に行われなければならないこと。ポーランドの西部国境の最終確定は，平和規制を待たなければならないこと，である。[38]

このように「ポツダム協定」では，当分の間，ドイツ人による中央政府の樹立がなされないことが明記されたものの，ドイツ解体案に関する記述は避けられた。その他，ドイツを単一の経済単位として処遇する点，全ドイツを可能な限り画一的に統治する点，領土問題，等々にわたって，「ポツダム協定」はソ連の戦後ドイツ政策の基盤を構成していくこととなる。

2. 西ドイツと東ドイツの「体制競争」

　勤労者の統一的政党を中核としたドイツの再建を目指したソ連は，ドイツが「統一された」際，そこでの民主主義が確固とした基盤の上に立脚するように，占領初期の段階から「民主化」政策に取り組んだ。その熱意は，占領政策に携わった各国最高司令本部の人員総数からも推測することができる。アメリカ対独軍政本部（OMGUS）の約1万2000人，ドイツ管理委員会イギリス部門（CCG／BE）の約2万5000人，フランス対独管理委員会（CCFA）の約1万1000人に対し，SMADは約6万人の職員を抱えていた[39]。また，食糧の配給，傷病者や子供の世話，文化面の支援や，当初対独懲罰的だった米英に比べ，ドイツ人の愛国心を刺激し，広範な社会活動を認めたソ連の占領政策は，SBZの住民から広範な支持を集めていたとされる[40]。

　しかし，ソ連の占領政策が持っていたこれらの積極的な側面は，最初はドイツ人とロシア人との否定的な遭遇から，その後はSBZ／東ドイツが全体主義的（あるいは権威主義的）な支配体制へと構造化されたことから，ドイツ人の意識より消え去った[41]。戦時中，繰り返された「ボルシェビズム（Bolshevism）」（ロシア社会民主労働党左派の思想）に対するナチス・ドイツの否定的な宣伝は，終戦期のロシア兵の行動によって裏づけられてしまった。すなわち，冷戦後の研究によれば，「旧東部地域において約140万人の女性が，ベルリンでは10万人の女性が，そして残りのSBZにおいては50万人の女性が，強姦の犠牲になった[42]」とされている。さらに，東ヨーロッパ諸国における強権的な「社会主義化」の措置は，ソ連に対する否定的な印象を残した。

　他方で，ソ連の手がけた占領政策は，ソ連に多元的民主主義的伝統が欠如していたため，ドイツ側から出された多元的要求の解体をもたらしたとされる。とくにこのことは，政党間の待遇格差に顕著だった。SMADは紙や印刷機の

配当，建物の配分，ガソリンの配分，食糧の供給の際に，KPDをもっぱら優遇し，ドイツ社会民主党（SPD）や「ブルジョア的」政治家に対しては不信感をあらわにしていた[43]。このことは，東側ドイツ（SBZ／東ドイツ）の政党間格差をもたらし，よりよい国内変革への政治家の意欲を減退させ，国民にとっては，ドイツ社会主義統一党（SED）の支配が強まることで選択肢の減少をもたらした。最終的にこの流れは，既述のように，選挙方法に汲み入れられた。操作された選挙は，ソ連による占領政策の影響を色濃く受けた後に建国された東ドイツ国家の正統性が，いかに微弱であるかを裏づける結果となった。

　この否定的なソ連の占領政策とその結果として誕生した東ドイツは，西側占領地区／西ドイツの指導部および住民からみれば，とうてい受け入れることのできない「全体主義」国家であった。それ故，西ドイツは東ドイツをパンコー（Pankow）または占領地区（Zone）と呼び，ブラントが「東方外交」を開始するまで決して交渉相手とすることはなかった。また，ソ連との協力の可能性もほぼ不可能と考えられ，西ヨーロッパへの西ドイツの統合政策（西側統合政策）を推進する西ドイツ初代首相アデナウアーの立場が次第に強固なものとなっていったのである。『アデナウアー回顧録』にある次の文面はアデナウアーの見解を非常によく表している。「ロシア人の目標は明確であった。ツァー支配下におけると同様に，ロシアは西への衝動，つまり欧州に新領土を獲得し支配するという衝動をもっていた。〔……〕その地理的位置よりして，われわれは，対立して譲らぬ理想を掲げて争う二大勢力圏の谷間におかれた。扼殺の運命に甘んじたくないと思うなら，われわれはいずれかの側につかなければならなかった。両勢力間にあって中立的態度をとるのは，わが国民にとって非現実的である，と私は考えた[44]。」

　また，終戦直後から西側ドイツにおけるSPDの指導者であったシューマッハーも，ソ連占領支配下での社会民主主義政策は不可能だと考えていた。彼はSBZのSPDの指導者グローテヴォールが呼びかける労働者政党の統一提案を拒否し，西側ドイツにおけるSPDの組織作りを目指した。シューマッハーは次のように述べている。「合同――征服とは違う――は，ただ独立したもの同士の間でのみ考えられる。ドイツ共産党員には独立性が著しく欠如しており，彼らはロシアの愛国主義者になり下がってしまった[45]。」

他方で，東西ドイツの成立（1949年）以降，東ドイツ指導部の側からみれば，こうした西ドイツ指導部の動きはドイツ民族を分裂させる試みであり，「帝国主義の手先」，「ボンの傀儡政府」であった。1950年5月に提唱されたヨーロッパ石炭鉄鋼共同体（ECSC）を設立する構想，すなわち「シューマン・プラン」が具体化すると，東ドイツ指導部のピークは次のようにこれに強く反対した。ボンの傀儡政府は，「ドイツ国民の民族利益を犠牲にし，ヨーロッパ連合に参加し，シューマン・プランに参加した。このシューマン・プランは，ルールを国際帝国主義の兵器庫に転化させるためのものである[46]」。

　東西ドイツ指導部にとってドイツの統一問題は，いかに自国の基盤の上に統一を成し遂げるか，をめぐる激しい闘争であった。アデナウアーは西ドイツを経済的・軍事的に強力にし，その結果，東ドイツを引きつけるという「磁石説（Magnet-Theorie）」を主張した。他方ピークは，SED第3回党大会の開会の際に，SEDの政治活動をドイツ連邦共和国（西ドイツ）へと拡大すること，すなわち東ドイツの政治体制を西へと拡大させることを主張した。西ドイツは東ドイツを「全体主義」国家とみなし交渉相手とすらしなかったのに対して，東ドイツは西ドイツを「帝国主義」や「傀儡政府」とみなして積極的なプロパガンダ活動を通じて，西ドイツ「傀儡政府」の転覆を試みた。結局のところ，ドイツの統一は東西ドイツにとって正統性をめぐる問題であった。それ故，東西ドイツ指導部は後述するように，1952年のソ連によるドイツ中立化政策（「スターリン・ノート」）が拒否されると，各々の国の正統性を強めるために分裂への道を促進させるのである。

3．過去の克服

　東西ドイツの「過去の克服」は，「体制競争」の側面も併せ持っていた。すなわち，「ナチス」という「負の遺産」をどちらのドイツがより本質的に克服できたのか，このことを国際社会にアピールすることが重要であったのである。したがってドイツにとって「過去の克服」は，政治外交と密接に連動した最重要課題の1つでもあった。西ドイツはナチス台頭の要因をヴァイマルの政治システムの欠陥に見出していた。水準の高いヴァイマル憲法の精神は厳しい国際環境のなかで活かされることなく，ヴァイマルの「寛容な」民主主義は政

党の乱立を引き起こし，結果的に議会のコントロールは失われた。世界恐慌の影響を受けるなかで，ドイツ国民はナチスを第一党に選んだ。ここから，民主主義は戦ってでも守り抜くべきであるとの政治的立場が西ドイツにおいて重みを増し，それは「戦闘的民主主義」となって，西ドイツの政治システムの基礎に入り込んだ。それは一方で，政党の乱立による議会の機能不全を防ぐために「5％条項」が取り入れられたことであり，他方で，国家に敵対する政党（政治勢力）に対しては違憲判決の措置も準備するという姿勢であった。

　他方，東ドイツの「過去の克服」は，これとは異なっていた。すなわち，ナチス台頭の背景には，大資本家，大土地所有者（Junker：ユンカー），教養市民層の結びつきによるドイツの保守主義（保守的支配層）の存在があるとされた。この保守的支配層に軍国主義（と人種主義）が流れ込み，それがナチスを支持した社会的基盤であったとされたのである。そこで，東ドイツ指導部は，大資本家に対して工業改革を，大土地所有者に対して土地改革を，さらには教養市民層に対して教育改革を，それぞれ社会変革の柱とした。それは，「1848年革命」さらには「1918年革命」の貫徹であった。「反ファシズム・民主的変革」が（最初に）目指され，1950年代初頭からは，それは「社会主義的変革」へと移行した。そしてその中心に「シンボル」としてのSED（「反ファシズム」）の存在があるとされた。換言すれば，東ドイツ指導部にとって，SEDの存在は「過去の克服」と同義であった。

4.「プラハ・イニシアチブ」と「全ドイツ設立委員会」構想

　ドイツ統一をめぐる東西ドイツ指導部のイニシアチブは，しかしながら，冷戦という環境のなかで著しく制限されていた。ソ連の「膨張」とアメリカの「封じ込め」は，たとえ望んだ選択ではなかったとしても，現実の問題として，チャーチルがミズーリ州フルトンで的確に表現したように，「鉄のカーテン」による東西の分断をもたらしていた。しかし，ドイツをめぐる「鉄のカーテン」は，いまだ流動的であった。西側3カ国によるニューヨーク外相会談（1950年9月12日〜19日）を起点として，その後進められていく西ドイツの西ヨーロッパへの統合（＝西側統合政策）に対して，スターリンは「プラハ・イニシアチブ」（＝「全ドイツ設立委員会」構想）を対置して，今一度流れをドイツの統一に呼び

戻そうとしたのである。

　1950年10月21日，従来の東欧ブロック諸国の代表者に加えて，初めて東ドイツの外相も参加を許されたプラハ外相会談では，主に次のことが決議された。①「ヨーロッパにおける平和と安全の維持」のため，「ドイツの再軍備とあらゆる侵略計画へのドイツの編入を認めないこと，そして統一的・平和愛好的・民主的ドイツ国家の形成のため［……］ポツダム協定を首尾一貫して実施する」こと，②「すべての占領軍が講和条約の締結後，1年以内にドイツから撤退する」こと，③「東西ドイツの代表者から対等に構成される『全ドイツ設立委員会（Gesamtdeutscher Konstituierender Rat）』の形成。その委員会の役割は，全ドイツ的・独立的・民主的・平和愛好的・暫定的政府の形成の準備。ソ連，アメリカ，イギリス，フランス政府に共同の批准書のための提案を提出すること。全ドイツ政府の形成まで，講和条約の作成の協議を担う」こと[47]。

　このプラハ決議はさらに具体的に検討され，1950年11月30日，グローテヴォールにより「グローテヴォール書簡（Grotewohl-Brief）」としてアデナウアーに伝えられた[48]。ここでは，従来の「東ドイツをモデルとしたドイツ統一の実現」から「東西ドイツの交渉を通じたドイツ統一の実現」へと，ソ連および東ドイツ指導部の方針に変化が生じていた。すなわち，「グローテヴォール書簡」では，西ドイツの代表者6人と東ドイツの代表者6人が中心となり，ドイツ統一構想をまとめる作業に取りかかる「全ドイツ設立委員会」構想の重要性が指摘されたのであり，同構想は人口，領土，国力のすべての面で西ドイツに劣る東ドイツが，唯一，対等に交渉に臨むことのできる方式であった。

　しかし，「グローテヴォール書簡」は，1951年3月9日，西ドイツの連邦議会により「われわれは攻撃のもくろみと抑圧を覆い隠している共産主義の見せかけの平和を一切望んでいない」[49]として拒否された。西ドイツ政府には東ドイツ政府との対等な統一交渉に臨む予定はなかった。

　「プラハ・イニシアチブ」を基礎としたドイツの統一交渉へと西ドイツ政府を巻き込むためにSED指導部は，一方で外交攻勢（「グローテヴォール書簡」）を展開し，他方で署名活動を実施した。西側の進める西側統合政策（第Ⅱ部で指摘するように，それは具体的には，ヨーロッパ防衛共同体〔EDC〕構想であった）が，西ドイツの再軍備を前提としていたため，SEDは軍国主義の復活（＝EDC構想

か，ドイツの統一（=「全ドイツ設立委員会」構想）か，（東・西）ドイツ国民に二者択一を迫るアピールを展開したのである。1951年5月5日，SED指導部は西ドイツの再軍備問題に反対するために，「国民アンケート（Volksbefragung）」の実施を東ドイツの新聞『ノイエス・ドイチュラント』を通じて告知し，西ドイツ各地で署名を集めた。

しかし，「プラハ・イニシアチブ」を基礎としたドイツの統一交渉へと西ドイツ政府を巻き込むためには，この署名活動の結果は不十分であった。「西側における国民アンケート運動はまだ弱い」と，東ドイツ大統領ピークは1951年5月11日のソ連管理委員会（SKK）の指導部チュイコフとの協議の際に，署名活動の結果を報告しており，西ドイツのKPDは「活動できる状態ではなく」，「大衆から引き離され」，「〔勢力は〕弱く」，東ドイツ指導部は7月末までに西ドイツ有権者の6.7％（170万人）の署名しか集めることができなかったのである。[50][51]

1950～1951年のSED指導部の2つの戦略（「グローテヴォール書簡」と署名活動）が失敗するなかで，西側のEDC創設へ向けた動きは複雑な外交交渉の経路を辿りつつも着々と進んだ。

その上，その後の一連の東西交渉が成果なく進展し（例えば，東ドイツ大統領ピークの西ドイツ大統領ホイス宛の書簡〔1951年11月2日〕と同提案に対する西ドイツの拒否），西ドイツの西側統合政策が次第に具体性を持ち始めると，ソ連は自国の安全保障要求を充足させるために，さらに思い切った政策を打ち出す必要に迫られたのである。[52]その際に問題となったのは，東ドイツ指導部の提案とそれに対するソ連指導部（とくにグロムイコ）の拒否であった。チュイコフと，後に東ドイツのソ連高等弁務官に就任するセミョーノフに伝えられた東ドイツ指導部の提案——①西ドイツの西側統合政策に反対するキャンペーンの展開，②ドイツとの講和条約の締結を東ドイツの人民議会を通じて四大国に要請すること，③これらの一連の過程の後，ドイツ統一構想に関するソ連の「完全な」提案の公表——は，次の3つの理由からグロムイコにより厳しく拒否された。[53][54]

第1に問題とされたのは，ドイツの大衆の注意が総括条約（Generalvertrag）のみに集中し，大衆の関心がそれによってドイツ統一問題から逸れてしまうことであった。総括条約とは，占領条約の廃止と西ドイツの主権をほぼ完全に回復することを内容とするドイツ条約から成り立っていた。第2には，敗戦国と

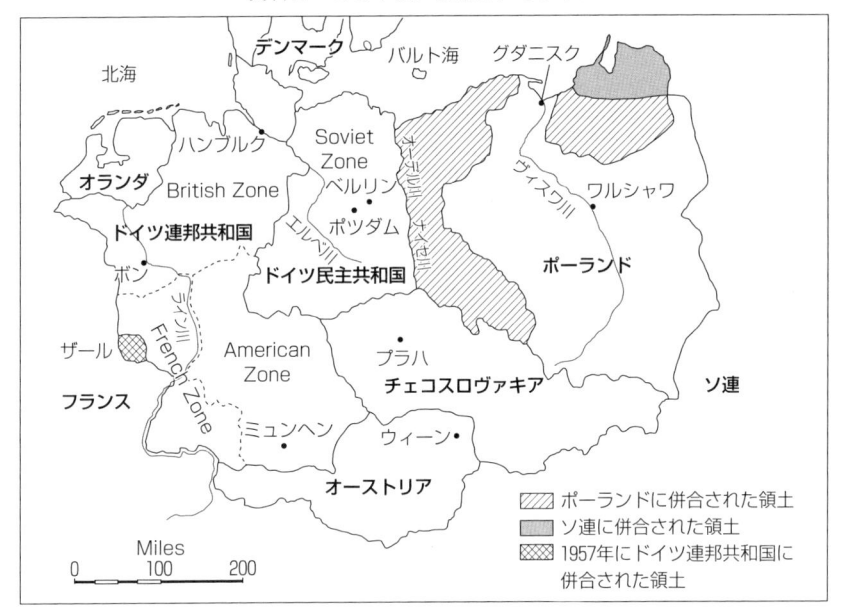

資料2　1945年後に分割されたドイツ

(Mary Fulbrook (ed.), *German history since 1800* (London; New York: Arnold, 1997), p.364.)

の講和条約の締結に関する原則が，東ドイツの側（それ故，敗者自身の側）から提出されることは，問題外と考えられた。第3にグロムイコは，講和条約の「完全な」作成によってソ連に必要以上の負担がかかること，またそれと同時に，西側に余計な批判点を提供してしまう可能性のあることを好ましくないと考えていた。

　このドイツ統一問題のイニシアチブをめぐる東ドイツ指導部とソ連指導部の関係，とくにグロムイコの拒否は，それまで若干なりとも存在していた東ドイツ指導部のドイツ統一問題への主体性が急速に失われていくことを意味した。そしてソ連主導のドイツ統一提案は，第Ⅱ部で検討するように，「スターリン・ノート」として結実する。

1) アメリカの「自由」に関する「帝国」論は，Alfredo G. A. Valladao, *The Twenty-first Century Will Be American* (London ; New York: Verso, 1996).（アルフレート・ヴァ

ラダン著，伊藤剛・村島雄一郎・都留康子訳『自由の帝国—アメリカン・システムの世紀』NTT出版，2000年。)

2) 「人民民主主義」論の特徴については，ロスチャイルドによる議論が詳しい。ロスチャイルドは「人民民主主義」論に関わる7つの要点を次のように指摘した。①東欧の脆弱性（ソ連の敵国〔とくにドイツ〕を排除するだけでは不十分)，②「友好的な政府」の樹立，③「ブルジョア的」社会構造の転換，④制度的形態としての「人民民主主義」（ブルジョア民主主義〔西側〕→人民民主主義〔東欧〕→成熟した社会主義〔ソ連〕)，⑤東欧のソ連への従属（力の論理＋イデオロギー)，⑥「人民民主主義」からブルジョア民主主義への「逆行」のイデオロギー的拒否，⑦「人民民主主義」はソ連（戦争で荒廃）への資本の提供者。Joseph Rothschild, *Return to Diversity: A Political History of East Central Europe Since World War II*, 2nd ed (New York: Oxford University Press, 1993). (ジョゼフ・ロスチャイルド著，羽場久美子・水谷驍訳『現代東欧史—多様性への回帰』共同通信社，1999年。)

3) 「ソ連型社会主義」，換言すれば「スターリン主義（Stalinismus)」の特徴として，次の9点が指摘される。①共産党による独裁体制（衛星政党の存在)，②中央集権化，③教育の統制，④文化活動の統制，⑤政治警察や公安局の拡大，⑥粛清，⑦「モスクワ派」，⑧中央計画経済，⑨農業集団化。

4) 羽場久美子「ハンガリーの占領と改革」（油井大三郎・中村政則・豊下楢彦編『占領改革の国際比較—日本・アジア・ヨーロッパ』三省堂，所収）1994年，332～369頁。

5) ルンデスタッドの研究を参考にした羽場久美子の研究によれば，ソ連の対東欧政策（東欧認識）は，安全保障問題の視点から，「死活地域」，「内部領域」，「中間地域」，「外部地域」の4つの地域（カテゴリー）に区分される（資料「ソ連の東欧認識の濃淡」参照)。そして東ドイツも含まれる「中間地域」に対しては，ソ連は「中立化」の構想も視野に入れていた可能性が高いとされる。羽場久美子「東欧と冷戦の起源再考」『社会労働研究』第45巻第2号，1998年12月，16～17頁。Geir Lundestad, *The American Non-Policy towards Eastern Europe 1943-1947* (London: Global Book Resources, 1978).

6) Arthur Conte, *Yalta ou le partage du monde* (Paris: Robert Laffont, 1964). (アルチュール・コント著，山口俊章訳『ヤルタ会談＝世界の分割：戦後体制を決めた8日間の記録』サイマル出版会，1986年，267～376頁。)

7) Milovan Djilas, *Conversations with Stalin* (New York: Harcourt, Brace & World, 1962).

8) Gerd Ressing, *Versagte der Westen in Jalta und Potsdam?* (Frankfurt a. M.: Akademische Verlagsgesellschaft Athenaion, 1970). (ゲルト・レッシンク著，佐瀬昌盛訳『ヤルタからポツダムへ—戦後世界の出発点』南窓社，1971年，187～191頁。)

9) ソ連外務省の外交政策の展開については，横手慎二「冷戦期のソ連外務省」『法学研究』第66巻第12号，1993年12月，191～212頁。

10) John Lewis Gaddis, *The Landscape of History: How Historians Map the Past* (New York: Oxford University Press, 2002). (ジョン・L・ギャディス著，浜林正夫・柴田知薫子訳『歴史の風景—歴史家はどのように過去を描くのか』大月書店，2004年。); John Lewis Gaddis, *We Now Know: Rethinking Cold War History* (New York: Oxford University Press, 1997). (ジョン・L・ギャディス著，赤木完爾・斉藤祐介訳『歴史とし

第 2 章　ヨーロッパにおける冷戦の激化と「ドイツ問題」　63

資料 3　ソ連の東欧認識の濃淡（ルンデスタッド『アメリカン・ノンポリシー』）

1．外部地域	ソ連にとっての外部地域、西欧にとっての死活地域は、ギリシャ、トルコ、イタリアであった。ここでは共産党が強力でも、西欧との関係を重視し、ソ連はほとんど手を出していない。
2．中間地域	ソ連と西欧の中間地域、いわばバッファーゾーンかグレーゾーンと呼びうる地域として、ルンデスタッドは、東ドイツ、チェコスロヴァキア、ハンガリー、オーストリア、ユーゴスラヴィア、アルバニアを上げている。この地域では濃淡の差はあるものの、具体的な戦後政策を明確化していない、あるいは中立化することによって、自国にとっての脅威を減じようとするものである。
3．内部領域	ソ連にとって内部領域と考えられたのが、ポーランド、ルーマニア、ブルガリアであった。これについては、イギリスとの合意の上で、ソ連の安全保障についてなくてはならない地域とし、この地域の主権を制限しても軍事的安全を確保しようとしてきた。
4．死活地域	ソ連にとっての死活地域は、フィンランドの一部、カーゾン線以東のポーランド、バルト 3 国、ベッサラビアである。これは独ソ不可侵条約の秘密議定書に記された地域とほぼ対応する。ソ連はこの地域を自国の安全保障の死活地域とみなし、大きな影響力と決定的発言権を行使しようとした。

（出所：羽場久美子「東欧と冷戦の起源再考」『社会労働研究』第45巻第 2 号、1998年12月、16～17頁。）

ての冷戦―力と平和の追求』慶應義塾大学出版会、2004年。）
11) John Lewis Gaddis, *The Cold War* (London: Penguin Books, 2005).（ジョン・L・ガディス著、河合秀和・鈴木健人訳『冷戦―その歴史と問題点』彩流社、2007年、15～16頁。）
12) 同上書、17～18頁。
13) 同上書、18～20頁。
14) ガディスが指摘しているように、アメリカが第二次世界大戦後の経済危機（世界恐慌の再来）を恐れていたことは、複数の研究者が指摘している。とくに、岩田賢司「ソ連のヨーロッパ政策」（石井修編著『1940年代ヨーロッパの政治と冷戦』ミネルヴァ書房、所収）1992年、49～110頁。
15) マーシャル・プランの複雑な構造は冷戦史研究の争点である。Desmond Dinan, *Ever Closer Union* (Basingstoke: Palgrave Macmillan, 2005), pp. 18-37；永田実『マーシャル・プラン―自由世界の命綱』中央公論社、1990年。羽場久美子「マーシャル・プランの実行―冷戦の起源」（羽場久美子編著『EU（欧州連合）を知るための63章』明石書店、所収）2013年、92～95頁。
16) Rolf Badstübner und Wilfried Loth (Hrsg.), *Wilhelm Pieck—Aufzeichnungen zur Deutschlandpolitik 1945-1953* (Berlin: Akademie Verlag, 1994), S. 190-194.
17) 石井修『国際政治史としての20世紀』有信堂、2000年、167～168頁。
18) 岩田、前掲書・注14)、73～77頁。
19) 同上書、49～110頁。
20) Christoph Kleßmann, *Die doppelte Staatsgründung: Deutsche Geschichte 1945-1955*, 5., überarbeitete und erweiterte Auflage (Göttingen: Vandenhoeck & Ruprecht, 1991).（クリストフ・クレスマン著、石田勇治・木戸衛一訳『戦後ドイツ史：1945～1955―二重

の建国』未来社，1995年，238〜243頁。）
21) Badstübner, a. a. O., S. 192.
22) Ebd., S. 192.
23) クレスマン，前掲書・注20），238〜243頁。
24) Badstübner, a. a. O., S. 267.
25) 真鍋俊二『アメリカのドイツ占領政策』法律文化社，1989年。
26) アメリカの外交戦略から，「第1次・ベルリン危機」と「ドイツ統一問題」，さらには「第2次・ベルリン危機」と「キューバ危機」との相互関連を分析した研究として，青野利彦『「危機の年」の冷戦と同盟：ベルリン，キューバ，デタント　1961〜63年』有斐閣，2012年。
27) 早川東三・堀越孝一・日高英二・上田浩二・岡村三郎編『ドイツハンドブック――Deutschland-Handbuch』三省堂，1984年，609頁。
28) 同上書，656頁。
29) Gerd-Rüdiger Stephan (Hrsg.), *Die Parteien und Organisationen der DDR: ein Handbuch* (Berlin: Dietz, 2002), S. 1171.
30) 「ドイツ民主共和国憲法」（東ドイツ憲法）の発効（1949年10月7日）と同時期に起こった国際問題として，ソ連の原爆実験の成功（1949年8月29日），ならびに，中華人民共和国の成立（1949年10月1日）を指摘することができる。これらの国際問題の相互関連がソ連外交に与えた影響については，重要な研究課題である。
31) *NEUES DEUTSCHLAND*, 14. Oktober 1949.
32) Heinrich August Winkler, *Der lange Weg nach Westen, Bd. 2: Deutsche Geschichte vom "Dritten Reich" bis zur Wiedervereinigung* (München: C. H. Beck, 2000).（H・A・ヴィンクラー著，後藤俊明・奥田隆男・中谷毅・野田昌吾訳『自由と統一への長い道 II　ドイツ近現代史1933-1990年』昭和堂，2008年，139頁。）
33) 以下は，人民議会（東ドイツ）の任期の一覧である。第1回・ドイツ人民評議会（任期1948〜1949）。第2回・ドイツ人民評議会（任期1949）。臨時人民議会（任期1949〜1950）。第1回・人民議会（任期1950〜1954）。第2回・人民議会（任期1954〜1958）。第3回・人民議会（任期1958〜1963）。第4回・人民議会（任期1963〜1967）。第5回・人民議会（任期1967〜1971）。第6回・人民議会（任期1971〜1976）。第7回・人民議会（任期1976〜1981）。第8回・人民議会（任期1981〜1986）。第9回・人民議会（任期1986〜1990）。第10回・人民議会（任期1990）。Christopher Hausmann, *Biographisches Handbuch der 10. Volkskammer der DDR (1990)* (Köln : Böhlau, 2000).
34) Rainer Eppelmann, Horst Möller, Günter Nooke, und Dorothee Wilms (Hrsg.), *Lexikon des DDR-Sozialismus: Das Staats- und Gesellschaftssystem der Deutschen Demokratischen Republik* (Paderborn・München・Wien・Zürich: F. Schöningh, 1997), S. 905-906.
35) Senate Committee on Foreign Relations. Staff of the Committee and the Department of State, *AMERICAN FOREIGN POLICY. Basic Documents, 1941-1949* (New York: Arno Press, 1971), pp. 29-30.
36) Alfred Grosser, *Geschichte Deutschlands seit 1945: Eine Bilanz* (München: Carl Hanser/dtv, 1980).（アルフレート・グロセール著，山本尤・三島憲一・相良憲一・鈴木

直訳『ドイツ総決算―1945年以降のドイツ現代史』社会思想社，1981年，60頁。)
37) Badstübner, a. a. O., S. 50.
38) レッシンク，前掲書・注8），192～219頁。
39) クレスマン，前掲書・注20），80頁。
40) 木戸衛一「ソ連占領下ドイツにおける政治構造」(油井大三郎・中村政則・豊下楢彦編『占領改革の国際比較―日本・アジア・ヨーロッパ』三省堂，所収) 1994年，249頁。
41) Gert-Joachim Glaeßner, *Der schwierige Weg zur Demokratie: Vom Ende der DDR zur deutschen Einheit* (Opladen: Westdeutscher Verlag, 1991). (G・J・グレースナー著，中村登志哉・中村ゆかり訳『ドイツ統一過程の研究』青木書店，1993年，46頁。)
42) Kirsten Poutrus, 'Von den Massenvergewaltigungen zum Mutterschutzgesetz,' in : Richard Bessel und Ralph Jessen (Hrsg.), *Die Grenzen der Diktatur: Staat und Gesellschaft in der DDR* (Göttingen: Vandenhoeck & Ruprecht, 1996), S. 176-177.
43) Wilfried Loth, *Stalins ungeliebtes Kind: warum Moskau die DDR nicht wollte* (München: Deutscher Taschenbuch Verlag, 1996), S. 44.
44) Konrad Adenauer, *Erinnerungen 1945-1953* (Stuttgart: Deutsche Verlags-Anstalt, 1965). (K・アデナウアー著，佐瀬昌盛訳『アデナウアー回顧録』I・II，河出書房新社，1967年，94～95頁。)
45) Susanne Miller, 'Die SPD vor und nach Godesberg,' in : Susanne Miller und H. Potthoff, *Kleine Geschichte der SPD: Darstellung und Dokumentation 1848-1983*, 2 Teil, 5 überarb. U. erw. Aufl (Bonn: Verlag Neue Gesellschaft, 1983). (ズザンヌ・ミラー著，河野裕康訳『戦後ドイツ社会民主党史』ありえす書房，1987年，154～155頁。)
46) ウィルヘルム・ピーク『ドイツ民族解放闘争の諸問題』新時代叢書刊行会，1951年，35頁。
47) Christoph Kleßmann, *Die doppelte Staatsgründung: Deutsche Geschichte 1945-1955*, 4.ergänzte Auflage (Bonn: Bundeszentrale für politische Bildung, 1986), S. 463.
48) Bundesministerium für Gesamtdeutsche Fragen (Hrsg.), *Die Bemühungen der Bundesrepublik um Wiederherstellung der Einheit Deutschlands durch gesamtdeutsche Wahlen: Dokumente und Akten* (Bonn: Deutscher Bundes-Verlag, 1954), S. 19-20.
49) Ebd., S. 29-31.
50) Badstübner, a. a. O., S. 365.
51) Loth, a. a. O., S. 176.
52) Bundesministerium für Gesamtdeutsche Fragen (Hrsg.), a. a. O., S. 56-57.
53) セミョーノフが高等弁務官に昇進するのは1953年5月28日である。しかし，同年5月22日にはセミョーノフは軍政府政治顧問の職務を更迭されており，この時期にソ連指導部内でどのような力関係が働いていたのか，その真相は依然として不明である。ヴォイチェフ・マストニー著，秋野豊・広瀬佳一訳『冷戦とは何だったのか―戦後政治史とスターリン』柏書房，2000年，262～263，266～267頁。
54) Gerhard Wettig, 'Die Deutschland-Note vom 10. März 1952 auf der Basis der diplomatischen Akten des russischen Außenministeriums,' in : *Deutchland-Archiv*, 26 (1993), S. 786-805.

第Ⅱ部
独ソ関係の変容とドイツ中立化構想

総説 「スターリン・ノート」と「冷戦モデル」

1.「スターリン・ノート」の概略

「スターリン・ノート」とは，ソ連による東西ドイツの中立的統一構想である。それは，1952年3月10日に，ソ連から西側3カ国（米英仏）宛に提案された。1949年には東西ドイツが成立しており，「スターリン・ノート」にはドイツ再統一のチャンスが示されていた。しかし，西側3カ国は「スターリン・ノート」をただちに拒否した。西ドイツ首相アデナウアーもソ連の提案を警戒し，西側3カ国にソ連との交渉を開始しないことを強く要求した。当時，西側諸国はヨーロッパ統合を開始しており，「スターリン・ノート」（ドイツの中立化）よりも，ヨーロッパ統合による戦後秩序の再建を目指していたのである。

ここでとくに問題とされたのは，ヨーロッパ防衛共同体（EDC）であった。1950年代初頭，西側諸国はヨーロッパ統合の一環として，ヨーロッパ石炭鉄鋼共同体（ECSC）に続き，EDCの創設を検討していた。それは，朝鮮戦争が1950年に勃発したことにより，アジアにおける分断国家（南北・朝鮮半島）の「熱戦」が，ヨーロッパにおける分断国家（東西・ドイツ）に飛び火することが恐れられたためであった。危機の連鎖を阻止するために，EDCをヨーロッパ統合軍として，新たに創設する計画を進めていたのである。

これに対してスターリンは，EDCにより，ソ連が軍事的に包囲される可能性があることを警戒した。そこで，EDC計画を失敗させるために，「スターリン・ノート」を示し，そのなかでEDCとは別の道としてドイツの中立化（中立的統一）を西側諸国に突きつけたのである。「スターリン・ノート」の全文は，西側3カ国に提示された後，ドイツの新聞にも掲載され，東ドイツでは臨時集会が開催された。「スターリン・ノート」構想により，ドイツの世論は一時的に祖国統一へ向けて喚起され，ドイツの中立化による統一（「スターリン・ノート」）か，あるいは西ドイツの西ヨーロッパへの統合（EDC）か，西側諸国はどちらかを選択することを迫られたのである。

EDC創設交渉の最終段階に示された「スターリン・ノート」の文面によれば，中立化を基礎として東西ドイツを統一させ（統一政府の樹立），新しく樹立された統一政府が講和条約の締結作業を進めることが求められていた。すなわち，「スターリン・ノート」は2つの前提から構成されていた。第1は，「ドイツとの講和条約」の締結をめぐる問題であり，1947年にはイタリア，フィンランド，ブルガリア，ハンガリー，ルーマニアとの講和条約が調印されたが，1952年の時点で「ドイツとの講和条約」は締結されていなかった。そして第2の前提は，「中立」を前提としたドイツ統一政府の樹立であった。講和条約を締結するためには統一政府が必要であ

り，「スターリン・ノート」ではドイツの中立化を前提として統一政府を樹立することが要求されていた。これら2つの前提を土台として，ソ連はさらに次のポイントを提案した。

すなわち，①占領軍の撤退と外国の軍事基地の廃止，②旧ナチ党員への政治的権利の付与（判決を受けて刑に服する者を除く），③陸軍・海軍・空軍の保有，④軍需生産の許可（制限つき），⑤オーデル＝ナイセ線の最終確定，⑥自由な経済活動（貿易，海運，世界市場への参入）の許可，⑦国際連合への加盟。この「スターリン・ノート」を文字どおりに解釈すれば，1952年の時点で，ソ連はEDC計画の阻止と同時に，東ドイツと西ドイツが併存する国際状況の修正も西側諸国に迫っていたことになる。

東西ドイツ国民の反応は分かれていた。ソ連の提案に疑問を抱く者から関心を示す者まで様々であった。「スターリン・ノート」に共鳴した西ドイツの政治勢力は，「第三の道」と呼び，資本主義にも社会主義にも与しない中立のドイツに，戦後の復興と平和への道を描いていた。

しかし「スターリン・ノート」は，EDC構想とは相容れなかった。そこで西側3カ国はドイツ世論の推移を入念に分析しながら，「スターリン・ノート」を慎重に拒絶していった。この心理戦は，しばしば「覚書戦」と呼ばれる。西側3カ国とソ連との間で4度の覚書交換が実施されたが，結局，「スターリン・ノート」を糸口とした外交交渉は展開されなかった。しかしその結果，当時のソ連外交の真意は冷戦史の謎として残されることとなった。

「スターリン・ノート」をめぐるソ連外交の展開については，激しい論争が生じている。とくに「スターリン・ノート」に示されたドイツの中立化は，ソ連が東ドイツの支配権を放棄することも意味していた。スターリンが東ドイツを手放す意思を持っていたのかどうか？　この論争は，第3章にて詳述するように，おおよそ肯定派と否定派に分類される。肯定派は，西側諸国のEDC構想によりソ連外交は追い詰められ，それが「スターリン・ノート」の対話路線として結実したと分析した。より端的に表現すれば，スターリンが東ドイツを切り捨ててもEDCの創設を阻止したいと危機感に駆られていたとみなす立場である。

他方，否定派は，「スターリン・ノート」を西側諸国の外交を攪乱し，西ドイツと西ヨーロッパとの軍事的連結を阻止することを目指した妨害工作であったと分析した。すなわちソ連は，東ドイツを手放す意思はなく，西側諸国に拒否されることを想定した上で「スターリン・ノート」を提案し，EDCに関する交渉を一時的に中断せざるを得ない状況へと西ドイツ政府を追い込む意図があったとする。

これらの論争に対して，冷戦後，新史料の公開により，東ドイツに関する分析が飛躍的に進んだ。「スターリン・ノート」では，仮に中立的な統一ドイツ政府が樹立されたとしても，統一後のドイツにおいて，東ドイツ指導部の政治的地位は保障

されていなかった。したがって新しい研究によれば，東ドイツ指導部は，胸中，「スターリン・ノート」に反対であったというのである。そして，第4章において分析されるように，「スターリン・ノート」の見込みがないと判断された1952年4月になって，ようやくスターリンは東ドイツの軍事化と社会主義化を正式に承認したとされる。

「スターリン・ノート」が失敗した後，スターリンは1953年に没した。したがって，「スターリン・ノート」はスターリン最後の外交政策となった。ポスト・スターリン時代になり，新たに権力を掌握したのはフルシチョフであった。フルシチョフは，1955年になると，ドイツには東西2つの国家が併存している，とする「二国家理論」を提唱し，東西分断体制が既成事実であることを宣言した。EDCは，1954年にフランス議会により批准が拒否されたものの，代わって西欧同盟（WEU）が基礎となる形で，西ドイツは1955年に北大西洋条約機構（NATO）に加盟した。1955年にはワルシャワ条約機構（WTO）も成立して，ここに冷戦の秩序（「1955年体制」）が確定された。この後，ドイツの中立化構想は，冷戦末期の1990年にゴルバチョフが西側諸国に提案するまで，具体的なソ連の外交課題となることはなかったのである。

西側諸国はヨーロッパ統合を進め，それと同時に，ドイツの中立化の可能性は遠のいていった。ゴルバチョフは回想録のなかで次のように述べている。「思うに，スターリンはドイツの『中立化』のために最後まで代価を支払うつもりでいたようである。だがNATOが創設され，ドイツ連邦共和国が加盟した後は，ドイツ統一案に関するいかなる話し合いも，西側，ソ連のいずれにおいても，儀式的・宣伝的性格をもつようになった。」[4]

第Ⅱ部では，独ソ関係の変容とドイツ中立化構想（「スターリン・ノート」）について詳述する。その際，第1に西側同盟の進めていた西ヨーロッパ国際秩序の概略について（それは，西ヨーロッパにおける「統合」構想であり，具体的にはECSCとEDCである），第2にソ連が模索したヨーロッパ国際秩序の概略について，そして第3に1950年代の「ソ連―東ドイツ」関係の推移について，順番に検討する。

2．ドイツと「冷戦モデル」

ここで，「ドイツと冷戦モデル」についてまとめておきたい。ドイツと冷戦モデルを論じることは，米ソがどの程度，分断・分裂国家を必要としたのか，その程度により決まる。言い換えれば，西ドイツあるいは東ドイツを確保することにより生じる東西対立のリスクをどのように見積もるか，ということである。冷戦のリスクを高めても西ドイツを確保したい，あるいは東ドイツを確保したい，と米ソ両国が望んだのか？　そもそも東西ドイツは暫定政府としてスタートしたのであり，冷戦の緊張の集約地点であった。

資料4　ドイツと「冷戦モデル」（概略．矢印は作用の方向を示す）

アメリカ	←①「米ソ間の冷戦」→	ソ連
③「米からの冷戦」↓↑④「西独からの冷戦」	④「東独からの冷戦」↑↓③「ソ連からの冷戦」	
西ドイツ	←②「東西ドイツ間の冷戦」→	東ドイツ

備考：東西ドイツをめぐる冷戦の作用・反作用に関するパターン（冷戦モデル）は4つに分類・整理される。①「米ソ間の冷戦」（＝米ソ間の対立），②「東西ドイツ間の冷戦」（＝東西ドイツ間の体制競争），③「米・ソからの冷戦」（＝米／ソ連が，西独／東独を自陣営に組み込もうとした「米からの冷戦」／「ソ連からの冷戦」），④「(東・西) ドイツからの冷戦」（＝西独／東独が，米／ソ連の支配を積極的に自国へと受容することで，自国の政治・経済・社会・軍事システムの安定（＝支配の正統性）を図ったとする考え方（「招待された帝国」としての米／ソ連））。

（筆者作成）

　戦後，ドイツは四分割され，ベルリンも四分割された。オーデル＝ナイセ線以東の地域はポーランドに組み込まれ，東プロイセンは南北に分割されてポーランドとソ連の管理下におかれた。フランスはザールラント地方をドイツから分離し，自国に合併することを目指した。政治，経済，行政，社会秩序が解体され，戦後処理（講和問題）が進まないなかで，冷戦がドイツへと浸透した。とくに1948年6月～1949年5月の「ベルリン封鎖」は，その象徴的事件であった。西側の進める通貨改革に反発したソ連がベルリンへの交通網を遮断したのである。西側の「空の架け橋」（ベルリン「空輸作戦」）により，東西間の危機は1949年5月まで続き，「ドイツ問題」が冷戦期の最大の争点の1つであることを示す事件となった。

　四分割されたドイツは2つのドイツの成立へと進み，1949年，東西ドイツが成立した。しかし，それは，「建国」というよりもむしろ「成立」であった。東西ドイツ双方が，暫定政府としての位置を自ら主張していたのである。それは，統一という最終目標を掲げることが，自国の正統性にとって重要であったためであり，ドイツは分断させられたのであり，分裂したのではないとする「外観」が重要であったのである。

　米ソはともに表向き分断を押しつけたのではないとする立場をとった。また，東西ドイツも分裂を望んでいないとの立場をとった。ここからドイツをめぐる冷戦の力関係の複雑さが浮かび上がってくる。すなわち，表向きの立場とはまったく逆に，一方で米ソからの分断の作用が働き，それと同時に，他方で，東西ドイツ自らが分裂の方向を目指したのである。言い換えれば，「招待された帝国」としての米ソを通じて，東西ドイツが自国の統治システムを強化した側面があったことを，見落すことができないのである。

1）「スターリン・ノート」の全文については，Bundesministerium für Gesamtdeutsche Fragen (Hrsg.), *Die Bemühungen der Bundesrepublik um Wiederherstellung der Einheit Deutschlands durch gesamtdeutsche Wahlen: Dokumente und Akten* (Bonn: Deutscher Bundes-Verlag, 1954), S. 83-86；Boris Meissner, *Rußland, die Westmächte und Deutschlandpolitik: Die sowjetische Deutschlandpolitik, 1943-1953*, 2．Aufl (Hamburg: H.H. Nölke, 1954), S. 290-292.

2）「スターリン・ノート」で示された「中立」は，戦後のフィンランドにおける「中立」よりも，オーストリアにおける「中立」との比較が次の2つの点で重要である。①ドイツとオーストリアは首都と本土を四大国（米英仏ソ）により四分割されており，②ドイツとオーストリアの占領問題の解決は，1955年まで相互に連動していた。なおマストニーによれば，スターリンはヴァイマル共和国のような統一政府を戦後のドイツに求めていたとされる。百瀬宏編『ヨーロッパ小国の国際政治』東京大学出版会，1990年，157〜229頁。ヴォイチェフ・マストニー著，秋野豊・広瀬佳一訳『冷戦とは何だったのか──戦後政治史とスターリン』柏書房，2000年，203頁。

3）ソ連の戦後政策とドイツの「中立化」の問題については，岩田賢司「ソ連のヨーロッパ政策」（石井修編著『1940年代ヨーロッパの政治と冷戦』ミネルヴァ書房，所収）1992年，49〜110頁。なお，東ドイツ成立史に関する研究として，伊東孝之「ドイツ民主共和国の歩み」（成瀬治・黒川康・伊東孝之『ドイツ現代史』山川出版社，所収）1987年，331〜385頁。伊東孝之によれば，東ドイツという「新しい国家は祝福されざる子としてうまれた」のであり，「他の東欧諸国が『人民共和国』と称したのに，東独のみが『民主共和国』を名乗ったのは，統一を前提としていたからである」とされる。また戦後ソ連の「原子力政策」とドイツ東部との関係についての指摘は，下斗米伸夫『アジア冷戦史』中公新書，2004年，30頁。ソ連の対東欧政策については，羽場久美子「拡大EUのフロンティア」（山内進編『フロンティアのヨーロッパ』国際書院，所収）2008年，75〜110頁。

4）ミハイル・ゴルバチョフ著，工藤精一郎・鈴木康雄訳『ゴルバチョフ回想録 下巻』新潮社，1996年，176頁。

独ソ関係の変容とドイツ中立化構想／第3章

ヨーロッパ防衛共同体構想と「スターリン・ノート」

I　ヨーロッパ防衛共同体と西側同盟

　西側連合国（米英仏）と西ドイツは，1950年より，西ヨーロッパにヨーロッパ防衛共同体（EDC）を中核とする，軍事面を中心とした新しい「秩序」を作り出す作業に取りかかっていた。西側同盟（米・英・仏・西独）にとってはソ連の位置が問題であり，ドイツが「中立化」されるシナリオとドイツにソ連が軍事介入するシナリオを一刻も早く排除してしまわなければならなかった（この危機認識は1950年に朝鮮戦争が勃発したことで急速に高まる）。

　この点についてレイノーの論文「ヨーロッパのための統合軍（The Unifying Force for Europe）」（佐瀬昌盛による研究において紹介されている）が，当時の西側同盟の憂慮について的確に表現している。レイノーは『フォーリン・アフェアーズ Foreign Affairs』（1950年1月号）のなかで，戦後の西ヨーロッパの地政学的状況とソ連の軍事的脅威について，次のような分析をしている。「西欧の背後には，米国がその巨大な工場群，近代的な実験室，比類なき技術陣，原爆，そしてジェット機をもって控えている。だが，西欧と米国の間には大海洋がある。これが民主主義陣営の大弱点なのだ。平時で210個師団，戦時で500個師団に及ぶロシアの兵力に比肩するような陸軍が，大西洋の東側にはない。［……］今日，もしロシア人が西欧に侵攻すると，彼らはいたるところで共産主義者を権力につけ，自由な言論と自由なプレスを破壊し，司法の独立に終止符を打ち，教養層を銃殺，もしくは餓死させ，個人的農地所有を一掃するだろう。要するに，西欧文明を破壊するだろう。仮に西欧が再軍備を果たすよりも先に戦争が起きるならば，そういう光景となろう。この災厄を防ぐため，50個師団が創出されなければならない。[1]」フランスの政治家レイノーは1940年に首相に就任し，ドイツへの抵抗を主張したことで知られる。戦後は，ヨーロッパの統合

を模索した。

　冷戦による「危機」が国際的・国内的不安心理を増幅させ，それは西側同盟の外交政策を覆っていた。レイノーの指摘はそうした雰囲気に沿うものであった。

　ソ連の侵攻を防ぐためには，①西ヨーロッパの安全保障の再建，ならびに，②西ヨーロッパとアメリカの安全保障上の連結，この２つが不可欠であった。ドイツの「中立化」は，それと矛盾していた。

　こうして西側同盟はEDC創設交渉を進めることにより，国民国家の枠を超えた軍事的な地域統合を目指すこととなった。最終的にEDC条約には，フランス，西ドイツ，イタリア，ベルギー，オランダ，ルクセンブルクが，1952年５月27日に調印する。このEDC構想は次の諸点から成り立っていた。①「ソ連・東欧圏」ならびに東ドイツの軍事的な「封じ込め」，②西ドイツの潜在的脅威の「封じ込め」，③西ドイツの主権回復協定（ドイツ条約）との連結。

　1950年に勃発した朝鮮戦争の余波がヨーロッパに飛び火することを恐れた西側諸国にとって，西ドイツの再軍備は喫緊の課題であった。西側諸国は，東・西ドイツ間の「冷戦」が「熱戦」に転化する可能性を懸念していたのであり，この可能性を排除するためにEDCの創設へと向かったのである。

II　「西側統合政策」の輪郭
──ヨーロッパ石炭鉄鋼共同体から「二重の封じ込め」へ

　ヨーロッパ防衛共同体（EDC）構想は西ヨーロッパの「統合」の一環であった。西ヨーロッパの「統合」は，ドイツとフランスとの歴史的和解，すなわち「独仏和解」を重要な使命としている。ヨーロッパ現代史における普仏戦争（1870～1871年），第一次世界大戦（1914～1918年），ならびに第二次世界大戦（1939～1945年）は，ドイツとフランスのヨーロッパにおける覇権闘争が根底にあった。とくにドイツとフランスの国境地帯に位置したアルザス（Alsace），ロレーヌ（Lorraine），ルール（Ruhr），さらにザール（Saar）の各地方は，石炭資源が豊富に埋蔵されていることから資源争奪の最前線であった。

　第二次世界大戦後，モネ（「ヨーロッパ統合の父」と称される）の構想により，石炭資源の共同管理のための機構として，ヨーロッパ石炭鉄鋼共同体（ECSC

の創設が計画され始めた。フランス，西ドイツ，イタリア，オランダ，ルクセンブルク，ベルギーの6カ国により，石炭資源を共同で管理するための機構を創設することで，ヨーロッパ各国を制度的に結びつけ，その結果，戦争を未然に防止することが主張されたのである。モネは，アメリカと西ヨーロッパの行方，さらには冷戦という国際的危機のなかで，西ヨーロッパの「統合」と超国家機構の設立を次のように考えていた。「ヨーロッパを取り囲む情勢，脅威，そしてアメリカの努力に対応するためには，西ヨーロッパ諸国は，国をあげて真のヨーロッパ建設の努力をしなければならない。これには，西ヨーロッパ連邦の結成以外に道はない。[2]」

モネはフランス政界に働きかけ，シューマン仏外相により，ECSC構想は進められた。1950年5月9日，シューマンはECSC構想を発表し，同構想は「シューマン・プラン」と呼ばれるようになった。ECSCの創設交渉はアデナウアー西独首相とシューマン仏外相が中心となり，「上から（政治決定）」のイニシアチブにより進められた。この過程で西ドイツとフランスの対話は進み，西ヨーロッパの「統合」への制度設計が議論されたのである（ECSC設立条約〔パリ条約〕は，1952年7月23日，発効する）。そして次の段階として西ヨーロッパの「統合」軍を創設することが計画された。

その際，課題とされたのは，ソ連の脅威を「封じ込め」つつ，さらには，ドイツの「軍国主義」の復活を同時に「封じ込め」ることであった。この「二重の要請」を満たす方式として考案された計画がEDCであった。[3]というのも，西ドイツの再軍備問題は，西ドイツの近隣諸国（とくにフランス）の神経を逆撫でし，さらには，ドイツ国内（東・西）の反戦主義者のデモを活気づけたためである。

「二重の封じ込め（double containment）」（ソ連からの現実的「脅威」とドイツの「負の伝統」を「封じ込め」ること）として定式化されたEDC構想は，再建される西ドイツ軍の指揮権を超国家機構であるEDCが統括することにより，西ドイツ軍が暴走する可能性を減じ，さらには，西ドイツと西ヨーロッパとを連結することで，西ドイツの国家基盤を西ヨーロッパ型の民主主義の土台の上に基礎づけようとするものであった。

西ヨーロッパ統合軍の創設について，1951年6月末，モネはアイゼンハワー

に「ヨーロッパは統合することによって初めて強力になり，責任感を持つようになる」と強調した上で，次のように説明したことを回想録のなかで指摘している。「統合しなければ，各国は自国の強化にのみ走る。そしてドイツは，東側と協定を結ぼうとするだろう。少なくとも『中立』という姿勢をとるだろうが，これではヨーロッパのモラルの低下につながる。ヨーロッパの力というものは，そこに何個師団あるかということでは決まらない。むしろ統合部隊と精神のあり方が重要なのではないか。ドイツ国軍をあわてて作り上げ，フランスの敵意をかうようなことは，ヨーロッパの安全保障に破局的な結果をもたらすことにもなる。しかし反対に，フランス，ドイツ，そしてその諸隣国の共同の富を開発し，ともに防衛するという観点に立てば，レジスタンスの精神は必ずやヨーロッパに生まれるだろう。」モネによれば，この「共同体」という思想の説明にアイゼンハワーは非常に関心を示した，とされる[4]。

モネはEDCの創設について，プレヴァン仏首相とアデナウアー西独首相に働きかけた。モネの提案に応じたプレヴァンは，1950年10月24日，フランス議会でEDC構想を発表した。これによりEDC構想は「プレヴァン・プラン」とも呼ばれることとなった。さらにこのEDC条約は，西ドイツの主権回復に関するドイツ条約と連結することとなった[5]。西ドイツの国益という観点からみれば，西ヨーロッパへの「統合」（西側統合政策）は，自国の再軍備（EDC条約）と主権回復（ドイツ条約）の双方を同時に成立させることを意味していた。したがってアデナウアー政権は，西ヨーロッパへの「統合」政策を強力に推進することとなった。

しかし，西側統合政策は一直線に進められたわけではなかった。西ドイツが西ヨーロッパの軍事同盟に参加すれば，東ドイツとの統一の可能性は閉ざされる可能性があった。また，西ドイツの再軍備は，戦後間もないドイツ国民の反戦感情を（東でも西でも）逆撫でし，西ドイツに「軍国主義が復活した」という東ドイツ国家のプロパガンダの材料にされた。EDC条約と連結して締結の準備が進められたドイツ条約は「総括条約（Generalvertrag）」とも呼ばれたが，東ドイツからは「総括戦争条約（Generalkriegsvertrag）」と「戦争（Krieg）」という用語が意図的に付け加えられて批判された。また「アメリカの傀儡政権」，あるいは「帝国主義の手先」としての西ドイツ，といった言葉が東ドイツの新

聞のなかで繰り返し使われた。さらには,「総括条約」に反対することを呼びかけたビラが東ドイツ各地でばらまかれた[6]。戦後の（西）ドイツでは，これらの要素が重層的に折り重なり，それぞれが相互に共鳴し，あるいは反発し合うことで，きわめて複雑な様相を呈していた。アデナウアーは，アメリカの影響力を西ドイツに留めながら（「招待された帝国」としてのアメリカ），ヨーロッパの近隣諸国に配慮し，さらには国内の野党を中心とした反対勢力と対決しながら，西側統合政策を進めなければならなかったのである。辛抱強い外交交渉の結果，1952年，西側統合政策の最終段階へとアデナウアーは漕ぎ着けたのであった。

III 「西側統合政策」と「統合による『帝国』」
  ——ルンデスタッドの研究を参考に

1.「統合による『帝国』」とアメリカ

　アメリカにとっても，西ヨーロッパの「統合」政策は重要な世界戦略の一環であった[7]。この点について，ルンデスタッドは，「統合による『帝国』("Empire" by integration)」という概念を用いて次のように説明している。すなわち，アメリカの西ヨーロッパ統合への態度について，1960年代半ばを区分として積極性から消極性へと変化したが，「影響下にある最も重要な地域の一体性を促進するという点で，米国の行動はこれまでの大国とはかなり異質」であり，「いつの時代も帝国は，ある帝国的な中心から支配してきた」ため，帝国がもう1つの中心が出現することをけしかけることは論外であった。しかしアメリカは，西ヨーロッパ統合を強く押し進め，そこに従来の他の大国と著しい違いがあったとされる[8]。

　ルンデスタッドによれば，アメリカ「帝国」は，「旧来の帝国とは異なり，西欧を最重要地域とし，さらに世界の鍵的な重要地域の多く」を包摂した。そしてアメリカ政府は，西ヨーロッパでの北大西洋条約機構（NATO）の創設を進め，ドイツの広域部分（産業上重要な拠点を含む）を制御し，共産主義政党を政権から排除し，自由貿易体制へと同地域を引き込み，さらにはアメリカ文化の伝播を積極的に進めたとされる[9]。ルンデスタッドの議論の特徴は，アメリカ「帝国」が，西ヨーロッパというもう1つの中心を「統合」という手段を通じ

て積極的に強化したとする点にあり，その構造は，ルンデスタッドにより，「統合による『帝国』」と表現された。

確かにルンデスタッドは，アメリカの西ヨーロッパへの関わり合いには，「西欧になんらかの形の支配」を求めたことも指摘している。アメリカは，「欧州諸国に自己組織化の可能性」を残しつつも，西ヨーロッパの統制と支配には，アメリカの価値観が基礎におかれていたと論じているのである。ここで指摘されているアメリカの価値観の一例がマーシャル・プランであり，それは，ヨーロッパをアメリカ・モデル（連邦主義，民主主義，自由市場を基礎とした）によって再構築しようとするものであった。アメリカ政府は，アメリカ・モデルをヨーロッパの地で推進することを望み，まさにそのために「統合」を目指したのであり，アメリカの目指す「統合」は，経済面においては合理性・能率性の追求であり，政治面においては民族主義を根絶することで，アメリカが西ヨーロッパを統御しやすくすることであったとされている。[10]

しかしルンデスタッドが指摘するように，次の点は重要である。すなわち，アメリカの行動様式は他の大国とは異質と言えるが，「他者である西欧の人々の利益を第1に考えて，統合推進政策を追求した」わけではなかったことである。第1に，「統合」はドイツとソ連の「二重」の封じ込めを最も重視しており，「統合」と冷戦がここに交差していたのである。そして第2に，アメリカの目指した西ヨーロッパ統合は，「第三の勢力」という独立したヨーロッパではなく，広域の「大西洋共同体」の枠組みに収まるものであった。ルンデスタッドによれば，「大西洋共同体」の枠組みは，「マーシャル・プラン」と欧州経済協力機構（OEEC），そしてNATOによって確立し，さらにはガット（GATT：関税と貿易に関する一般協定）もその構成要素となった，と定義される。[11] こうしてアメリカは自国の国益を最大化するためにも，西ヨーロッパの「統合」を積極的に後押しした。

2.「統合」と冷戦

その際とくに「統合」が，冷戦の展開と連動していたことが問題であった。[12] アメリカの抱くドイツに対する究極の恐怖は，ドイツがソ連側に立つことであった。アメリカはこのシナリオを回避しなければならなかった。したがって

ヨーロッパ統合には，ソ連とドイツの両国を「封じ込め」ることが目的とされたのであり，マーシャル・プランからシューマン・プラン，さらには，EDC創設交渉に至る過程は，その目的がより巧妙に制度化された過程でもあった。モスクワには，「ドイツ統一の可能性，ポーランドの境界線の修正，経済的利益をちらつかせる」ことが可能であり，ソ連がドイツの「中立化」というカードを切り，ドイツ国民がそれに魅惑されてしまう可能性が，アメリカの激しい恐怖であったのである。こうして1952年，EDC創設をめぐる交渉が最終段階を迎えるなか，西側同盟（とくに，西ドイツ・アデナウアー政権とアメリカ政府）はEDC条約の調印に向けて慎重な作業を進めていた。

「スターリン・ノート」が提案されたのはまさにそのような時であった。1952年3月，ソ連は東西ドイツの中立的統一提案（「スターリン・ノート」）を西側に提案することで，「統合」とは別の道を東・西ドイツ国民の前に示した。当時，西側同盟はこれに震撼し，「スターリン・ノート」を拒絶する選択肢を選んだ。アデナウアーはソ連の提案を断固として拒否し続け，「統合」政策に邁進した。またアメリカ政府はこの時から，ドイツの「中立化」という選択肢を警戒し，とくにポスト・アデナウアーのドイツに何が起こるのか，入念な対応を余儀なくされた。この後，アメリカ政府は「統合」をさらに推し進めること，すなわち，統合の深化に答えを求め続けることとなったのである。

「ドイツ問題（German question）」はヨーロッパ冷戦史における最大の争点であり，ドイツの「中立化」は西側同盟の「統合」政策を零地点へと押し戻す意味を持っていた。西側諸国は，「統合」と「独仏和解」，さらには西独再軍備という繊細な議論を進め，ぎりぎりの交渉のなかで「統合」への道を進めていたのである。

Ⅳ 「スターリン・ノート」と「ドイツ問題」

1952年3月10日，ソ連は西側の大国（米英仏）宛に「スターリン・ノート」を送付し，そのなかで「ドイツとの講和条約」の締結を提案した。戦後7年が経過するなかでドイツには「戦後処理」をめぐる問題と「冷戦」をめぐる問題が同時に反映され，1949年には「暫定的」に西ドイツ政府と東ドイツ政府が形

成されていた。「スターリン・ノート」ではこのような状況を克服するために，ドイツに「中立」を条件に統一政府を形成し，講和条約を締結することが呼びかけられていた。しかし，西ドイツの西側統合政策を優先する米英仏政府と西ドイツ首相アデナウアーが，「スターリン・ノート」をただちに拒否したため，「スターリン・ノート」構想が現実化することはなかった。

1952年3月10日，ソ連は，アメリカ，イギリス，フランス宛に，後に「スターリン・ノート」の名前で知られる以下のような覚書を送付した。[15]

1952年3月10日のフランス，イギリス，アメリカ政府宛のソ連政府の(第1回)覚書
（アメリカ合衆国宛の覚書の文面）

ヨーロッパにおける戦争の終結からすでに約7年が経過したにもかかわらず，依然としてドイツとの講和条約が締結されていないという事実について，アメリカ合衆国政府に注意を促すことをソ連政府は必要不可欠なことと考えている。

ドイツとの講和条約の締結の促進に関する四大国宛の請願を含むドイツ民主共和国政府の書簡を支持するソ連政府は，この異常な状態を改善するために，アメリカ，イギリス，フランス政府にドイツとの講和条約の問題を即刻，検討することを提案する。それとともに即座に，協定に基づく講和条約の草案が準備され，この草案はすべての利害関係を持つ国々が参加する国際会議で検討を求められる。

そのような講和条約が全ドイツ政府によって代表されるドイツの直接の参加の下，作り上げられなければならないということは自明のことである。ここから，ドイツにおける管理機能を行使するソ連，アメリカ，イギリス，フランスが，ドイツ国民の意志を表明する全ドイツ政府の最も迅速な形成を促進する前提条件の問題も調査しなければならない必要性が出てくる。

講和条約草案の準備を容易にするために，ソ連政府はアメリカ，イギリス，フランス政府にドイツとの講和条約の土台として，同封した草案の検討を求める。

ソ連政府はこの草案を審議することを提案する。そして同時に，この問題に関するその他の，場合によっては起こり得る提案も検討する準備ができていることを表明する。

ソ連政府は，上述の提案に対するアメリカ政府の回答をすぐに受け取ることを期待している。

同じ文面の覚書をソ連政府はイギリス政府とフランス政府にも送付した。

ドイツとの講和条約のための草案

ドイツとの戦争の終結以来，ほぼ7年が過ぎ去った。しかしながら，ドイツは依

然として講和条約を締結していない。ドイツは分裂し，他の諸国に対し同じ権利を持っていない。この異常な状態に終止符が打たれなければならない。そのことは，すべての平和を愛する国民の意志に合致している。

　ドイツとの迅速な講和条約の締結なしに，ドイツ国民の秩序ある国家的利害関係を公正に処理することは保証できない。

　ドイツとの講和条約の締結はヨーロッパにおける平和の強化を求める大きな意味に基づいている。ドイツとの講和条約は，第二次世界大戦の結果として発生した問題の最終的な解決を可能にするであろう。ヒトラーの侵略下で苦しんだヨーロッパ諸国，それもとくにドイツの隣接諸国は，この問題の解決に対して非常に関心を持っている。ドイツとの講和条約の締結は，全国際状況の改善と永続する平和の確立に寄与するであろう。

　ドイツとの講和条約の締結を速める必然性は，第二次世界大戦を巻き起こしたドイツ軍国主義の復活の危険が，ポツダム会談の決議が依然として実施されていないため取り除かれていない，ということによって定められる。ドイツとの講和条約は，ドイツ軍国主義とドイツの侵略の復活が不可能になることを保証することとなる。

　ドイツとの講和条約の締結は，ドイツ国民に対し永続する平和の前提条件をもたらし，統一的・独立的・民主的・平和愛好的国家としてのドイツの発展をポツダム決議と一致の上で促進し，そしてドイツ国民に他の諸国民との平和的協力の可能性を保証するであろう。

　以上のことから出発して，ソ連，アメリカ，イギリス，フランス政府はドイツとの講和条約の作成を即刻開始するべきである。

　ソ連，アメリカ，イギリス，フランス政府は，講和条約の準備が全ドイツ政府によって代表されるドイツの参加の下行われなければならず，以下のような基盤の上にドイツとの講和条約が築かれなければならないと考えている。

ドイツとの講和条約の基盤

参加国：
　イギリス，ソ連，アメリカ，フランス，ポーランド，チェコスロヴァキア，ベルギー，オランダと軍隊を用いてドイツに対する戦争に参加したその他の諸国。
政治的原則：
1．ドイツは統一国家として再建される。それとともにドイツの分裂に終止符が打たれ，統一されたドイツは独立的・民主的・平和愛好的国家として発展する可能性を持つようになる。
2．占領諸国のあらゆる軍隊は，講和条約の発効後，遅くとも1年でドイツから撤退しなければならない。同時にドイツ国内のあらゆる外国の軍事基地は整理解散

される。

3. ドイツ国民に民主的権利が保証されなければならない。それとともに，ドイツの司法の下にあるすべての人間は，人種，性別，言語あるいは宗教の相違にかかわらず，言論の自由・報道の自由・信教の自由・政治的信念の自由・集会の自由をも含めた人権と基本的自由を享受する。
4. ドイツでは民主的な政党と団体に自由な活動が保証されなければならない。それらの政党と団体には，内部の問題に関して自由に決定し，集会や会議を開催し，報道の自由と出版の自由を享受する権利が与えられる。
5. ドイツの国内には，民主主義と平和の維持に敵対的な団体は存続を許されない。
6. 将校や将官をも含めた旧ドイツ軍のすべての成員とすべての旧ナチス党員には，裁判の判決に従って犯した犯罪に対する刑に服している者を例外として，平和愛好的・民主的ドイツの建設への参加に関して，他のすべてのドイツ市民と同様の市民的・政治的権利が与えられなければならない。
7. ドイツには，軍隊を投入して対ドイツ戦に参加した任意の国に敵対的に向けられるいかなる連立関係あるいは軍事同盟にも加わらないことが義務づけられる。

領　土：
　ドイツの領土は，諸大国のポツダム会談の決議を通じて確定された境界線によって決定される。

経済的原則：
　ドイツは，ドイツ国民の幸福の向上に役立つ平時経済の発展に対して，いかなる種類の制限も課されない。
　ドイツは他の国々との貿易，海運，世界市場への参入に関してどんな種類の制限も課されない。

軍事的原則：
1. 国の防衛のために必要不可欠な自らの国家戦力（陸軍・空軍・海軍）を保有することがドイツに許されるであろう。
2. ドイツは軍需品と軍需設備の生産を許されるであろう。ただし，その量と型は，講和条約を通じてドイツに定められる軍隊が必要とする限度を越えてはならない。

ドイツと国際連合：
　ドイツとの講和条約を締結した国々は，国際連合への受け入れに関するドイツの要求を支持するであろう。

　公式には「1952年3月10日のフランス，イギリス，アメリカ政府宛のソ連政府の（第1回）覚書」と呼ばれる上述の覚書が「スターリン・ノート」である。

本書では，同覚書について，公式名称を使わず，「スターリン・ノート」と表記して議論を進める。ここで，「スターリン・ノート」の概要について，若干の補足をしておきたい。

上記の「スターリン・ノート」（ソ連覚書）のなかで最も重要な点は，「ドイツとの講和条約の基盤」の部分に集約されている。そのなかに表記されている「政治的原則」の第1項では，「独立的・民主的・平和愛好的国家」として，ドイツが統一されることが提案されている。しかし，第7項では，「ドイツには，軍隊を投入して対ドイツ戦に参加した任意の国に敵対的に向けられるいかなる連立関係あるいは軍事同盟にも加わらないことが義務づけられる」と規定され，統一されたドイツは，国際関係上，中立国家としての位置づけに制限されることが主張されている。すなわちソ連は，東ドイツを放棄する（＝ドイツの統一）ことと引き換えに，ドイツの「中立」的統一を要求したのである。通常，この点については，西ドイツの西側軍事同盟への参加を阻止することが最大の目的とされていたとされる。「スターリン・ノート」に直面して，西側同盟の前には，事実上，国際秩序に関わる2つの選択肢が示され，どちらの国際秩序を選択するべきか，西側同盟は即断することを迫られたのである。すなわち，①「スターリン・ノート」を無視して，西ドイツの西側軍事同盟への参加を急ぎ，西側統合政策の貫徹を目指すのか，あるいは，②「スターリン・ノート」を受け入れて，中立を基礎にドイツを統一するのか（言い換えれば，西側統合政策を断念するのか），という2つの選択肢である。

さらに「スターリン・ノート」には，ソ連側の多大な譲歩が示されていた。それはとくに「軍事的原則」の第1項と第2項であり，「国の防衛のために必要不可欠な自らの国家戦力（陸軍・空軍・海軍）を保有すること」，ならびに「軍需品と軍需設備の生産」が，条件付ではあったがドイツに許可することが示されていたのである。

しかし，「スターリン・ノート」には，西側同盟からみて多くの問題点があった。それはとくに，「政治的原則」の第2項と第5項であった。第2項では「占領諸国のあらゆる軍隊は，講和条約の発効後，遅くとも1年でドイツから撤退しなければならない。同時にドイツ国内のあらゆる外国の軍事基地は整理解散される」と提案され，第5項では「ドイツの国内には，民主主義と平和の維持

に敵対的な団体は存続を許されない」とされた。この2つの条項が重なると，ソ連の価値基準に準拠した「民主主義」が統一後のドイツでどのように機能するか，という問題と密接に関わっていたことが判明する。すなわち統一後に，「民主主義」がドイツに健全に根づかず，脅威に晒され，さらには侵害されるような兆候が現れ始めた場合，あるいはソ連の独自の解釈で，「民主主義」が危機に瀕していると認識することができた場合，ソ連はただちにドイツの状況に介入する口実を得ることになるのである。近年のいくつかの研究が明らかにしているように，西ドイツでは，戦後当初，徹底的に実施された「非ナチ化」が次第に曖昧になり，1951年頃から，ナチス時代の高官が続々と復職を果たし始めていた[16]。そしてこれらの事実は，西ドイツでの「過去の克服」が不徹底である，あるいは戦後ドイツの「民主主義」がナチスの復活により侵食され始めている，とソ連に認識される可能性が高かったのである。これらの事実を口実として，ソ連がポーランドを通過してドイツへと侵攻したときに，仮に第2項の条項に基づいてアメリカを中心とした西側の占領軍がすべて撤退を完了してしまっていたのならば，ドイツ全土は容易にソ連に侵略されてしまうであろう。そしてまさにこの安全保障上の問題のために，西ドイツのアデナウアーは「スターリン・ノート」を受け入れることができなかったのである[17]。

　なお，西側連合国（米英仏）とソ連との間の覚書交換は，「スターリン・ノート」を皮切りに，4度にわたって実施された。

　「スターリン・ノート」で示されたドイツの中立化構想は，西ドイツの軍事的な西側統合を目指すヨーロッパ防衛共同体（EDC）構想とは相容れなかった。EDC構想は西側同盟が追求していた新しいヨーロッパ国際秩序を象徴する制度設計の根幹におかれていた。同構想は西ヨーロッパの「統合」の一環を構成しており，ヨーロッパ大陸から戦争を根絶するための「不戦共同体」の創設を目指す計画であった。

　EDC構想と相反する「スターリン・ノート」に関して，アデナウアーはソ連との交渉のテーブルにつかない姿勢を鮮明にした。「スターリン・ノート」をめぐり，東西間で，4度の覚書交換が実施されたが，西側は妥協の姿勢を示さず，「スターリン・ノート」を糸口とした外交交渉は展開されなかった。そしてまさにこの点から，「スターリン・ノート」をめぐるソ連外交の真意は戦

資料5　4度にわたる覚書交換とその対応過程

	ソ連 → 西側		西側 → ソ連
1	第1回「スターリン・ノート」（3月10日）	⇒	第1回「西側覚書」（3月25日）
2	第2回「スターリン・ノート」（4月9日）	⇒	第2回「西側覚書」（5月13日）
3	第3回「スターリン・ノート」（5月24日）	⇒	第3回「西側覚書」（7月10日）
4	第4回「スターリン・ノート」（8月23日）	⇒	第4回「西側覚書」（9月23日）

注：年号はすべて1952年である。また第4回「西側覚書」では，西側からソ連に，4カ国会談の開催が呼びかけられている。

（著者作成）

後史の謎として残されることとなったのである[18]。

V 「スターリン・ノート」に対する「肯定派」と「否定派」

1.「スターリン・ノート」研究の概略

　「スターリン・ノート」をめぐるソ連外交の真意が冷戦史の謎として残されてしまったため，激しい論争が生じた。「スターリン・ノート」に示されたドイツの「中立化」が，「東ドイツの放棄」を含意していたため，スターリンが東ドイツを手放す意思を持っていたのか否か，関心が集まったのである。この論争についての結論は，おおむね「肯定派」と「否定派」に分類される。「肯定派」とは，西側のヨーロッパ防衛共同体（EDC）構想と西ドイツの再軍備政策の進展によりソ連外交は守勢に立たされ，それが「スターリン・ノート」の対話路線として結実したと考える研究である。より端的に表現すれば，スターリンが東ドイツを切り捨てても西ドイツ再軍備を阻止したいと危機感に駆られていたと考える立場である。

　他方「否定派」は，「スターリン・ノート」を，西側の外交を攪乱し，西ドイツと「西ヨーロッパ」との軍事的連結を阻止することを目指した「妨害工作」であったと捉える見解である。すなわちソ連は，①東ドイツを手放す意思はなく，②西側に拒否されることを想定した上で「スターリン・ノート」を提案し，③EDCに関する交渉を一時的に中断せざるを得ない状況へと西ドイツ政府を追い込む意図があったとされる（資料6参照）。

資料6　「スターリン・ノート」研究の概略

(A)「肯定派」
- ゼーテ：交渉もせずに「スターリン・ノート」を断ってしまったアデナウアーの外交政策を批判し，アデナウアーは「すべてを台なしにするような判定を下してしまった」と結論づける。[19]
- ウラム：スターリンが当時，東ドイツという「高い代価を支払う気になっていた」と論じる。[20]
- ロート：以下の①〜③がスターリン外交の目的であり――①戦時同盟「反ヒトラー連合」（「大同盟」：米英ソ）を基礎とした外交を継続すること，②ドイツ全土から賠償をとること，③アメリカと西ドイツの連結を阻止すること――，このためにソ連（スターリン）は中立的・統一ドイツの樹立を望んだ，と指摘。[21]
- レムケ：仮に「スターリン・ノート」が策動であったならば，それは東ドイツ国民に，ドイツ社会主義統一党（SED）による支配から解放されるという希望を与えた結果になり，SEDにとって何の役にも立たない提案となったであろう，と指摘。[22]

(B)「否定派」
- グラムル：ソ連はSEDの支配体制を犠牲にする用意はなかった，とする。[23]
- グロセール：東ドイツという「慎重に構築された防衛前線を解放する用意がスターリンにあったとは信じがたい」と指摘。[24]
- フェイト：「スターリン・ノート」について，スターリンがおそらく「西欧側の拒否を見込んでいた」と指摘。[25]
- ヴェティヒ：「スターリン・ノート」をプロパガンダと位置づけ，ソ連は西側諸国が拒否することを想定した上で提案した，とする。[26]

(C) わが国における研究
- 伊東孝之：東ドイツという「新しい国家は祝福されざる子としてうまれた」のであり，「他の東欧諸国が『人民共和国』と称したのに，東独のみが『民主共和国』を名乗ったのは，統一を前提としていたからである。［…］戦後ソ連の第1の外交目標は，戦争によって取得した領土の国際的承認をえることであった。ソ連はドイツ民主共和国が発足するとすぐ，ポーランドとのあいだに国境条約を結ばせている（ゲルリッツ条約，1950年7月）。もちろんソ連が望んだのは，統一ドイツがこれを認めることであった。ソ連はそのためには，ドイツ民主共和国を犠牲にする用意さえあった。1952年3月，ソ連は西側に統一ドイツの再建を申し入れ，1ヵ月後自由選挙の実施も認めることを示唆した。翌年3月のスターリンの死は，ソ連の態度にふたたび動揺をもたらした。このころ，社会主義統一党は野に下る準備をしていると噂された。このようにドイツ民主共和国は発足後しばらくのあいだ，臨時的性格をまぬがれなかった。」[27]
- 小島栄一：「スターリン・ノート」が受け入れられなかった原因を，「統一ドイツの全体をヨーロッパ共同体の中に組み込もうとする西側」と「中立化した統一ドイツを徐々に共産主義体制に引き入れようとする東側」の思惑の違いに求める。[28]

(D) その他
・クレスマン：「西ドイツと比較して，東ドイツの場合，東欧人民民主主義モデルへの国内的な変化・適応の過程の方が，外交・貿易・軍事上のブロック統合よりもはるかに顕著である。これは，東ドイツが最初の数年間全ドイツ的な留保のもとに置かれていたこと，そして東側統合の過程と並行してソ連が残していた，東側ブロック外の東ドイツという選択肢もまだ完全には放棄されていなかったらしいことを間接的に裏づけている。」

（筆者による分類，作成）

2．「スターリン・ノート」をめぐる研究史の概観
（1）「肯定派」と「否定派」——［冷戦期］と［冷戦後］

　冷戦期の「スターリン・ノート」研究の「肯定派」として，西ドイツのジャーナリストのゼーテ，ソ連外交史家ウラム[29]，冷戦史家シュタイニンガーの研究を指摘することができる。また，「否定派」としてグラムル，グロセール，フェイトの主張を指摘することができる。『フランクフルター・アルゲマイネ』紙のゼーテは，交渉もせずに「スターリン・ノート」を断ってしまったアデナウアーの外交政策を批判し，アデナウアーは「すべてを台なしにするような判定を下してしまった」と結論づけている[30]。また，マイスナーは，ジダーノフの死去（1948年）と管理理事会情報局長トゥルパノフの解任（1949年）に示されるソ連指導部の強硬派から穏健派への勢力変動が，「スターリン・ノート」の対話路線と関連があると指摘した。

　これに対して，「スターリン・ノート」に懐疑的な否定派であるグラムルの指摘によれば，ソ連は「1952年に，ドイツ社会主義統一党（SED）の支配権を犠牲にした再統一を提案していなかった。むしろ覚書のキャンペーンは，宣伝戦争のなかでイニシアチブを回復するためのものであり，西側にドイツ分裂の責任を転嫁しソ連ブロックの構成要素である東ドイツの安定化（とくに軍事的安定化）を容易にするものであった」とされる。グラムルは，「スターリン・ノート」によるドイツ統一提案が単なるプロパガンダであって，西側には初めからこの提案を受け入れる余地はなかったと論じている[31]。

　冷戦後，旧東ドイツ政府の政治局史料が，ドイツ連邦文書館所蔵史料（SAPMO-BArch）を通じて一般に公開されたことから，「スターリン・ノート」研究の争点は，ソ連指導部の真意から，東ドイツの支配政党であったSED指導部の動向へと移った。「スターリン・ノート」は中立ドイツの建国とともに東

ドイツを消滅させることを意味していた。したがって，仮に同提案が真剣な提案であったならば，東ドイツ指導部は権力の頂点から追放される危険性があり，それ故，同提案に直面して彼らは震え上がったと推測されたのである。実際，「スターリン・ノート」ではドイツ統一後の東ドイツ指導部の地位は保障されていなかった。

　この問題について「冷戦後の否定派」ヴェティヒは「スターリン・ノート」をプロパガンダと位置づけ，ソ連は西側諸国が拒否することを想定した上で提案し，ドイツ分裂の踏み絵を西側に先に踏ませてしまうことで，冷戦と分裂国家建国の責任を免れる意図が，当初からソ連側にあった，と論じる。「スターリン・ノート」の作成過程については事前にウルブリヒトにも伝えられ，東ドイツ指導部には危機意識はなかったと論じた[32]。しかしこの見解に対してレムケは，「スターリン・ノート」が仮に策謀であった場合，それは東ドイツ国民にSED支配からの解放という希望を与え，かえって東ドイツ体制を不安定化させる要因を孕んでいたと反論した[33]。実際，「スターリン・ノート」の全文は東ドイツの新聞に掲載され，東ドイツ国民はそれを通じて，その内容を知ることができた。また，ディートリッヒは，東ドイツの再軍備問題の観点から，「スターリン・ノート」は具体的な提案であったと結論づけた[34]。

　他方でロートは，冷戦後に公開されたスターリンやソ連軍政本部（SMAD）の代表者である「ソ連指導部」と，ドイツ共産党（KPD）／SEDの代表者である「東（側）ドイツ指導部」との間で行われた非公式会談を記録した東ドイツ大統領ピークのメモを初めて包括的に利用することにより，次のような結論を導いた[35]。すなわち東ドイツは，「民主共和国」という「暫定体制」として建国されたのであり，「スターリンの嫌いな子供（Stalins ungeliebtes Kind）」であった。ソ連は自国の安全保障問題を解決するためには東ドイツを放棄することに躊躇せず，「スターリン・ノート」を提案した。東ドイツ指導部のウルブリヒトは，「スターリン・ノート」に直面して震え上がり，拒否感を示した[36]。

（2）仮　説──「国内派」と「モスクワ派」

　冷戦後の新史料を用いたロートの研究は，ソ連外交について多くの点を明らかにした。しかしロートの議論についても，次の疑問が残されている。すなわ

ちSAPMO-BArch所蔵史料では，SED指導部は表向き「スターリン・ノート」に対して拒否反応を示すというよりは，むしろ積極的なキャンペーンを展開しており，ロートの研究ではこの点について，あまり明確に議論されていない点である[37]。

ここではこの問題に答えるために，東ドイツ指導部の内部状況を掘り下げる。そして次のような仮説を実証する。すなわち，1950〜1951年のドイツ統一問題に対する東側の戦略と異なり，「スターリン・ノート」はドイツ統一後の東ドイツ指導部（とくにSED）の地位を保障していなかった。SEDの「モスクワ派」のウルブリヒトは「スターリン・ノート」に直面して権力喪失の危機を直感して震え上がり，他方でSEDの「国内派」の東ドイツ首相グローテヴォールは「スターリン・ノート」にドイツ労働者政党の統一へ向けた最後のチャンスを見出し，積極的にキャンペーンを展開した。「スターリン・ノート」構想はソ連側の真剣な提案であり，同構想の失敗の後，ドイツ統一問題に対するSED内部のイニシアチブは，「国内派」から「モスクワ派」へと移った。「モスクワ派」のウルブリヒトは「スターリン・ノート」の失敗を利用することで東ドイツの国際面での東側統合を促進した。

「スターリン・ノート」が拒否された後，西ドイツは西側統合を促進し，東ドイツは「社会主義の建設」に踏み切った。「スターリン・ノート」はその意図するものとはまったく逆に，かえって分裂を促進してしまったかのようである。本研究では上述したロートをはじめとした多くの研究を参考にしつつ，「スターリン・ノート」がドイツの統一あるいは分裂にどのように影響したのかを，とくに東西ドイツ指導部の相互作用に着目しながら考察する。

なお，ソ連占領地区／東ドイツ（SBZ/DDR）の変革が「社会主義」を目指したものならば，それだけいっそう「資本主義」をモデルとした西ドイツとの社会基盤の溝が深まり，ドイツ統一が難しくなることから，SBZ/DDRにおける「社会主義」についても指摘しておきたい。SBZ/DDRの「社会主義」の開始時点に関しては，次のような研究がある。例えば，ヴェーバーは，1945年以来，SBZが明確にソ連モデルに接近し，1949年10月の東ドイツの建国をソ連への同化の促進・完成段階の開始と考えている[38]。またゼーテはソ連が初めから自らの占領地区をボルシェビズム化するつもりであった，と論じている[39]。その

他，クレスマンはSBZにおけるスターリン主義への発展は首尾一貫しているようにみえるが，他の選択肢への視点を初めから閉ざすべきではないとし，「ソ連占領地区における社会経済構造への深い介入は，ソヴィエト化の第一段階というよりも，包括的な非ナチ化の枠組みのなかで捉えた方が適切」である，と論じている[40]。また，シュターリッツは「スターリン・ノート」が西側から拒否された段階で，ソ連指導部が東ドイツの「社会主義」化を了承した，と考えている[41]。最後に，前述したロートの場合には，1955年にフルシチョフが「二国家理論」を主張した時点で，東ドイツにおける「社会主義」が了承されたと考えている[42]。

　これらの研究史を参考にして，第3章では，以下，「スターリン・ノート」に対する西ドイツの対応外交について，「スターリン・ノート」に共鳴した「中立」勢力（「第三の道」路線）について，さらには西側同盟の対応外交について，それぞれ順番に検討し，第4章においては，「スターリン・ノート」をめぐる「東ドイツ―ソ連」関係の変容を探る。

Ⅵ 「スターリン・ノート」に対する西ドイツの対応外交

1．戦後ドイツ政治とアデナウアー政権

　「スターリン・ノート」が提案された1952年，西ドイツにおいて政権を担当していたのは，キリスト教民主同盟（CDU）の党首を務めていたアデナウアーであった。アデナウアーは西ドイツの再軍備問題をヨーロッパ防衛共同体（EDC）の枠組みのなかで解決し，それと同時に西ドイツの主権回復を目指した。

　敗戦国ドイツを国際社会に正統な主権国家として復帰させることを政治使命としたアデナウアーの政治方式は，戦後のドイツを西ヨーロッパへと政治的・経済的・軍事的に連結させることで，ドイツの議会制民主主義を強化し，西ヨーロッパの一員としてドイツを国際社会に承認させることであった。したがってアデナウアーの政治方式には，「ソ連・東欧圏」との政治的・経済的・軍事的な連結，ないしは，ドイツの「中立化」は含まれていなかった。「スターリン・ノート」に直面したアデナウアーは，それを西ドイツにとって危険なソ

連の戦略（EDC創設交渉を頓挫させるためにソ連が仕掛けた心理戦争）と断定し，即座に拒否したのであった。

2. 西ドイツの政党の配置とキリスト教民主／社会同盟

しかしアデナウアーの政権基盤は，1953年の第2回連邦議会選挙（総選挙：西ドイツ）に至るまで不安定であった。当時，野党であったドイツ社会民主党（SPD）との議席差は8議席であった。キリスト教民主／社会同盟（CDU/CSU）の議席は過半数に達していなかったため，アデナウアー（CDU）は，自由民主党（FDP），ドイツ党（DP）との連立（小連立）を選択することで政権を担当していた。[43] さらに戦争の記憶がドイツ国民の政治意識を拘束していたため，アデナウアーの進める再軍備政策は政権の支持率を不安定にさせた。

他方，ドイツ東部（東ドイツ地域）は，伝統的にSPDの強い地域であった。東ドイツ地域のSPDは，ドイツ共産党（KPD）と合同（1946年4月）することで，新たにドイツ社会主義統一党（SED）を形成し，政治の舞台からは（「政党」の形では）消滅していた。しかし，グローテヴォールに代表される旧SPD系の政治勢力が，東ドイツ政治の中枢に留まっていた。

資料7　ドイツ連邦共和国での主要政党とその国会議席数

	第1回 1949.8.14	第2回 1953.9.6	第3回 1957.9.15	第4回 1961.9.17	第5回 1965.9.19
キリスト教民主／社会同盟（CDU/CSU）	139	243	270	242	245
ドイツ社会民主党（SPD）	131	151	169	190	202
自由民主党（FDP）	52	48	41	67	49
ドイツ党（DP）	17	15	17	—	—
バイエルン党（BP）	17	—	—	—	—
中央党Zentrum	10	2	—	—	—
共産党（KPD）	15	—	—	—	—
経済建設連盟（WAV）	12	—	—	—	—
ドイツ右翼党および保守党	5	—	—	—	—
故郷追放民同盟	—	27	—	—	—
総　数	402	487	497	499	496

(Mary Fulbrook, (ed.), *20th Century Germany: Politics, Culture and Society 1918-1990* (London: Arnold, 2001), pp.197-199. （小連立）は筆者が指摘）

3. アデナウアー外交と「スターリン・ノート」

英仏政府は、「スターリン・ノート」で示された手続き（手順）に則って、東ドイツと西ドイツを横断する形（全ドイツ）で自由選挙が実施された場合、ドイツの政治勢力の配置が劇的に変化することを予測した。

1952年3月15日、イギリス外務省では、「ドイツ東部（Eastern Germany）ではキリスト教民主同盟（CDU）の勢力は弱く、全ドイツ自由選挙の結果は、おそらくシューマッハー政権（SPD）の成立となろう」と予測し、そのような政府は「アデナウアーの西側統合政策と逆行し」、また、「東西間の中立化政策と日和見政策を駆り立てるであろう」と分析した。イギリスは、「スターリン・ノート」を通じたドイツ統一の手続き（自由選挙の実施）の過程で、西ドイツの与党CDUのアデナウアー政権が敗北し、当時、野党であったSPDによるシューマッハー政権ができる可能性を危惧した。アデナウアーの敗北は、ヨーロッパ統合の推進力を失うことを意味していたのである。

西側同盟の中枢では「スターリン・ノート」を通じた政権交代の可能性が懸念されていたのである。それは保守系勢力（CDU/CSU）に代わり、革新系勢力（SPD）が政権を担う勢力図であり、西側統合政策が停止するシナリオであった。西側同盟にとっても、アデナウアーにとっても、「スターリン・ノート」は排除しなければならない提案であった。

1952年3月11日（「スターリン・ノート」がソ連から手交された翌日）、西ドイツ政府内部では、アデナウアーとカイザー（西ドイツの全ドイツ問題相：CDU）との間で激論が生じた。カイザーは閣議の際に、アデナウアーに対して、「アメリカ人よりもアメリカ的」であってはならない（アメリカ人よりもアメリカの国益に忠実であってはならない）と釘を刺した。

3月30日、アデナウアーとカイザーの対立は、『新チューリヒ新聞』を通じて次のように報道された。カイザーは、「スターリン・ノート」を、ドイツ条約（総括条約）とその付属協定の締結を遅らせるプロパガンダであるとみなすアデナウアーの見解を否定し、さらには、ソ連の提案をあからさまに拒否しているアデナウアーの方針も批判した。アデナウアーの政策は、東地区（＝東ドイツ）を越えて衛星国へと向けられる「攻撃的政策」と受けとめられていたが、次第に政府陣営内部で、この政策に対する反論が持ち上がっていった。そし

て，ドイツの再統一が東ヨーロッパの解放と結びつけられなければならない，というアデナウアーの命題に対して疑問が投げかけられた。[47]

アデナウアーは自らの立場を説明する必要に迫られた。1952年3月16日，アデナウアーは，ジーゲンで開催されたCDUプロテスタント労働社会大会において，「スターリン・ノート」に対する拒否の姿勢を打ち出し，さらに3月23日，ユナイテッド・プレス（UP）通信社の副会長に対して，「スターリン・ノート」に関して次のように述べた。「私は，ソ連の覚書を次のように評価している。すなわち，その覚書は，ドイツの国家主義者たちに働きかけ，ヨーロッパの統合とEDCの創設を先へ延ばす試みである。[48]」

このような方針についてアデナウアーは，回顧録のなかでも自らの基本方針をまとめている。「その地理的位置よりして，われわれは対立して譲らぬ理想を掲げて争う二大勢力圏の谷間におかれた。扼殺の運命に甘んじたくないと思うなら，われわれはいずれかの側につかなければならなかった。両勢力間にあって中立的態度をとるのは，わが国民にとって非現実的である，と私は考えた。いずれにせよ，早晩，どちらかの側がドイツという潜勢力を自分の側に獲得したいと考え始めるであろう。ソ連は，自分に委ねられたドイツ領を差しあたって手放す意志がなく，それのみか，他のドイツ部分をも次第にたぐり寄せようとしていることを明瞭に示していた。[49]」

Ⅶ 「スターリン・ノート」に共鳴した「中立」勢力
　　　――「第三の道」路線

1.「中立主義」（「第三の道」）

　仮に「スターリン・ノート」がアデナウアーの推測と同様に，ヨーロッパ防衛共同体（EDC）を阻むことを目的としたソ連の提案であったとしても，同提案を拒否することは簡単ではなかった。「中立化」によるドイツの統一は，観察者の政治的立場によっては，一方で冷戦の緩和（平和主義）を含意し，他方でドイツの統一（国家主義）を含意していると受け止めることもできた。さらに，西側同盟の進める西側統合政策は，ドイツの分裂（EDC構想）と「軍国主義」の復活（西ドイツの再軍備）というマイナスのイメージと重なる部分を持っていた。ここから，「スターリン・ノート」は，ドイツ内外の左派系の政治勢力に

とって検討すべき課題となった。

　1952年3月12日,「中立主義 (Neutralisierung)」(「第三の道」) を重視するカイザーは, 放送演説のなかで,「スターリン・ノート」を慎重に検討する必要があることを力説した。野党 (左派系) のSPD, また, 西ドイツ国内の「第三の道」と称される中立主義者も「スターリン・ノート」に関心を示した。またジャーナリストのリップマンは, 当時, 次のように述べている。「〔ソ連は〕陸・海・空軍を配備したドイツの再統一をドイツ人に与える約束をする決心を固めた。〔……〕ソ連は絶対に真剣に提案している[50]。」

　1946年に創刊されたドイツの代表的な総合週刊誌『デア・シュピーゲル』も, ソ連のドイツ政策の変化を分析した[51]。そこでは, ポツダム会談 (1945年7, 8月), ワルシャワ会談 (1948年6月), プラハ会談 (1950年10月), そして「スターリン・ノート」(1952年3月) へと至るソ連外交の変遷について, 独自の分析枠組みを提示した (資料8参照)。

　またハイネマン (第1次アデナウアー内閣内相：西ドイツ) も,「スターリン・ノート」に未来のドイツの可能性を期待した政治家であった。ドイツの再軍備に関する意見の相違のため, アデナウアー内閣から辞職し,「欧州平和のための緊急共同体 (Notgemeinschaft für den Frieden Europas)」の責任者となったハイネマンは, 3月13日,「スターリン・ノート」に関する記者会見 (於：西ベルリン) を行った。その席上, 彼はドイツの講和条約に関する「スターリン・ノート」を歓迎し, その覚書を「実際に真剣に受け止められなければならない交渉のための基盤」と呼んだ。さらにハイネマンは, ロシアが「ドイツ問題」における真剣な妥協への準備がある, という確信を表明し, 統一されたドイツの中立化の必要性を強調した[52]。

　「スターリン・ノート」の「中立」ドイツに期待を寄せた人々は,「第三の道」と表現される。そこにはさらに「ナウハイム・クライス」のノアーク,『フランクフルター・アルゲマイネ』紙のゼーテ,『シュピーゲル』誌のアウグシュタイン, そして自由民主党 (FDP) のプフライデラーが含まれる[53]。

　東ドイツ政府もただちに活動を開始した。冷戦後に公開されたドイツ連邦文書館 (SAPMO-BArch) 所蔵史料によれば, 東ドイツは「スターリン・ノート」を支持するため, 541万5000部の号外, 470万枚のビラ, 44万枚のポスターを使

資料8　ソ連のドイツ政策の変化：『デア・シュピーゲル』の分析枠組み

	ポツダム。三大国の会談（1945年7/8月）	ワルシャワにおける東欧ブロック-国家の外相-会談（1948年6月）	プラハにおける東欧ブロック諸国家の会談（1950年10月）	1952年3月10日のソ連の覚書
ドイツの統一	現在の時点では、いかなるドイツ中央政府も形成されるべきではない。	講和条約の締結をもたらす暫定的な全ドイツ政府の設置。	全ドイツ的・独立的・民主的・平和愛好的・暫定的政府の形成を準備する全ドイツ設立委員会の創設。	ドイツは統一された国家として再建される。ドイツの分裂に終止符が打たれ、統一されたドイツには独立的・民主的・平和愛好的国家として発展するチャンスが与えられる。
占領	ドイツにおける最高権力は、占領四大国の最高指揮官によって該当政府の命令に従って行使される。	講和条約の締結後、1年以内に占領軍は撤収されなければならない。	講和条約の締結後、1年以内に占領軍は撤収されなければならない。	占領諸国のすべての戦力は、講和条約の発効後1年以内にドイツから撤収されなければならない。
軍隊	ドイツにおける軍国主義とナチズムの復活あるいは再組織化を阻止するための、徹底した武装解除と非武装化。	非武装化の終了を保証する措置が実施されなければならない。	ドイツに再軍備を認めさせないアメリカ、フランス、イギリス、ソ連政府の共同声明の発表。	ドイツには国の防衛にとって必要不可欠な自らの国家戦力（陸軍・海軍・空軍）を保有することが許されることになる。
軍備	軍備目的のために開始される可能性のあるすべてのドイツ産業の排除または監視。	ルール地帯の重工業は、さらに定められ得る期間、四大国の管理下におかれなければならない。	ドイツの戦争の可能性が回復することの阻止。	ドイツには軍需品を生産することが許される。軍需品の量と種類は、講和条約に基づいて編成される軍隊が必要とする範囲を超えてはならない。
産業	Demontage（解体・撤去）。カルテル解体。生活水準はヨーロッパ諸国の平均的な生活水準を超えてはならない。	態度表明なし。	ドイツの平時経済の発展に対するあらゆる制限の撤廃。	ドイツ国民の幸福の向上に役立つドイツの平時経済の発展は、いかなる制限も課されてはならない。

	戦争の期間，中立を維持した諸国家に対してのみ国際連合の会員資格が許可される。	態度表明なし。	態度表明なし。	ドイツとの講和条約を署名する国家は，国際連合への加入に関するドイツの申請を支持する。
外 交				
国家の領域	将来の平和会談に最終的な規定（を定める）。その時まで，ケーニヒスベルクの領土はソ連によって，オーデル＝ナイセ＝ラインの東側の領土はポーランドによって管理される。	オーデル＝ナイセ＝ラインの維持。	態度表明なし。	ドイツの領土は大国のポツダム決議によって決められた境界線のなかにある。

(*DER SPIEGEL*, 19. März 1952.)

用したとされる（東ドイツ宣伝活動部門の内部資料：3月12日付）[54]。

　ドイツ（東・西）の世論が「中立化」による統一へと沸騰する可能性があった。実際，東ドイツ各地では，東ドイツ政府による強制的動員か，自発的参集か，史料状況からは判然としないが，「スターリン・ノート」を支持するデモが展開された[55]。

　西側同盟は，ドイツ世論の動向を詳細に検討しながら「スターリン・ノート」を拒否する立場へと追い込まれた。いわば，イーデン英外相が表現したようにそれは「覚書戦（battle of the notes）[56]」であった。

2. ドイツ社会民主党の政治・外交路線

　なお，ここでSPDの立場を補足する。ドイツの統一をめぐり西欧に傾斜した「西向き路線（Westorientierung）」の貫徹を目指したアデナウアーや，東西対立・東西冷戦に対して中立の維持を目指した「中立路線」に期待を寄せた「第三の道」[57]と比較して，SPDの見解はより複雑であった。SPDは立場上，キリスト教民主同盟（CDU），ドイツ社会主義統一党（SED），ソ連，西側諸国の四者に対する政策を個別に，しかし，統一性をもって練り上げなければならなかった。基本的な党の方針として，SPDはCDUと反共主義の点においては完全に立場は一致し，再軍備の「必要性」[58]に関してもほぼ一致していた。

資料9　4つの構想と代表的政治指導者

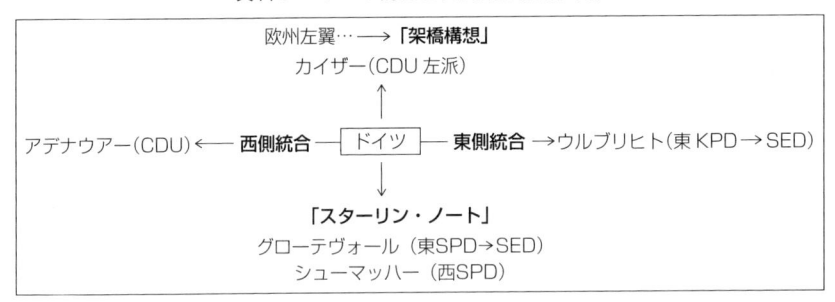

```
                    欧州左翼…──→「架橋構想」
                    カイザー（CDU 左派）
                          ↑
アデナウアー（CDU）←──西側統合──[ドイツ]──東側統合──→ウルブリヒト（東 KPD → SED）
                          ↓
                    「スターリン・ノート」
                    グローテヴォール（東SPD→SED）
                    シューマッハー（西SPD）
```

備考：「中立」勢力の政治基盤——平島健司の研究によれば，ヨーロッパ連邦を目指す欧州左翼「第三勢力」はイギリスの労働党に期待を寄せていたとされる。また平島は「第三勢力」の代表的な構想として，「ヨーロッパ社会主義合衆国」構想，「架橋構想」（カイザー），「ヨーロッパ連邦主義者連盟」を指摘している（平島健司『ドイツ現代政治』東京大学出版会，1994年，53～55頁。）
（筆者作成）

しかし，ドイツ統一問題に関しては真っ向から対立していた。ゼーテが巧みに表現したアデナウアーの「力の政策」，「まず強くなり，それから交渉する」方式に対して，SPDは，ドイツの再統一を依然として「最も重要で最も急を要する課題」と位置づけていた。しかし他方で，かつてSEDの成立により，ソ連占領地区におけるSPDが解体された苦い経験をもつSPDは，東ドイツの統一提案には一切，耳を傾けようとしなかった。1952年3月30日，オレンハウアーは，記者会見の席上で，ドイツ共産党（KPD）によって提案された「全ドイツ協議（die gesamtdeutsche Beratung）」を拒否し，SPD指導部宛のSED中央委員会の要求に返答するつもりがないことを表明した。これらのことからドイツ統一問題に関してSPDはきわめて慎重な姿勢をとりながら，ソ連の提示した「スターリン・ノート」の可能性を検討することを提唱した。3月30日，オレンハウアーは，アデナウアーによって一方的に進められた「スターリン・ノート」に関する決定に反対し，ソ連の計画を探知するため，ありとあらゆることを試みることを支持した。さらに，西側統合政策とドイツ統一問題との関連性についてオレンハウアーは，ドイツと西側連合国（米英仏）との間の協力関係を歓迎する一方で，占領体制の終結を目指す交渉がドイツの統一を困難にしてはならないと主張した[60]。この複雑なSPDの態度は多くの可能性を秘めていたものの，国民からはあまり支持されることはなかった。東西間の対立の狭間で揺れ

動きながら、SPDは「ベルリンの壁」の構築によってアデナウアーの「力の政策」の貫徹が不可能と考えられるようになるまで勢力を弱めていった[61]。

Ⅷ 「スターリン・ノート」に対する西側同盟の対応外交

1. 西側同盟の「スターリン・ノート」に関する分析過程

既述したように、東西ドイツの成立以降「スターリン・ノート」に至るまで、ソ連側のドイツ統一構想は東ドイツ政府を経由して西ドイツ政府へ向けて提案されていた。その際、東ドイツにおいて達成された「成果（Errungenschaft）」に注意が払われ、統一へ向けた手順も、政府代表者による協議に基礎をおくことが強調されていた。すなわち、「反ファシズム民主国家」として建設されてきた東ドイツ（民主共和国）の「成果」を統一ドイツへと持ち込むこと、そして統一の手順は、東西ドイツ政府のそれぞれ6名の代表者から構成される「全ドイツ設立委員会（Gesamtdeutscher Konstituierender Rat）」が担うことが重視されていたのである。

これに対して「スターリン・ノート」は、「全ドイツ設立委員会」構想と異なり、東ドイツ政府を経由しなかった。すなわちソ連政府から西側のアメリカ、フランス、イギリスの各政府に直接、手交されたのである。これらの政府は、ドイツの分割占領に直接の責任と権限を有する戦勝四大国であった。換言すれば、ソ連は、東ドイツ政府を経由することなく、また、西ドイツ政府へと提案を向けることもなく、戦勝四大国の枠組みを重視したのである。そして、「スターリン・ノート」の核心部分である「中立・統一ドイツ」の樹立は、ソ連が東ドイツへの管轄権を放棄することを意味していた。

西側同盟内部においては、西側の軍事同盟の創設計画が検討されていた段階において、ソ連側がなんらかの外交攻勢を展開してくるのではないか、との憶測が広がっていた。とくに、1952年に最終段階を迎えつつあったヨーロッパ防衛共同体（EDC）創設交渉、ギリシアとトルコの北大西洋条約機構（NATO）への加盟（1952年2月18日）、さらには、同年2月20日～25日に開催されたNATO理事会（於：リスボン）は、ソ連を守勢へと追い込む計画としてまとめられていた。西側諸国の軍事再編に直面して、そしてまた西側同盟の予測のと

おりに，ソ連から「ドイツ問題」をめぐる構想として「スターリン・ノート」は提案された。

「スターリン・ノート」に直面して，西側同盟の内部ではただちにその分析作業が進められた。それは西側同盟の予測をはるかに超えた提案であった。西側同盟はソ連が東ドイツを放棄する可能性を想定していなかったため，「スターリン・ノート」は，ソ連の「真剣」な提案なのか，あるいは「策動」なのか，様々な議論が繰り返された。

西側同盟による「スターリン・ノート」の分析過程の特徴は，第1に，ソ連外交の目的を探る分析であった。すなわち，「スターリン・ノート」はソ連外交の「方向転換（Kurswechsel）」なのか，あるいは，「策動（Manöver）」としての提案なのか，議論された。第2には，仮に「スターリン・ノート」に沿った外交交渉を西側同盟が進めた場合，その先にどのような結果が想定されるのか，外交上の「読み」が入念に繰り返された。

その際，最初に指摘された点は，「スターリン・ノート」が西ドイツと西側の軍事同盟との連結（とくにEDC条約）を破綻させるための提案である可能性が高いことであった。

EDCは，1950年6月25日に勃発した朝鮮戦争の影響を受けて，西側同盟が西ドイツの再軍備問題を検討し始めた段階から構想された計画であった。アジアにおける分裂国家（南・北）の「熱戦」がヨーロッパにおける分裂国家（東・西）に飛び火することを西側同盟は恐れたのである。

また，西ドイツの主権を早期に回復し，西ヨーロッパとの連結を促進することで，西ドイツの平和と安定を確保することを目指したアデナウアーにとって，西側統合政策は最優先課題であった。しかし，EDC条約とドイツ条約の調印を目前に控えた段階に，「スターリン・ノート」は提案された。

「スターリン・ノート」により，西側同盟は，(A)ドイツの「中立化」による統一か，あるいは(B)西側統合政策の続行か，二者択一の状況におかれた。言い換えれば，西側同盟からみて，「スターリン・ノート」は西側統合政策（とくにEDC）を阻止するための提案と認識された。西側同盟はただちに「スターリン・ノート」の拒否という結論に至ったが，問題となったのは，いかにして，「スターリン・ノート」を拒絶するか，ということであった。

2.「スターリン・ノート」への西側同盟の対応外交(英米仏)
(1) イギリス政府の対応

「スターリン・ノート」に対して最も迅速に分析作業を開始したのはイギリス外務省であった。「スターリン・ノート」が手交された翌日(1952年3月11日),イギリス外務省内部では,「覚書(=「スターリン・ノート」)の主要な目的は西側の防衛システムへとドイツ連邦共和国(=西ドイツ)を編入することを遅らせ,そしてもし可能ならばそれを中止させることを目的としていることを想定しなければならない」と分析された。さらに,「スターリン・ノート」について,それは「ソ連との十分な外交交渉を展開する前に,西ドイツの西側統合政策を進展させてしまうことに疑問を抱いているドイツと西ヨーロッパの世論に対して訴えかけることを計算している」と分析され,世論の動向に注意が払われた[62]。

3月12日,イーデン英外相は「スターリン・ノート」について,それはドイツの将来の地位に関するソ連政府の従来の提案と比べて重要な前進があると述べた。さらに「スターリン・ノート」は,NATO理事会(リスボン)とEDCの進展に誘発されて作成され,西側統合政策を失敗へと導くための「ソ連政府による狡猾で巧みに仕組まれた策動である」とした。しかしイーデンは,「スターリン・ノート」に「ドイツの再統一に向けたソ連の真剣な願望」も反映されていると考えた[63]。その上で,イーデンは,ソ連が全ドイツ自由選挙を申し出て,実際にベルリンに自由政府を樹立することを追求する可能性も検討し,その場合の展開を次のように予測した。すなわち,講和条約に関する交渉において,ソ連は受諾できる条件を提供することができず,結果的にわれわれはオーストリアと同じ状況に直面してしまうであろう[64]。戦後,ドイツと同様に四分割されたオーストリアの統一問題は,当時,東西間で暗礁に乗り上げていた外交課題の1つであった。

入念な分析が続けられた後,3月13日,ソ連への返答の覚書について,イギリス政府の草案(たたき台)がワシントンに向けて送られた[65]。

(2) アメリカ政府の対応

「スターリン・ノート」へのアメリカ政府の対応は,マックロイ在独米高等

弁務官の分析と，それに対するアチソン米国務長官の指示に基づいて進められた。

3月13日付のアメリカ政府の資料によれば，アチソンはソ連の覚書の重要性を認識し，従来の覚書とはかなり異なる印象を受け，その上で，「スターリン・ノート」への返答の覚書のなかで，ソ連が望むことをわれわれが提供しない場合，「ソ連はどのような行動をとるか」検討しなければならないと指摘した[66]。

他方，3月16日，マックロイは「スターリン・ノート」に関する様々な分析結果をまとめた。すなわち，専門家のなかでも見解は分かれるが，大半は「スターリン・ノート」をソ連によるEDCへの「議事妨害（obstructionism）」とみなし，一部の見解として，「スターリン・ノート」は「クレムリンの方向転換」であり，「逆のラパロ（Rapallo）」という意味において，あるいはフィンランドと類似した状況という意味において，「真剣な提案」であると分析する考え方があると報告した。さらにマックロイは，ソ連政府が「われわれアメリカ政府自身が考えている以上に」，EDCの計画がすでに相当進展しているという想定に基づいて，議論を開始しているように思われる，と報告した[67]。

アチソンやマックロイの指摘とは別に，3月16日，駐ソ・アメリカ大使館（モスクワ）では，ソ連が東ドイツにおける自由選挙を許可し，東ドイツへの管轄権を手放すような可能性はないであろう，と考えられていた[68]。

イギリス政府とアメリカ政府の認識は，「スターリン・ノート」がEDCに打撃を与えるための提案である，との見解であった。これに対してフランス政府の分析は，EDCの問題以上に経済問題に検討の重心がおかれていた。

（3）フランス政府の対応

3月14日の段階で，フランス政府内部では「スターリン・ノート」について，それは「戦略的措置以上のものであり，本気ではあるが，ドイツ問題を解決する政策としては非常に危険である」という分析がなされていた。さらに「スターリン・ノート」の想定される展開について，「自由選挙が行われ，中立化されたドイツ政府（おそらくシューマッハー政府）がベルリンに設立され，そして，さらなる講和条約の（締結へ向けた交渉の）進展がオーストリアのように停滞される，そのような状況へとわれわれが追い込まれないこと」が重要であると論

じられた。ここで問われたことは，「スターリン・ノート」に沿って自由選挙が実施された場合，保守系・与党（キリスト教民主／社会同盟〔CDU/CSU〕）のアデナウアー政権が敗北し，新たに革新系（ドイツ社会民主党〔SPD〕）のシューマッハーを首班とする政権ができる可能性がある，とする予測であった。

さらにフランス政府内部では，「中立化の条項」について，「スターリン・ノート」が「EDCと現在のわれわれすべての欧州政策を完全に破棄することを意味している」と把握され，また，「スターリン・ノート」の「新しい要素」として，「軍事条項」に注意が向けられた。すなわち，「スターリン・ノート」では「軍隊を撤退しなければならないだけでなく，基地も解散しなければならない」と規定され，したがって，軍事条項と中立化の条項の両方において，ドイツをコントロールするための「規定が一切なかった」と指摘された。

その上で，フランス政府内部で「おそらくいっそう危険」であると指摘されたのが「経済諸条項」であった。その理由として，「ドイツには東ヨーロッパとの貿易の完全な自由が残され」，それに対して他の「西ヨーロッパ諸国には共産圏との貿易に深刻な制限」が課された。ドイツには「東ヨーロッパやロシア・中国など自然の後背地と，巨大なスケールで貿易をすることによって，これまでよりもより手におえないような経済単位へと，急速に建設される」可能性があり，さらにドイツが「ソ連やその衛星諸国の軍隊を補充するために巨大な軍事産業を建設する場合に，それをやめさせる方法はないであろう」と考えられたのである。[69]

「スターリン・ノート」の「経済諸条項」に対する警戒は，イギリス政府にもアメリカ政府にもみられないフランス政府特有の分析であった。とくに経済問題への危機感は強く，フランス政府がソ連と同様に，当時まだドイツの強大化を警戒していたことが確認される。「中立化」されたドイツの経済的暴走については，イギリス政府が「中立化」されたドイツの軍事的暴走に懸念を示していたことと比較すれば，興味深い相違点である。

さらに，イギリス政府とフランス政府は，自由選挙を通じてアデナウアー政権が崩れる危険性も懸念した。西ドイツでアデナウアー政権が崩れれば，西側統合政策ならびにEDC条約は暗礁に乗り上げる可能性があった。

「スターリン・ノート」に対する西側同盟内部の思惑は，各論の認識・分析（経

第 3 章　ヨーロッパ防衛共同体構想と「スターリン・ノート」　103

資料10　「スターリン・ノート」へのフランスの立場（フランス政府内部の分析〔3月14日〕）

（1）ザール（地方）(Saar.)
　　　ソ連提案は，ポーランドがオーデル／ナイセ境界を得て，しかし，フランスはザール（地方）を失うであろうことを意味した。
（2）中立化条項 (Neutralisation clause.)
　　　ソ連提案は，もちろんEDCと，現在のわれわれすべての欧州政策を完全に破棄することを意味しているのであろう。
（3）軍事諸条項 (Military clauses.)
　　　新しい要素は，軍隊を撤退しなければならないだけでなく，基地も解散しなければならない，というところにある。軍事諸条項と中立化条項の両方に関する本質的なポイントは，（ドイツを：報告者）コントロールするための規定が一切ない，ということであった。
（4）経済諸条項 (Economic clauses.)
　　　西ヨーロッパ諸国には共産圏との貿易に深刻な制限を課されるが，ドイツには東ヨーロッパとの貿易の完全な自由が残される。そのため，経済諸条項はおそらくいっそう危険であった。ドイツは，東ヨーロッパやロシア・中国など自然の後背地と，巨大なスケールで貿易をすることによって，これまでよりもより手におえないような経済単位へと，急速に建設されるであろう。さらにドイツがソ連やその衛星諸国の軍隊を補充するために巨大な軍事産業を建設する場合に，それをやめさせる方法はないであろう。

(Rolf Steininger, *Eine Chance zur Wiedervereinigung? Die Stalin-Note vom 10. März 1952. Darstellung und Dokumentation auf der Grundlage unveröffentlichter britischer und amerikanischer Akten* (Bonn: Verlag Neue Gesellschaft, 1985), S. 136.)

済問題，軍事問題，自由選挙）において相違点があったが，総論においては「スターリン・ノート」を拒否することで一致していた。とくにEDC問題，言い換えれば，「スターリン・ノート」に示されたドイツの「中立化」の原則が拒否する上での最大の焦点であった。

　しかし，西側同盟の選択肢は限られていた。西ドイツならびに西ヨーロッパの世論の展開を入念に分析し，予期せぬ反応が生じないようにすることが重要であった。そしてそのためには，ソ連との交渉の扉を閉ざしてしまうことはできず，さらには，西側同盟が交渉過程において後退しているというマイナスの印象が生じることも避けなければならなかった。アデナウアー政権への配慮も示しながら，「スターリン・ノート」をめぐる覚書交換が無制限に拡大しないように，西側連合国の覚書のポイントは「中立」，「選挙」，「領土」の3つの点に絞られた。

3.「スターリン・ノート」と欧州国際政治──「中立」,「選挙」,「領土」

(1) 西側同盟の覚書(ソ連政府への回答)

1952年3月25日,西側連合国(米英仏)は,返答の覚書をソ連政府に手交した。ヴィシンスキー(ソ連外相)は英国代理大使を迎え,35分間歓談した。イーデン英外相によれば,「そのような機会は異例」であった。[70]

しかし西側連合国のソ連宛の覚書は,「スターリン・ノート」に対して,ほとんど妥協を示さなかった。ここでは争点となった,「中立」,「選挙」,「領土」のポイントに対して,西側連合国がどのような返答を送ったのかを確認しておきたい。

(2)「中立」をめぐる問題

西側同盟にドイツの「中立化」の原則,言い換えれば,西ドイツのEDCへの加入を阻止するための項目と受け取られたのは,「スターリン・ノート」の〈政治的原則〉の〈第7項〉であった。すなわち次の原則である。「ドイツには,軍隊を投入して対ドイツ戦に参加した任意の国に敵対的に向けられるいかなる連立関係あるいは軍事同盟にも加わらないことが義務づけられる。」[71]

そこで,西側連合国のソ連宛の覚書のなかでは〈第7項〉に対して反論された。その際,「スターリン・ノート」の〈軍事的原則〉の〈第1項〉で指摘された「自らの国家戦力(陸軍・空軍・海軍)を保有することがドイツに許される」とする点を踏まえ,国家戦力(=ソ連提案)とEDCに編入される軍隊(=西側提案)とが比較され,次のように述べられた。「ソ連政府は,他の国々との同盟の締結に関するドイツの自由は制限される一方〔〈政治的原則〉の〈第7項〉〕,講和条約が国家的ドイツの陸軍・海軍・空軍の編成を可能にする〔〈軍事的原則〉の〈第1項〉〕,という見解である。アメリカ政府は,このような決定は一歩後退を意味し,国際関係が対抗関係と不信感のない協力関係に基づくヨーロッパにおける新時代の始まりを危険にさらす可能性がある,と考える。ヨーロッパ統一政策の必要性を認識したアメリカ政府は,自由を守り,侵略行為を防止し,軍国主義の復活を不可能にする純粋に防衛的なヨーロッパ共同体〔EDC〕へのドイツの参加を保障する計画に全面的な支持を与える。アメリカ政府は,国家的ドイツ軍の編成に関するソ連政府の提案〔〈軍事的原則〉の〈第1項〉〕が

この目標の達成と一致し得ないという見解である[72]。」

西側連合国は，武装の権限をドイツに認めた「スターリン・ノート」を，むしろその権限がかえってヨーロッパの不安定化につながる危険性があると指摘し，「スターリン・ノート」に反論した。

（3）「選挙」をめぐる問題

ドイツとの講和条約を締結する際に，主体となる全ドイツ政府は，選挙を通じて形成されなければならなかった。ここから「選挙」に関する問題が生じている。

西側連合国の覚書では，全ドイツ政府は，連邦共和国（＝西ドイツ），ソ連[占領]地区（＝東ドイツ），ベルリンにおいて自由選挙を実施し，その結果に基づく場合において樹立される，とされ，さらに次のように述べられた。「このような選挙は，ドイツ国民の国家的・個人的自由を保障する環境の下でのみ行うことが可能である。国際連合の総会は，この最初の本質的な前提条件が与えられているかどうかという問題の調査のために，連邦共和国，ソ連地区，ベルリンでの調査を同時に実施する委員会を任命した。この調査委員会は，連邦共和国と西-ベルリンにおいて必要とする支援を保証された[73]。」西側連合国は自由選挙の重要性を強調すると同時に，その実施方法・実施段階に注意を促した。とくに選挙の前提調査のための国連の調査委員会（＝ドイツ特別委員会）の重要性が指摘された。

西側連合国の返答に対して，ソ連は第2回「スターリン・ノート」（1952年4月9日）において，「全ドイツ自由選挙について，その討議に応じる準備がある[74]」と譲歩し，西側同盟の外交を揺さぶった。この後，ソ連はドイツ特別委員会の調査活動について難色を示し，ドイツの管理に責任を有する戦勝四大国が選挙の管理に取り組むことを強調したが，自由選挙の開催をめぐる問題については比較的，前向きな姿勢を示した。

しかし，第4回「スターリン・ノート」（8月23日）をめぐる覚書交換の時期までに，西側統合政策の柱であったドイツ条約（1952年5月26日）とEDC条約（1952年5月27日）が調印された。第4回「スターリン・ノート」に至るまで，東西間で自由選挙をめぐる議論は繰り返され，西側連合国は少しずつ譲歩を重

ねたが,「スターリン・ノート」の最大の標的であったドイツ条約とEDC条約の調印が進んだことで, ソ連にとって覚書交換の目標は急速に失われた。第4回「スターリン・ノート」をめぐる覚書交換が, 最後の「スターリン・ノート」となった。[75]

(4)「領土」をめぐる問題

「領土」に関する問題も東西間で妥協の見通しはつかなかった。「スターリン・ノート」の〈領土〉に関する原則では,「ドイツの領土は, 諸大国のポツダム会談の決議を通じて確定された境界線によって決定される[76]」と規定され, これに対して西側連合国は次のように反論した。「ポツダム会談の決定によって確定された境界線によってドイツの領土が決定される, とソ連政府は説明している。アメリカ政府は, ポツダムの決定のなかで最終的なドイツの境界線は一切確定されていない, という事実に関して注意を喚起したい。ポツダムの決定は, 領土問題の最終決定は平和規定に留保されなければならない, ということを考慮に入れている。[77]」

ソ連側は, オーデル＝ナイセ線以東の領土を統一ドイツに譲り渡す気はなく, また, 西側同盟もそうしたソ連側の意図を受け入れることはできなかった。すでに, オーデル＝ナイセ線は, 事実上, 国境の役割を担っていたが, 西側連合国は, 国境線の最終確定は講和条約が締結されてから決定される, との原則的な立場を崩さなかった。

「中立」と「領土」をめぐる論点は, ドイツ条約（5月26日）とEDC条約（5月27日）が調印されるまで, 西側同盟とソ連がそれぞれの国益に基づく根本的な要求から, 激しく相互に対立した論点であった。しかし,「選挙」をめぐる論点では, 双方に一定の歩み寄りもみられた。

4.「覚書戦」への西側同盟の評価

1952年3月29日, マックロイ在独米高等弁務官は,「スターリン・ノート」によりドイツ国民がEDCを改めて冷静に検討し, EDCの長所と短所を比較し始めるかもしれないと憂慮した。そしてソ連は「スターリン・ノート」を通じて「アデナウアーをドイツにおいて孤立させ, 西ヨーロッパからドイツを切り

離し，さらにはアメリカから西ヨーロッパを切り離すこと」を追求するかもしれないと考えた[78]。フランス政府と同様にアメリカ政府にも，「スターリン・ノート」について，仮にそれが「真剣」な提案であれ，「策謀」であれ，非常に危険な提案であると認識され始めた。西側同盟の歩調が乱れる可能性があった。

ドイツの世論が「スターリン・ノート」に示される「統一」へ向けて沸騰する可能性があるなか，既述したように，第2回「スターリン・ノート」（4月9日）において，ソ連はドイツ統一問題における最大の争点の1つであった「自由選挙」問題について，西側に一定の譲歩を示した[79]。4月22日，西ドイツの野党SPDの党首シューマッハーは，アデナウアーに宛て覚書を送付し，「スターリン・ノート」が「自由のうちにドイツの再統一を実現する可能性を提供しているのかどうか，確認する」必要がある，と要求した。さらにシューマッハーは，第2回「スターリン・ノート」は，占領四大国によって形成される委員会によって，自由選挙のための前提調査を実施する可能性を提供している。ソ連は譲歩の姿勢を示しており，「そのような調査のための可能性は利用されるべきである」と主張した。ドイツ統一問題よりも西側統合政策を優先するアデナウアーの外交方針に対して，「スターリン・ノート」を通じて「自由選挙」問題が解決されると考えたSPDは，四大国交渉（Vier-Mächte-Verhandlungen）の開催を期待し始めたのである[80]。しかし，シューマッハーはこれ以上，リーダーシップを発揮することができなかった。彼は病に倒れ，8月20日に他界した。後任はオレンハウアーであった。

他方，西側同盟は，EDC条約とドイツ条約が調印されるまで，世論の動向を分析しながら「時間稼ぎ」に重点をおいた。ドイツ世論への配慮から，あからさまに「スターリン・ノート」を拒否することを避けたのである。当時，カークパトリック英弁務官は「フランスとドイツにおける世論は，予測がつかず，その上，まさにヒステリー状態である」[81]と，ロンドンに向けて報告している。東西間の激しい「覚書戦」が進むなか，西側同盟は堅実に西側統合政策をめぐる交渉を進め，1952年5月26日，ドイツ条約が調印され，翌日（5月27日）EDC条約も調印された。ドイツ条約とEDC条約の調印により西側統合政策の前進は刻印づけられた。

5月28日，パリにおいて三大国会談が開催され，その席上，イーデン英外相

は，アチソン米国務長官とシューマン仏外相に対して，西側同盟は「『覚書戦』に勝利した」[82]と確認した。

他方，アデナウアーは「スターリン・ノート」により西側連合国（米英仏）の足並みが乱れなかったことに安堵していた。西側連合国がソ連宛の覚書を作成する際にアデナウアーは「西側が，すべての状況を正しく評価している」[83]と考えていた。4度の覚書交換を通じて，最終的に，「スターリン・ノート」は西側連合国により拒否されたが，その際，アデナウアーの見解も西側連合国の覚書作成に影響を与えていた。西側連合国のソ連宛覚書の文面のなかでは，次のような記述がある。「アメリカ，イギリス，フランス政府は，［……］連邦共和国〔西ドイツ〕政府と，ベルリンの代表者の見解も聞いた。」[84]

EDC条約の調印により，「スターリン・ノート」をめぐる東西間の覚書交換も終息した。「スターリン・ノート」は拒否されたのである。

5. ヨーロッパ思想とドイツの中立主義

EDCはこの後，1954年にフランス議会により批准が拒否され，代わってWEU（西欧同盟）が基礎となる形で，1955年に西ドイツはNATOに加盟した。この方式は，軍事的な連結（NATO）であり，軍事的な統合（EDC）ではなかった。しかし，1950年代に「スターリン・ノート」が拒否されたことにより，ドイツの中立化の可能性は排除され，西ヨーロッパの統合思想は断絶されることなく，今日に至るまで継続されることとなったのである。西ヨーロッパは国民国家の枠組みを超えた地域統合を進め，ドイツの中立化の可能性は遠のいていった。ドイツの中立化が再び議論されるのは，冷戦の末期になってからである。結果的に「スターリン・ノート」は，東西の分裂を促進・強化することとなった。「スターリン・ノート」問題は，ヨーロッパ国際秩序の形成における中立か，統合か，をめぐる分岐点であったのである。そして，「スターリン・ノート」を糸口とした東西間の外交交渉が十分に展開されなかったことで，ソ連側の外交政策の真意は冷戦史の謎として残された。

ここで，ヨーロッパ思想とドイツの中立主義について，クーデンホーフ＝カレルギーの議論を参考に補足しておきたい。

「スターリン・ノート」に示されたドイツの中立主義が，ヨーロッパの統合

思想にとって危険であることは，汎ヨーロッパ運動の先駆者であったクーデンホーフ＝カレルギーによっても，次のように指摘されている。

「ドイツの中立主義者は，東西ドイツの合併がドイツの対外政策の最高目標でなければならないという考えから出発している。しかしながら，この目標はソ連の同意なしには達成されないから，東西合併したドイツを西欧の同盟体制から切り離すことによってソ連の同意を得なければならなくなる。そこでドイツの中立主義者は，オーストリアの場合と同じ国際的立場となるような，統一された，中立の，かつ解放されたドイツを要求しているのである。

しかしながら，領土に対する要求を持った国家がいつまでも中立を保ち得るかどうか，またそのような国家が，自国の領土要求を満たしてくれる意志があり，また満たすことのできるような強国，または列国グループとの同盟を早晩求めないだろうか，という点に疑問がある。すべての大国のうちで，オーデル・ナイセの国境線の改定を行い得るのは，ソ連だけである。この点から見て，ドイツの中立から，将来いつか独ソ同盟が生まれ，最後にはベルリン－モスクワ－北京の枢軸が生まれる恐れがあるわけである。」[85]

クーデンホーフ＝カレルギーの指摘は，冷戦時代における中立と統合との関係について示唆を与えた。中立化されたドイツが西ヨーロッパから切り離され，ドイツとポーランド間の国境問題（オーデル・ナイセ国境線）をめぐって，ドイツとソ連が接近する危険性が指摘されているのである。クーデンホーフ＝カレルギーは，「このような危険をなくすには，ヨーロッパに連邦国家を急速につくる以外に方法はない」として，「共同の政府機関，共同の議会，共同の連邦裁判所，共通の通貨，共通の対外政策，共通の防衛政策，および共通の経済政策を有する１つの連邦国家をつくる」ことを回想録のなかで主張している。[86]

ドイツの潜在的脅威への警戒は，戦後も長く続いた。そしてその解決策として，西ヨーロッパの統合が続けられ，その必要性が繰り返し問われた。西ドイツの西ヨーロッパへの統合は，EDC構想が失敗した後，ヨーロッパ経済共同体（EEC)，ヨーロッパ原子力共同体（EURATOM）の設立により，また，1967年にECSC，EEC，EURATOMの３組織が統合してヨーロッパ共同体（EC）が成立したことにより，より強固に進められた。西ヨーロッパでは，国民国家

の枠を超えた地域統合が進んだのである。[87]

1) 佐瀬昌盛『NATO—21世紀からの世界戦略』文藝春秋，1999年，45～46頁。なおここに示された懸念は，佐瀬昌盛によれば，ソ連の兵力数値についてやや誇張されていた可能性があり，米国では1948年段階で，「ソ連の投入可能な師団数は170，6週間以内で300個師団への増強可能」とする報告がまとめられていたとされる。レイノーの論文は，(https://www.foreignaffairs.com/articles/russian-federation/1950-01-01/unifying-force-europe)。
2) ジャン・モネ著，黒木壽時編・訳『ECメモワール』共同通信社，1985年，49頁。
3) 岩間陽子は，西ドイツの西側統合政策には「三重の要請」の側面があったことを指摘している。すなわち，ソ連がヨーロッパ全域へと領土を拡張させる野望を抱いていると危惧していた西ドイツ指導部にとって，安全保障問題は喫緊の課題であった。しかしナチス後のドイツが再軍備政策を進めるためには，近隣諸国の理解が必要不可欠であった。そしてまさにこの問題のために，西側統合政策が神聖化されたのであり，西側統合政策とは，西ドイツが西側の軍事同盟の一員となることで，東側陣営に対抗し，それと同時に国内の政治システムを西側の自由主義的・民主主義的基盤に立脚させる政策であった。さらに，再建されるドイツ軍の指揮権を，ヨーロッパ防衛共同体（EDC），すなわちヨーロッパの超国家機関に委譲し，それにより，フランスの懸念に配慮すると同時に，（西）ドイツ国内で依然として燻っていた「ナショナリズム」を抑制することが意図されていた。この経緯について，岩間は，西側統合政策はドイツ軍を再建することで東側に対抗し，軍隊を西ヨーロッパ軍に加入させることで同盟国の懸念に配慮し，さらには軍の指揮権を国家の上位機構に委譲することで国内の民主主義的基盤を確保しようとした，いわば「三重の要請」を満たす措置として想定された，としている。岩間陽子『ドイツ再軍備』中央公論社，1993年，295～302頁。
4) モネ，前掲書・注2），101～102頁。
5) 「ドイツ条約」は西側三国と西ドイツとの間で1952年5月26日に調印され，1954年10月23日に修正された。また「総括条約」という訳語は，次の研究を参考にした。佐瀬昌盛『西ドイツの東方政策』日本国際問題研究所，1973年，31頁。
6) *NEUES DEUTSCHLAND*, 20. Januar 1952；*NEUES DEUTSCHLAND*, 8. Februar 1952；なお，次のこの史料ファイルには当時行われた署名活動の用紙やビラ，パンフレットの現物が数多く保存されている。"Wer den Generalvertrag unterstützt, ist kein Deutscher mehr!," SAPMO-BArch DY30 / IV 2 / 10.02 / 213, Bl. 83-85.
7) 戦後初期の西側占領地区ならびに西ドイツ（BRD）の国際的位置づけは，ソ連占領地区／東ドイツ（SBZ/DDR）と同様に複雑な状況にあった。第1に，西側ドイツは，米英仏の3カ国がそれぞれ個別に占領していた地域であり，それぞれの占領政策は必ずしも共通の基盤の上に実施されていたわけではなかった点にある。しかしそれにもかかわらず，3つの占領地区（米英仏）は西ドイツへと統合し，国家形成へと向かった。その過程は，多様な占領政策上の価値観が収斂（「アメリカ化Amerikanisierung」）していく過程でもあり，冷戦の激化と「非ナチ化」政策の放棄が，この収斂過程と同時に進行していた。しかしこの「アメリカ化」が西側ドイツの地域に与えた影響の諸局面に関する研

究は，まだ始まったばかりである。「アメリカ化」に関する代表的な研究は，Anselm Doering-Manteuffel, 'Deutsche Zeitgeschichte nach 1945: Entwicklung und Problemlagen der historischen Forschung zur Nachkriegszeit,' in : *Vierteljahrshefte für Zeitgeschichte* (1983), S. 1-29 ; Anselm Doering-Manteuffel, 'Dimension von Amerikanisierung in der deutschen Gesellschaft,' in : *Archiv für Sozialgeschichte*, 35 (1995), S. 1-34 ; Alf Ludtke, Inge Marssolek, und Adelheid von Saldern (Hrsg.), *Amerikanisierung: Traum und Alptraum im Deutschland des 20. Jahrhunderts* (Stuttgart: F. Steiner, 1996).

8) Geir Lundestad, *"Empire" by integration: the United States and European integration, 1945-1997* (Oxford; Tokyo; New York: Oxford University Press, 1998). (ゲア・ルンデスタッド著，河田潤一訳『ヨーロッパの統合とアメリカの戦略──統合による「帝国」への道』NTT出版，2005年，3頁。)

9) 同上書，4頁。

10) 同上書，3〜4, 14〜16頁。

11) 同上書，5, 39頁。

12) 西ドイツの統合史と冷戦史については，安野正明「冷戦のなかの戦後復興」(若尾祐司，井上茂子編著『近代ドイツの歴史』ミネルヴァ書房，所収) 2005年，257〜280頁。Yamamoto, Takeshi, Détente or Integration?, in : *Cold War History*, Vol. 7, No. 1, 2007, pp. 75-94.

13) ルンデスタッド，前掲書・注8), 24〜25頁。

14) アデナウアー研究 (政治・外交) については，板橋拓己『アデナウアー──現代ドイツを創った政治家』中央公論新社，2014年。大嶽秀夫『アデナウアーと吉田茂』中央公論社，1986年。小嶋栄一『アデナウアーとドイツ統一』早稲田大学出版部，2001年。

15) Bundesministerium für Gesamtdeutsche Fragen (Hrsg.), *Die Bemühungen der Bundesrepublik um Wiederherstellung der Einheit Deutschlands durch gesamtdeutsche Wahlen: Dokumente und Akten* (Bonn: Deutscher Bundes-Verlag, 1954), S. 83-86. ; Rolf Steininger, *Eine Chance zur Wiedervereinigung? Die Stalin-Note vom 10. März 1952. Darstellung und Dokumentation auf der Grundlage unveröffentlichter britischer und amerikanischer Akten* (Bonn: Verlag Neue Gesellschaft, 1985).

16) クレスマンによれば，ナチス時代と西ドイツ (BRD) との人的連続性は，とくに法曹界と軍人に顕著であったとされる。とりわけ再軍備政策の推進にあたり，旧軍人の協力は必要不可欠であり，そのためにも軍人の名誉回復宣言は速やかに行われたとされる。クリストフ・クレスマン著，石田勇治・木戸衛一訳『戦後ドイツ史：1945〜1955──二重の建国』未来社，1995年，91〜109, 287〜294頁。

17) アルフレート・グロセール著，山本尤・三島憲一・相良憲一・鈴木直訳『ドイツ総決算──1945年以降のドイツ現代史』社会思想社，1981年，472〜474頁。

18) 1950年代のドイツ統一問題は，①西ドイツの国家体制を基盤としてドイツを統一するか，②東ドイツの国家体制を基盤としてドイツを統一するか，③中立を基礎として統一するか (「スターリン・ノート」の路線)，④そもそも統一しないか (西ドイツと東ドイツの併存を承認したフルシチョフの「二国家理論」〔1955年〕)，とする4つの路線があった。西側諸国が求めた路線は①であり，ソ連が求めた路線は②→③→④と時間の推移に

より変化した。ソ連の場合は，この期間にスターリン，マレンコフ，フルシチョフと指導者が交代し，さらに権力闘争の過程でベリヤが排除されており，「ドイツ問題」ならびに「安全保障問題」に関してソ連が当時どのように考えていたのかという問題については，依然として不明瞭な部分が多い。なお1989/90年のドイツ統一は，ソ連が①の路線を承認したことが統一を実現させた決定的要素の1つであった。

19) Paul Sethe, *Zwischen Bonn und Moskau* (Frankfurt am Main: H. Scheffler, 1956). (パウル・ゼーテ著，朝広正利訳『ボンとモスクワの間―戦後のドイツ問題』岩波書店, 1960年。)
20) アダム・B・ウラム著，鈴木博信訳『膨張と共存―ソヴェト外交史（全3巻）』サイマル出版会，1974年，687～691頁。
21) Wilfried Loth, *Stalins ungeliebtes Kind: warum Moskau die DDR nicht wollte* (München: Deutscher Taschenbuch Verlag, 1996), S. 182-184.
22) Michael Lemke, *Einheit oder Sozialismus?: die Deutschlandpolitik der SED 1949-1961* (Köln: Böhlau, 2001), S. 217.
23) Hermann Graml, 'Die Legende von der verpaßten Gelegenheit zur sowjetischen Notenkampagne des Jahres 1952,' in : *Vierteljahrshefte für Zeitgeschichte*, 29 (1981), S. 340.
24) グロセール，前掲書・注17), 472～474頁。
25) François Fejtö, *Histoire des démocraties populaires, Après Staline 1953-1971* (Paris: Editions du Seuil, 1972). (フランソワ・フェイト著，熊田亨訳『スターリン以後の東欧』岩波書店，1978年，348頁。)
26) Gerhard Wettig, 'Die Deutschland-Note vom 10. März 1952 auf der Basis der diplomatischen Akten des russischen Außenministeriums,' in : *Deutschland-Archiv*, 26 (1993), S. 799, 801-802.
27) 伊東孝之「ドイツ民主共和国の歩み」(成瀬治・黒川康・伊東孝之『ドイツ現代史』山川出版社，所収) 1987年，338～339頁。伊東孝之によれば，東ドイツ（DDR）指導部がソ連に対して「何がしかの自立性を示すようになるのは，ようやく60年代の後半にはいってから」とされる。
28) 小島栄一「スターリン・ノートとドイツ統一問題」『西洋史論叢』第7号，1985年12月，51頁。
29) ウラム，前掲書・注20), 687～691頁。
30) ゼーテ，前掲書・注19)。
31) Graml, a. a. O., S. 340.
32) Wettig, a. a. O., S. 799, 801-802. ; Hannes Adomeit, *Imperial Overstretch: Germany in Soviet Policy from Stalin to Gorbachev: An Analysis Based on New Archival Evidence, Memoirs, and Interviews*, 1. Aufl (Baden-Baden: Nomos Verlagsgesellschaft, 1998), p. 89.
33) Lemke, a. a. O., S. 217.
34) Torsten Diedrich, *Waffen gegen das Volk: Der 17. Juni 1953 in der DDR* (München: R. Oldenbourg, 2003), S. 8-9.
35) Rolf Badstübner und Wilfried Loth (Hrsg.), *Wilhelm Pieck―Aufzeichnungen zur*

Deutschlandpolitik 1945-1953 (Berlin: Akademie Verlag, 1994).

36) Loth, a. a. O., S. 182-184；清水聡「『スターリン・ノート』とドイツ統一問題」『政治学研究論集』第10号，1999年9月，19～35頁。

37) 次の研究書では，グラムル，ヴェティヒ，ロートとの間で，「スターリン・ノート」の位置づけをめぐって論争が展開されている。Jürgen Zarusky (Hrsg.), *Die Stalin-Note vom 10. März 1952* (München: R. Oldenbourg, 2002)；さらにツァルスキー編の研究を手がかりにラウファーが『季刊現代史』に「スターリン・ノート」に関する研究成果を提示している。Jochen Laufer, 'Der Friedensvertrag mit Deutschland als Problem der sowjetischen Außenpolitik: Die Stalin-Note vom 10. März 1952 im Lichte neuer Quellen,' in : *Vierteljahrshefte für Zeitgeschichte*, 52 (2004), S. 99-118.

38) Hermann Weber, *Die DDR: 1945-1990*, 2., überarbeitete und erw. Aufl (München: R. Oldenbourg, 1993).

39) Paul Sethe, *Deutsche Geschichte im letzten Jahrhundert von 1848 bis 1960*, 2. Aufl (München: W. Heyne Verlag, 1978), S. 404.

40) クレスマン，前掲書・注16)，94頁。

41) Dietrich Staritz, *Die Gründung der DDR: von der sowjetischen Besatzungsherrschaft zum sozialistischen Staat*, 3., überarbeitete und erw. Neuaufl (München: Deutsche Taschenbuch Verlag, 1995), S. 211.

42) Loth, a. a. O., S. 220-222.

43) 近藤正基『ドイツ・キリスト教民主同盟の軌跡—国民政党と戦後政治1945～2009』ミネルヴァ書房，2013年。

44) Steininger, a. a. O., S. 141-142.

45) Ebd., S. 177.

46) K・アデナウアー著，佐瀬昌盛訳『アデナウアー回顧録』Ⅰ・Ⅱ，河出書房新社，1967年，231頁。

47) *Neue Zürcher Zeitung*, 30. März 1952.

48) *Neue Zürcher Zeitung*, 24. März 1952.

49) アデナウアー，前掲書・注46)，94～95頁。

50) "Walter Lippmann enthüllt die Hintergründe. Die USA sowohl gegen gesamtdeutsche Wahlen als auch gegen Friedensvertrag, Neues Deutschland B, 27. März 1952," SAPMO-BArch NY4036 / 782, Bl. 175.

51) *DER SPIEGEL*, 19. März 1952.

52) *Neue Zürcher Zeitung*, 14. März 1952.

53) 詳しくは，三宅正樹『日独政治外交史研究』河出書房新社，1996年，200～207頁。岩間，前掲書・注3)，173～190頁。

54) "Wer den Generalvertrag unterstützt, ist kein Deutscher mehr!," SAPMO-BArch DY30 / IV 2 / 10.02 / 213, Bl. 83-85.

55) *NEUES DEUTSCHLAND*, 12. März 1952.

56) Steininger, a. a. O., S. 269.

57) 三宅正樹は，伝統的に考えられ得るドイツの外交政策の選択肢として，①ソ連に傾斜する「東向き路線」(Ostorientierung)，②西欧に傾斜する「西向き路線」(Westorientierung)，

③東西対立，東西冷戦に対して中立を維持する「中立路線」(Neutralisierung)，の3つを挙げ，それぞれ明確に区別して論及している。三宅，前掲書・注53），200～202頁。
58) 大嶽秀夫『二つの戦後・ドイツと日本』日本放送出版協会，1992年，161頁。
59) ゼーテ，前掲書・注19），52頁。
60) *Neue Zürcher Zeitung*, 30. März 1952.
61) Mark Roseman, 'Division and stability: the Federal Republic of Germany, 1949-1989,' in : Fulbrook, Mary (ed.), *German history since 1800* (London; New York: Arnold, 1997), p. 376.
62) Steininger, a. a. O., S. 116-117.
63) Ebd., S. 120.
64) Ebd., S. 128.
65) Ebd., S. 130.
66) Ebd., S. 132-133.
67) Ebd., S. 150.
68) Ebd., S. 149.
69) Ebd., S. 136.
70) Ebd., S. 167.
71) Bundesministerium für gesamtdeutsche Fragen (Hrsg.), a. a. O., S. 83-86.
72) Ebd., S. 86-87.
73) Ebd., S. 86-87.
74) Ebd., S. 87-89.
75) 第1回「スターリン・ノート」から第4回「スターリン・ノート」までの覚書交換の論点については，小嶋，前掲書・注14）。
76) Bundesministerium für gesamtdeutsche Fragen (Hrsg.), a. a. O., S. 83-86.
77) Ebd., S. 86-87.
78) Steininger, a. a. O., S. 176.
79) Bundesministerium für gesamtdeutsche Fragen (Hrsg.), a. a. O., S.87-89.
80) Steininger, a. a. O., S. 221-222.
81) Ebd., S. 225.
82) Ebd., S. 269.
83) Ebd.
84) Bundesministerium für gesamtdeutsche Fragen (Hrsg.), a. a. O., S. 86-87.
85) クーデンホーフ・カレルギー著，鹿島守之助訳『クーデンホーフ・カレルギー全集（7）』鹿島研究所出版会，1970年，383～384頁。
86) 同上書，383～384頁。
87) ヨーロッパ統合史に関する近年の研究動向は，益田実『戦後イギリス外交と対ヨーロッパ政策―「世界大国」の将来と地域統合の進展，1945～1957年』ミネルヴァ書房，2008年。小川浩之『イギリス帝国からヨーロッパ統合へ―戦後イギリス対外政策の転換とEEC加盟申請』名古屋大学出版会，2008年。芝崎祐典「ヨーロッパ統合とイギリス外交」（木畑洋一編『ヨーロッパ統合と国際関係』日本経済評論社，所収）2005年，83～113頁。

独ソ関係の変容とドイツ中立化構想／第 4 章

「東ドイツ－ソ連」関係の転換点

I 「ドイツ民主共和国」とソ連との関係

　東ドイツにおけるソ連高等弁務官セミョーノフによれば,「スターリン・ノート」はソ連の対独戦後政策を忠実に反映させた覚書であったとされる。セミョーノフは,回顧録のなかで1952年の「スターリン・ノート」について次のように言及している。「スターリン・ノート」は,「数世紀にわたるロシア史から生じた,ソ連の国家と国民の関心を表現していた。1947年の3月と4月に行われた,〔モスクワ〕外相会談の席上のソ連派遣団の見解において,これらの提案の主要な要素はすでに解説されていた。それらの提案は,テヘラン会談,ヤルタ会談,そしてポツダム会談の席上で主張された見解,およびドイツの東地区における非ナチ化と非武装化に関するソ連軍政本部(SMAD)のすべての活動を,さらに発展させることを意味していた[1]」。また,イタリア社会党指導者ネンニは,スターリンが最初の覚書の際に政治局は「再統一を達成するために,犠牲を払う覚悟が実際にあった」と述べたとしている[2]。
　「スターリン・ノート」はソ連の戦後外交の2つの側面を忠実に体現した覚書であった。すなわち,一方のドイツ統一（中立化）への要請と,他方の妥協不可能なソ連の国益（安全保障圏の確立）である[3]。ここで,「スターリン・ノート」をめぐる「東ドイツ－ソ連」関係の転換点を探る前に,「東ドイツ」の歴史について俯瞰しておきたい。
　「東ドイツ」,すなわち正式名称「ドイツ民主共和国 (Deutsche Demokratische Republik)」とソ連との関係については,冷戦期から,主要な研究の争点であった。1952年以降,「ソ連型社会主義」を導入し,その後,「ソ連・東欧圏」の優等生と目される立場についた東ドイツは,1970年代に入り,経済発展を遂げ,それは国際社会から「赤い経済の奇跡」と呼ばれた。また軍事的には,「プラハの春」(1968年)に対して,ワルシャワ条約機構 (WTO) の指揮下で軍事介入

し，チェコスロヴァキアにおける「人間の顔をした社会主義」を解体することに関与した。東ドイツは常にソ連の意向に忠実に振る舞ったが，その国名に，他の東欧諸国にみられたような，「社会主義」の用語も，「人民共和国」の用語も含まれなかった。そして，戦後初期から1955年までの期間に，東ドイツとソ連との間に深刻な利害の「ねじれ」があったことが複数の研究により認められている。[4]

東ドイツは，西ドイツに比べて，人口比（西ドイツ5238万人〔1955年〕，東ドイツ1794万人〔1955年〕）ならびに面積比（西ドイツ24.9万㎢，東ドイツ10.8万㎢）において，おおよそ3：1と劣勢であり，ドイツ産業の中心地は西ドイツ（とくにルール地方〔Ruhrgebiet〕）に集中していた。[5]戦勝四大国の占領下にあったベルリンは東ドイツの中心部に位置し，とくに「西ベルリン」は「民主主義のショーウィンドー」の役割を担い，東ドイツのみならず東欧各国に対して，「社会主義」支配からの解放を誘発するような影響を与えていた。また諜報・工作活動の最前線となった東・西のベルリンは，東・西間の心理戦の拠点となると同時に，東・西のベルリンを発火点とした大戦争の勃発という危険を抱え込んでいた。とくにそのことは，「第一次ベルリン危機（ベルリン封鎖）」（1948～1949年）と「第二次ベルリン危機」（1958～1961年）の際に国際社会に認識された。したがって「ベルリンの壁（Berliner Mauer）」（1961～1989年）が建設されたことは，むしろ「逆説的」に，東・西ベルリン，東・西ドイツ，さらには，東・西ヨーロッパに，制度的な「安定感」を与えることとなった。

ソ連は国力が弱く，さらには「東・西のベルリン」という危険要素を抱え込む「東ドイツ」を「ソ連・東欧圏」につなぎ止めるために，多大なコストを必要とした。むしろ，ドイツを「中立化」することで，西ドイツとアメリカとの連結を断ち切るドイツ政策を追求する方が，外交上，確実な成果を確保することが期待できた。したがって，「中立化」という可能性が潰えるまで，ソ連は，東ドイツを強化する方針を追求するよりも，むしろ東ドイツから自国の再建のために可能な限り搾取を続けた。強硬なデモンタージュ（Demontage：生産施設の撤去）を続け，ドイツ統一の可能性を残すために，東ドイツを「ソ連・東欧圏」の「外縁部」におき，1952年に至るまで東ドイツにおける「社会主義の建設」を許可しなかったのである。ソ連占領地区／東ドイツ（SBZ/DDR）の「強化」

資料11　全社会生産に占める賠償ならびにデモンタージュの負荷の割合（％）

年	ソ連占領地区／東ドイツ	西側占領地区／西ドイツ
1946	48.8	14.6
1947	38.4	12.8
1948	31.1	9.0
1949	19.9	6.0
1950	18.4	5.8
1951	16.4	7.1
1952	14.6	6.0
1953	12.9	3.8

(Rainer Eppelmann, Horst Möller, Günter Nooke, und Dorothee Wilms (Hrsg.), *Lexikon des DDR-Sozialismus: Das Staats- und Gesellschaftssystem der Deutschen Demokratischen Republik* (Paderborn・München・Wien・Zürich: F. Schöningh, 1997), S. 482-483.)

よりも「搾取」の側面が進められていたことは，資料11からも，その傾向の一部が読み取れる。[6]

　他方，ウルブリヒトを中心としたドイツ社会主義統一党（SED）は，1950年代初頭までに，SEDを頂点とした支配体制を固めていた。1946年，ソ連占領地区（SBZ）のドイツ共産党（KPD）とドイツ社会民主党（SPD）との合同によってSEDは成立し，1950年の東ドイツ国会（人民議会）選挙からは，あらかじめ各政党に議席配分が割り当てられた「統一リスト」方式が導入され，SED以外の政党ならびに大衆組織はSEDの「伝動ベルト」へと機能を制限された。経済構造も，1948年に決定された「2カ年計画」により，「社会主義の建設」を受け入れる「素地」が作り出された。

　ソ連と東ドイツとの間には深刻な「ねじれ」が存在した。すなわち，ドイツの「中立化」を求めるソ連外務省ならびにスターリンと，東ドイツの強化を求めた東ドイツ指導部のウルブリヒトである。この「ねじれ」は，しかしながら，東ドイツに対するソ連の圧倒的な力の優位のために，「スターリン・ノート」に至るまで目立って表面化せず，西側ならびに西ドイツからは，戦後のSBZ／DDRの諸改革は他の東欧各国と軌を一にしたソ連の指令による「社会主義化」政策（ならびにソ連の傀儡国家の樹立）であり，東ドイツの建国（1949年）はその完成と受け止められた。しかし実際のところ，1949年の時点では，まだスターリンは東ドイツにおける「社会主義の建設」について，ウルブリヒトに許可を

「ドイツ問題」をめぐるソ連側の戦略については次の3点が指摘できる。第1には，欧州大陸から米軍を撤退させることである。冷戦史研究者マストニーによれば，①東欧諸国に対するアメリカの心理作戦，②EDC構築，③アジアにおける冷戦の展開，がスターリンの恐怖心を増大させたとされる。[7] 安全保障問題の解決のためにも，ソ連にとって，アメリカと西ドイツの軍事的なつながりを断ち切り，さらには，「スターリン・ノート」で要求したドイツからの占領軍の撤退は重要課題であった。

第2には，アデナウアー政権の打倒である。西ドイツとアメリカとの連結を阻止し，EDC構想を破綻させるためには，アデナウアー政権を打倒しなければならなかった。そのためには，西ドイツ国内のKPDの勢力が拡大しない以上，次善の策として西ドイツの野党SPDに期待を寄せ，SPD（西ドイツ）とSEDを中心としたドイツ統一政府（労働者政党の統一）を形成することが重要であった。そしてその路線を進むのであれば，西ドイツ政府と東ドイツ政府の代表者（アデナウアーやウルブリヒト）を中心として構成される「全ドイツ設立委員会」（=「プラハ・イニシアチブ」）の枠組みにソ連は固執する必要がなくなった。実際，「全ドイツ設立委員会」の記述は「スターリン・ノート」からは削除された。また，スターリンの通訳の経験があるとされるメルニコフによれば，スターリンはヴァイマル共和国のようなドイツの統一を考えていたとされる。[8]

第3には，国境問題であった。ソ連には「スターリン・ノート」により，戦後のドイツ－ポーランド間の国境をオーデル＝ナイセ線へと最終的に確定してしまう意図があったと考えられる。

II ソ連外交の意思決定過程——マストニーの研究を参考に

ソ連外交について，冷戦後の史料公開により，膨大な量の冷戦史研究が発表された。その1つの到達点がマストニーによる研究『冷戦とは何だったのか 戦後政治史とスターリン』である。原題は，*The Cold War and Soviet Insecurity : The Stalin Years*であり，訳者により的確に指摘されているように，マストニーの議論の核心は，「冷戦の本質が，国外でも国内でも『安全が

脅かされている（"insecurity"）』と病的なまでに認識していたスターリンによる，飽くなき安全保障確保への執着にあった」こと，とされる[9]。ここでマストニーの研究を参考にしてソ連外交の特徴について俯瞰しておきたい。

ソ連の対外政策の意思決定過程は，スターリンの判断による部分が大きく，したがって，スターリンの外交をめぐる認識が主要なテーマとされている。マストニーによれば，ソ連帝国は拡大に伴う過程で内部構造を複雑化させ，政策決定にかかる時間も増大したのであり，卓越した記憶力に頼ったスターリンの仕事はきわめて非効率であった。したがって，かえって部下が政策決定に影響を与える場面も生じたが，それはスターリンの意思に反しない限り可能であった，とされる。全体として，「ソ連の政策はスターリンの政策であった」のであり，ここにスターリンの対外政策の判断，さらには，「幻想や異常なほどの希望的観測」そして「慢性的な判断ミス」について考察する必要が生じてくるのである[10]。

冷戦において，スターリンの「他者の安全を犠牲にしてでも自らの安全保障を確保したい」という願望が充足されない過程で，スターリンの「パラノイア（偏執症）」は強まっていった。第二次世界大戦でソ連が被った甚大な人的・物的損害，さらには冷戦という形で徐々に進行しつつあったアメリカとの対立により，スターリンは恐怖の淵へと追いやられたのであり，具体的には，日本をめぐる講和問題，朝鮮戦争，チトーとの対立，アメリカの東欧への「解放」戦略，そしてスターリンにとって最大の問題と認識された「ドイツ問題」が，スターリンの対外政策の判断を狂わせ，ソ連を守勢へと追い込んでいた。1951年になると，スターリンは「もう終わりだ，誰も信じない，自分さえも信じない」と呟いたとされる[11]。

スターリンは「ドイツ問題」の解決に固執した。「ドイツ問題」は講和問題と統一問題を２つの柱とし，その他，再軍備問題，主権回復問題，外交選択権をめぐる問題，ベルリン問題，領土問題（オーデル＝ナイセ線など），さらには国連加盟問題など，多くの懸案事項を抱えた国際問題でもあった[12]。

マストニーによれば，東欧とは違い「ドイツの運命」はスターリンの手中になかった。スターリンは「共産主義ではないにしても親ソ的な統一ドイツの建国」という「幻想」を抱いていたが，「ドイツ問題」への執着は「リアリスト

であるスターリンを滑稽にみせる」ほどであったとされる[13]。

スターリンの「パラノイア」と「ドイツ問題」への執着という2つの要因が絡まり合い,「スターリン・ノート」が準備された[14]。マストニーは冷戦後の研究と新史料を用いて,「スターリン・ノート」作成に至る細部を描写している。ソ連外相代理グロムイコを中心としたソ連外務省が覚書作成作業に取りかかったものの,スターリンにより繰り返し改訂版の作成が命じられ,最終的には一般原則を記した形の覚書(「スターリン・ノート」)が提案された。マストニーによれば,スターリンは「スターリン・ノート」を通じて「彼なりに,『現実的な』提案をしていた」のであり,「両大戦間に利害の一致によりパートナーシップ関係を築いたワイマール共和国をモデルとして念頭に置いていた」とされる[15]。

ところで,「スターリン・ノート」をめぐるソ連外交の特徴については,今日,冷戦後の史料公開によって,東ドイツの視点から分析が進められている。東ドイツの立場からソ連外交の経緯を探ることで,間接的にスターリンの真意を探る作業が進められているのである。そこで,次に東ドイツ指導部の動向について分析する。

III 「スターリン・ノート」に対する東ドイツの対応過程

1.「国内派」と「モスクワ派」

東ドイツ指導部にとって,「スターリン・ノート」はそれまでの政治活動の分岐点であった。というのも,ドイツ社会主義統一党(SED)の権力独占よりも,労働者政党の統一を通じてドイツに「反ファシズム民主国家」を建設することを追求した,いわば「国内派」のグループにとっては,「スターリン・ノート」は歓迎できる提案であり,他方,スターリンの大粛清を生き延びて戦後ドイツへと飛来し,「ソ連型社会主義」の実現を追求した「モスクワ派」のグループにとっては,同提案は政治生命の「危機」を象徴していた。この後,東ドイツ指導部は深層部分において,「国内派」と「モスクワ派」に,一時的に分裂していった。「国内派」の中心人物グローテヴォール(東側ドイツのドイツ社会民主党〔SPD〕出身)は,ソ連の新たな政策に積極的に参加し,労働者政党の連帯を目指して,西ドイツのSPDに統一行動を呼びかけた。3月24日,グローテ

ヴォールは「『スターリン・ノート』がドイツの労働者階級とすべての勤労者にとって重要である」として，西ドイツのSPDに「労働者階級の統一行動」を呼びかけた。[16] グローテヴォールにとってはSEDの権力独占よりも，ヴァイマル時代の選挙法に基づく自由選挙の実施と東西ドイツの労働者政党の連帯が重要であった。[17]

グローテヴォールは全面的に「スターリン・ノート」を支持して，『ノイエス・ドイチュラント』紙上で次のように述べた。「ソ連政府によって提案された『ドイツとの講和条約の基盤』は，迅速なドイツ問題の平和的解決をもたらすことができる具体的な方法を示している。その提案は，ドイツが依然として講和条約を持っていない，という7年間にわたって持続している異常な状態を終わらせる可能性を提供している。さらにその提案は，ドイツの分割を克服し，同じ権利を有していないという認めることのできない状況から，ドイツ民族が抜け出すことを可能にする。同時に，ソ連政府によって提案された講和条約の基盤は，ドイツ民族の大部分の根本的な生活への関心と関係している。そしてその提案は，ドイツ民族に裕福と幸福への平和的発展の道を歩む可能性を提供している。」[18]

さらに，東ドイツ指導部のピークとアッカーマンは，1922年にイタリア北西部の都市ラパロで結ばれたラパロ条約（独ソ修好条約）30周年の記念日を機会に，1952年4月17日に「スターリン・ノート」への讃辞を贈った。彼らの見解によれば，ラパロ条約にみられるドイツとソ連との協力関係はヴェルサイユ・システムに対する闘争のなかでドイツを十分に成長させるものであった。しかし，このラパロ条約による歴史的に大きなチャンスはヴァイマル共和国のブルジョア政府によって役立てられることはなく，むしろロカルノ条約（1925年10月）が結ばれたとされた。ロカルノ条約はシュトレーゼマンの協調外交の一環であったが，彼らの解釈では，ロカルノ政策が第二次世界大戦を導きドイツ民族にとって最大の命取りとなったとされた。そしてアッカーマンはこれらの分析を通じて，西側帝国主義への接近は第三次世界大戦を導く可能性がある，ソ連との友好関係を拠り所としてドイツとの講和条約の締結を達成することは「ラパロの精神」に相当する，と述べたのである。[19]

東ドイツ政府は「スターリン・ノート」を支持する大規模なキャンペーンを

展開し，号外が発行され，各地にポスターが貼られた。

他方，「モスクワ派」のウルブリヒト（「ドイツ共産党〔KPD，東〕」出身）は危機に直面した。「プラハ・イニシアチブ」と比較して「スターリン・ノート」では，①統一政府を形成するための討議機関と統一政府形成の手順が具体的に示されず，②統一後のSED指導部の位置づけが不明瞭なままであり，③自由選挙を通じて統一政府が形成される場合，東西ドイツの人口比から考えても，SED指導部の大半が権力から追放されることは明白であったためである。ドイツ全土に実質的な影響力を持たないウルブリヒトは，ソ連の影響力を東ドイツに「招き入れる」ことで実権を掌握していたのであり，「統一リスト」方式（各政党および各大衆団体に議席が前もって割り当てられた選挙システム）が政治指導者としての地位を保障する最大の基盤であった。しかし「スターリン・ノート」では「統一リスト」方式について一言も言及されていなかった。

2．ウルブリヒトと東ドイツの東側統合政策

ウルブリヒトは，東ドイツにおいて，アデナウアーに匹敵する立場にある政治家であった。スターリンによる大粛清を生き残り，ナチス・ドイツが崩壊する直前にモスクワからベルリンへと飛来したウルブリヒトは，アデナウアーと同様，戦後ドイツの再建に心血を注いだ。その政治方式は，東ドイツの東側統合政策であった。それはアデナウアーによる西ドイツの西側統合政策とちょうど反対の立場にあり，東ドイツを「社会主義化」させ，「ソ連・東欧圏」の構成国とさせることが目的であった。しかしその政策は，ドイツを分裂へと導く可能性の高い政策でもあった。ウルブリヒトは，ソ連占領軍の中枢であったソ連軍政本部（SMAD）さらにはソ連管理委員会（SKK）の指導部と頻繁に接触することで支配権を握り，自らに忠誠を示さない他の東ドイツ指導部を選別，排除していった。彼は，東欧各国で支配権を掌握したゴットワルト（チェコスロヴァキア），ビェルト（ポーランド），ラーコシ（ハンガリー），ゲオルギュ＝デジ（ルーマニア），チェルヴェンコフ（ブルガリア）に相当し，いわば「小スターリン」の一人に位置づけられる。

しかしウルブリヒトの立場は，1950年代初頭には，まだ他の東欧の「小スターリン」ほど安定していなかった。ソ連には，東ドイツを「ソ連・東欧圏」

へと組み込む選択肢と同時に,「中立化」を基礎にした東西ドイツの統一という別の選択肢を用意していたためであり,「スターリン・ノート」はこのうち後者の選択肢であった。

　「スターリン・ノート」により,ウルブリヒトは危機に直面した。名実ともに東ドイツの最高権力者となった1960年5月になって,ウルブリヒトはようやく当時を次のように回想している。「1952年のわれわれの提案〔「スターリン・ノート」〕は,東ドイツにとっても勤労者たちにとっても危険と結びついていた。当時,東ドイツはまだそれほど安定していなかったし,平和と再統一の保障問題と西ドイツの支配体制の性格上の問題がすべての住民のなかでまだ今ほどはっきりしていなかった。[20]」ウルブリヒトは「スターリン・ノート」に強い危機感を抱いていた。この立場は「スターリン・ノート」に対する否定派であった。また,ツァイサーも,「われわれはもはや国民の大多数に支持されていない。[……] 私はもはや大臣ではなく,ミールケももはや次官でない」であろう,と考えていた。「スターリン・ノート」が西側に受け入れられるようなことがあれば,東ドイツ指導部はドイツの統一と引き替えにソ連から見放され,加えて東ドイツ国民が「スターリン・ノート」を支持するようなことがあれば,東ドイツ国民からも見放される可能性があった。

　「スターリン・ノート」に対する西側の1952年3月25日の回答は否定的であった。これを受けて3月28日,ウルブリヒトはただちに西側の回答への批判を開始した。「ソ連政府がドイツとの講和条約のなかで,統一された民主的ドイツの完全主権を提案したにもかかわらず,西側がこの主権を拒否した。[21]」東西間の覚書交換はまだ始まったばかりであった。しかしウルブリヒトは,「スターリン・ノート」がすでに失敗してしまったかのような否定的な印象をドイツ内外に発信し続けた。

　他方,西ドイツのSPDとの「スターリン・ノート」をめぐる協力関係を模索したSEDの呼びかけに対して,SPDの対応は拒否的であった。3月30日,SPDのオレンハウアーは記者会見の席上,SPD宛のSED中央委員会の要求に返答するつもりがないことを明らかにした。[22]

　これに対して「国内派」のグローテヴォールは,4月18日,ポーランド指導部のビェルト60歳の誕生記念式典の際に,ドイツ国民とポーランド国民が協同

資料12 「スターリン・ノート」と東西ドイツ指導部

←否定派	交渉派（←慎重派	積極派→	肯定派→
アデナウアー（CDU）	←政策論争→オレンハウアー（SPD）	←対立→グローテヴォール（SED），アッカーマン	
ウルブリヒト（SED）		第三の道（カイザー（CDU），ハイネマン etc.）	
ツァイサー（SED）			

で講和条約のために闘争すること，さらに「オーデル＝ナイセ線は平和の国境である[23]」と宣言することで，オーデル＝ナイセ線の最終確定を求める「スターリン・ノート」を間接的に支持した。「モスクワ派」と「国内派」のドイツ統一問題をめぐる主導権争いは「スターリン・ノート」を中心に展開した。「スターリン・ノート」をすでに失敗してしまった提案とみなし，アデナウアー政権を激しく批判することで東西間の危機意識を煽り続けたウルブリヒトに対して，グローテヴォールは5月半ばまで「スターリン・ノート」の重要性を主張し続けた。

しかし，「国内派」の主張は5月後半以降，急速に後退した。ドイツ条約（5月26日）とEDC条約（5月27日）が調印され，西ドイツの再軍備政策が大きく前進し，ドイツの分裂は軍事面でも不可避との外観が成立したためである。ウルブリヒトは「スターリン・ノート」の失敗を利用して，東ドイツの国際面での東側統合を促進した。これによりドイツ統一問題に対する「国内派」の立場は弱まり，「モスクワ派」の立場が強まった。そしてウルブリヒトは1952年4月～7月の期間にソ連指導部との交渉を通じて，東ドイツにおける「社会主義の建設」開始の機会を獲得した。その際の分岐点は4月1日と4月7日であった。

Ⅳ 「スターリン・ノート」の失敗と東ドイツの東側統合

1. モスクワ非公式協議（1952年4月1日・4月7日）の概略

ピーク，グローテヴォール，ウルブリヒトがモスクワに滞在（1952年3月29日～4月10日）していた4月1日と4月7日に，ソ連共産党政治局で「スターリン・ノート」を中心とした「（東）ドイツ問題」に関する協議が開催された。[24]「ソ連指導部」（スターリン，モロトフ，マレンコフ，ミコヤン〔4月1日だけ〕，ブルガーニン）と「東ドイツ指導部」（ピーク，グローテヴォール，ウルブリヒト）

との間で，ドイツ社会主義統一党（SED）第2回党協議会と「スターリン・ノート」についての非公式協議が開催されたのである。非公式協議の様子は，冷戦後の史料公開により，東ドイツ大統領ピークのメモを通じて初めて明らかとなった。ソ連指導部および東ドイツ指導部は，すでに4月1日の時点で「スターリン・ノート」が西側に受け入れられないことを察知していた。4月1日，ピークはスターリンに，3月27日にSED中央委員会が作成した「平和条約のための統一行動」[25]の提案をドイツ社会民主党〔SPD〕指導部が「おそらく拒絶するであろう」と述べている。さらにピークは総括条約が「おそらく［……］5月半ばに受諾」されるであろうとも述べている。[26]

この時期，西側諸国がドイツ統一提案をまったく受け入れようとしないという事実に直面しスターリンをはじめとしたソ連指導部は驚愕し落胆していた。ピークの記録によれば，4月7日，スターリンは東ドイツ指導部に「これまで，あらゆる提案は拒否された。状況：まったく妥協がない」[27]と述べたとされている。さらにピークのメモによれば，ソ連がこの段階で（暫定的な）東ドイツの軍事化と社会主義化に踏み切ったとされる議論の跡が存在する。

ピークのメモからは，この段階において，「（暫定的な）東ドイツ軍の創設」（資

資料13 「暫定的な東ドイツ軍の創設」（準軍隊組織＝「兵営人民警察」の創設）

「〔Ⅴ〕1.1952年4月1日，21時－23時07分，モスクワにおける<u>協議</u>／警察－武装／権限を悪用してはならない／噂がたたないように－<u>人民軍を創設する</u>／［…］／9－10軍団－30師団－300000の人員／<u>ソ連での専門教育</u>／青年団（下線は原文のまま）」[28]

「〔Ⅳ〕4月7日，22時5分－23時20分，モスクワにおける最終協議／<u>国境線は危険な境界線である。</u>／われわれはテロ行為を覚悟しなければならない。／<u>兵器が生産されなければならない。ただちに弾の込められたロシアの銃を。</u>／歩兵隊，海軍，空軍，潜水艦に関する軍事的専門教育」[29]

（下線は原文のまま）

資料14 「暫定的な社会主義の建設」

「〔Ⅳ〕4月7日，22時5分－23時20分，モスクワにおける最終協議／村落：／<u>大農を取り囲むために村落においても生産協同組合を創出する。</u>／手際よく秋に始める。／模範を作り出す──優遇措置／良い種，機械。／命令をするための指導員たち。／<u>誰も強制しない。</u>／コルホーズ──社会主義を叫ばない。／事実を作り出す。初めに実行。／<u>──社会主義への道─国家的生産は社会主義的生産である。</u>」[31]

（下線は原文のまま）

料13），すなわち，準軍事組織としての「兵営人民警察」の創設が開始されたことがわかる。[30]

また，「（暫定的）社会主義の建設」をスターリンが許可したとされる記述も，ピークのメモには残されている（資料14参照）。

これらの史料の真意をどのように判断するのか，という点については，東ドイツ史研究者の間でも議論が分かれている。シュターリッツによれば，第1回「スターリン・ノート」に対する西側三大国の否定的な返答を受けた後のこの段階（非公式協議）において，ソ連がドイツの統一を事実上，断念し，東ドイツの体制強化に方針を転換したとされる。[32]他方，ロートは，これらの発言はスターリンの「無意識的な思いつき」であったと論じている。[33]ピークのメモは箇条書きであり，断片的な印象が強く，史料の読み方によっては何通りにも解釈が可能な部分がある。

しかし，このモスクワにおける非公式協議の様子については，ロシアの文書館からも史料が発見された。ソ連側の史料は文章化されているため，東ドイツ側の史料（ピークのメモ）で不明確な部分を補うことができる。

2．モスクワ非公式協議を記録したソ連側の史料

1952年4月7日の夜，スターリンはクレムリンで，訪問中の東ドイツ指導部（ピーク，ウルブリヒト，グローテヴォール）に会い，戦略の再評価を始めた。この会談の様子の記録については，東ドイツの文書館（ピークのメモ）だけでなく，ロシアの文書館からも史料が発見され，2つの版が存在する。ロシア連邦大統領府史料（APRF）から発見された史料は，ロシア科学アカデミー世界歴史研究所副所長ナリンスキーによって英訳された。少し長くなるが，以下に訳出したい。

【モスクワ非公式協議（ソ連側の史料）】
　同志スターリンと，SED指導部，ピーク，ウルブリヒトそしてグローテヴォールの会談の覚書
　　出席者：同志　モロトフ，マレンコフ，ブルガーニン，セミョーノフ（ACC［Allied Control Commission］）

1952年4月7日

　同志スターリンは，以前ピークが，講和条約に関するソ連の提案（＝「スターリン・ノート」）と，ドイツにおけるアメリカとイギリスの政策に関連して，ドイツの展開に関する見通しについて質問したことについて述べた。同志スターリンは，ドイツ問題についてわれわれが行ったいかなる提案についても，西側同盟（the Western powers）は考慮することなく，それに同意しないであろうし，そしてどんな場合においても，西側同盟はドイツから撤退しないであろう，と考えている。妥協が成立するかもしれない，あるいはアメリカ人が講和条約の草案に同意するであろうと考えることは思い違いになるであろう。アメリカ人は西ドイツ〔に駐留している〕の彼らの軍隊を，西ヨーロッパを管理するために必要としている。アメリカは，われわれに対して，〔防衛する〕ために，軍隊を西ドイツに駐留させていると言う。アメリカ人は西ドイツを大西洋条約（the Atlantic Pact）へと引き寄せるであろう。そして彼らは，西ドイツの軍隊を創設するであろう。アデナウアーはアメリカ人に支配されている。すべての以前のファシスト党員や軍司令官もアメリカ人に支配されている。実際には，西ドイツに独立国家が形成されている。あなた方〔東ドイツ指導部〕は，あなた方自身の国家を組織して作らなければならない。東西ドイツ間の境界（demarcation）線は国境（frontier）として認識されなければならない。そしてそれは単純な国境・境界（border）としてではなく，危険な国境・境界として認識されなければならない。われわれはこの国境（frontier）の保護を強化しなければならない[34]。

　ここでの最大のポイントは，「あなた方〔東ドイツ指導部〕は，あなた方自身の国家を組織して作らなければならない」とスターリンが述べたとされる部分である。すでに1949年に東ドイツは成立しており，ソ連がその成立を承認していたのならば，1952年の段階でこのように発言されることは不可解である。ここから，1949年の東ドイツの成立が暫定政体としての位置づけであり，「スターリン・ノート」が拒否されたことにより，ソ連が東ドイツの体制強化に「方向転換」したと仮定されるのである。それは，既述のシュターリッツの解釈とも一致する。

　「スターリン・ノート」への西側同盟の否定的返答，さらにはドイツ条約（5月26日）とEDC条約（5月27日）の調印により，西側統合政策の進展が印象づけられた後，東ドイツ政府は報復行動を開始している。永井清彦の研究によれば，1952年5月26日（ドイツ条約調印当日），東ドイツ政府は「境界線における特別秩序の導入に関する警察条令」を施行したとされる。「東西の境界1378キ

ロメートルに沿って,幅10メートルの『禁止区域』,その外に500メートルの『監視区域』,そして5キロに及ぶ通常交通の禁止区域の帯ができ」,さらに「禁止区域への立ち入りは,警告抜きで射殺,監視区域は投獄」となったのである。また,5月27日(EDC条約が調印された日)には,東側からの報復処置として,「東西ベルリン間の電話が不通になった」とされる。[35]

V 東ドイツにおける「社会主義の建設」――「ドイツからの冷戦」

ウルブリヒトは,モスクワ非公式協議(4月1日と7日)を通じて,スターリンから「社会主義」の合図を獲得することに成功した。彼はスターリンの発言を東ドイツにおける社会主義革命の到来と拡大解釈し,東ドイツの国際面における東側統合を開始した。東西ドイツの分裂に関わる諸特徴がヨーロッパ国際秩序を構成する「制度」として確立し始めたのである。

東ドイツ指導部は,ウルブリヒトを中心として,スターリンの発言を拡大解釈し,東ドイツにおける「社会主義」革命が開始されたと位置づけた。

4月11日,政治局では「州」を解体し,経済的基準に従って形成された14の「県」におきかえることが決議された。5月30日には,第2回党協議会のスローガンとして「平和,統一,民主主義,そして社会主義を目指して前進」を布告することが決議され,6月24日には,同スローガンは賛成された。そして,このスローガンとともに党の新たな課題とされた「社会主義の建設途上の労働者と勤労者を前へと導くこと」について,7月1日にスターリンの見解が求められた。

「社会主義」への展望に関するスターリンの同意を獲得するために,ウルブリヒトは7月2日の書簡のなかで,次のようにアピールした。「ドイツ民主共和国〔東ドイツ〕における現在の発展段階の評価が,労働者階級と勤労者のイニシアチブにとって非常に重要です。というのも,このことは敵の妨害工作に対するドイツ民主共和国の安全保障にとって,そしてまた,ドイツ民主共和国の軍隊の組織化にとっても,重要であるからです。」ウルブリヒトは東ドイツの東側統合を開始するために,「民主共和国」にはすでに「人民民主主義」の段階へと至る特徴が備わっていることを力説した。東ドイツの「発展段階の評

価」を,「民主共和国」から「人民民主主義」の段階へと格上げすることによって西ドイツからの「脅威」に対抗できると主張したのである。さらに彼は,「社会主義への移行」の表明によって,西ドイツにおいても,「労働者階級に階級意識が教育」されるであろうと指摘し,その上,「仕事に励んでいる農民も,小市民も,われわれの下で,西ドイツよりもよい暮らしを送ることができるであろう」と述べていた[36]。不安定な位置づけであった東ドイツの状況を打開するために,ウルブリヒトは安全保障上の懸念に苛まれていたソ連指導部から「社会主義」への展望を引き出そうとした。他方,ソ連指導部は「スターリン・ノート」が西側連合国(米英仏)から拒絶されたことにより,東ドイツ指導部の要求を拒否する論拠を失っていた。ソ連共産党政治局は,7月8日,東ドイツにおける「社会主義の建設」を承認した。こうして,7月9日〜12日,東ドイツにおける「社会主義の建設」は開始された[37]。

しかし,東ドイツにおいて「社会主義の建設」を開始することを許可したものの,スターリンは第2回党協議会のために送った電報のなかでは「社会主義」への展望について言及することを避けた[38]。このことについてセミョーノフは回顧録のなかで次のように指摘している。「ウルブリヒトは東ドイツにおいて『ソ連共産党そしてソ連の手本に従った』措置を取ることを欲していた。しかし,東ドイツは経済的そして文化的に,ソ連より,より高度に発展していた。1953年6月17日の事件が後に証明したように,われわれの経験を単純に模倣することは適切でなかったのである[39]。」

東ドイツは引き続き「人民民主主義」ブロックの正式なメンバーとしての地位が認められなかった[40]。西側との覚書交換も継続され,ソ連指導部は「中立」的統一ドイツの目標を断念していないことを示したのである。長期的な展望は「中立」的統一ドイツの形成であり,ソ連指導部にとって東ドイツは依然として「暫定」的な存在でなければならなかったのである。

東ドイツにおける「社会主義の建設」は,東西ドイツの分裂を後押しすることとなるため,スターリンはこの時点まで躊躇していた。しかしウルブリヒトの説得により,東ドイツにおける「社会主義の建設」は開始された。他の東欧諸国の「小スターリン」と同様に,ウルブリヒトにはソ連の政策決定に積極的に影響を与えるだけの「政治力」を持っていなかった。しかし,ウルブリヒト

資料15 「社会主義の建設」（東ドイツ）（1952年7月13日）

決　議

現在の状況と平和, 統一, 民主主義, 社会主義のための闘争課題に関するSED第2回党協議会
　SED第2回党協議会は現在の状況とSEDの新しい課題に関する中央委員会の書記長（同志ヴァルター・ウルブリヒト）の報告に賛成し次のことを決議する。

I.［……］

講和条約をめぐる闘争，そしてボンの傀儡政府によって署名された総括的戦争条約に反対する闘争は次のことを必要とする。すなわち，ドイツ民族が労働者階級の指導の下，平和の維持とドイツ統一の回復という事実，そしてまた統一された・民主的・平和愛好的・独立的ドイツの創設を引き受けることである。［……］

第2：［……］外国の帝国主義的侵入者や搾取者に対する愛国的ドイツ人の偉大な解放闘争は，ドイツ国民の敵に救助活動を行う右よりの社会民主主義の指導者や労働組合の指導者に対する徹底的な闘争を必要とする。すなわち，これらの勢力は労働者の統一行動に反対し，ドイツ帝国主義者の要求を支持し，大衆を煽動的な策動によって闘争を妨げ，外国や西ドイツの独占資本家を通じて労働者や勤労者の搾取を支持する。

［……］II.［……］

第8：社会主義の建設は次のことを要求する：

a）人民権力の根本的な課題の遂行：敵の抵抗を打倒し，敵のスパイを排除すること：故郷と社会主義建設の作業を武装戦力の組織化を通じて守ること：武装戦力の機能を社会主義の建設の道具として行使すること。

［……］III.［……］

党とそのメンバーの個々人は，革命の警戒心を示し，党と民族の敵に対する日和見主義的傾向に対する決定的闘争を遂行しなければならない。チトー一派の犯罪，チェコスロヴァキアのスラーンスキー・グループやポーランドのゴムウカ・グループの犯罪的活動，そしてルーマニアにおけるルカとジョルジェスクの党に敵対的な態度が，どれくらい敵がわれわれの陣営内で犯罪的な活動の遂行を試みているかを示している。それに対して党は敵の前では日和見主義的態度をとる者に対して決定的な闘争によって，批判と自己批判の発展によって，すべての党員と勤労者の警戒心の発展によってのみ防衛されることができる。

［……］平和，統一，民主主義そして社会主義のための闘争のなかで前進！

の背後には「ドイツ問題」があった。マストニーの言葉を借りるならば，東欧の運命はスターリンの手中にあったが，「ドイツの運命はスターリンの手中になかった」のである。ウルブリヒトはスターリンの恐怖心理につけ込み，西側の「脅威」を繰り返し指摘することにより東ドイツの「強化」に関わるソ連の「許可」を獲得したのである。

マストニーによれば，「スターリン・ノート」への西側の否定的な回答の後，スターリンは「共産主義ではないにしても親ソ的な統一ドイツの建国」という，それまでの幻想を断念し，「次善の策として支配地域」である東ドイツに「ソ

連をモデルとした傀儡政権を樹立する」という選択肢を「不本意ながら」取り入れた。これに対して東ドイツ指導部のウルブリヒトは、「ソ連の態度が彼らの求めてきた『社会主義の急速な建設』に青信号を発した」ものと受け止めて、ただちに「社会主義の建設」を開始した、とされる[41]。

7月17日、スターリンはイタリア社会党指導者ネンニとの会談において、「ドイツの分裂はまだかなりの期間、続くであろう」と述べ、ネンニはスターリンが「四大国会談の成功と、その四大国会談に基づいてドイツが統一されることを諦めていた」印象を受けている[42]。

「スターリン・ノート」の失敗がスターリンの精神状態にどのような影響を与えたかは定かではない。しかしほぼ半年後には「医師団陰謀事件」が発表され、キーロフ暗殺（1934年）以来、最大規模の粛清が始まった事実は重要である。スターリン周辺の指導部は、たちまち「危機」的な状況におかれた。しかし間もなく、スターリンは没した（1953年3月5日）。こうして「スターリン・ノート」はスターリン最後の外交政策となった[43]。

「スターリン・ノート」の失敗の後、「国内派」のグローテヴォールのドイツ統一問題に関する発言力は完全に失われた。他方、「モスクワ派」のウルブリヒトは、「ソ連型社会主義」の導入を通じて東ドイツの東側統合を促進した。それはグローテヴォールや「第三の道」勢力が掲げたドイツ統一の展望を打ち砕くものであった。「モスクワ派」と「国内派」との違いは、政策路線の違いであった。しかしドイツ統一問題は、国家の消滅、再編と関連していたため、統一問題を論じること自体が常に政治生命と結びついていた。グローテヴォールは1964年に没するまで要職にあった。しかしこれ以降、政治的イニシアチブを発揮することは難しくなったのである[44]。なお第Ⅲ部で検討するように、1953年に「ドイツ問題」との関連で、東ドイツ指導部のなかでは、国家保安相ツァイサーと党機関紙主筆ヘルンシュタットが中心となって、ウルブリヒトに対抗する権力闘争が引き起こされた。

他方、東ドイツの東側統合の背後で、ドイツ条約とEDC条約が調印され、西ドイツの西側統合政策が進展していた。「スターリン・ノート」の失敗の後、ドイツの分裂はむしろ促進され、ドイツにおける「冷戦秩序」の確立（1955年）へと進んだのである。

1) Wladimir S. Semjonow, *Von Stalin bis Gorbatschow: Ein halbes Jahrhundert in diplomatischer Mission 1939-1991*（Berlin: Nicolai, 1995), S. 268；またヴェティヒの研究も，セミョーノフの同様の趣旨の発言を記録している。Gerhard Wettig, 'Die beginnende Umorientierung der sowjetischen Deutschland-Politik im Frühjahr und Sommer 1953,' in : *Deutschland-Archiv*, 28（1995), S. 496.

2) Hermann-Josef Rupieper, 'Zu den sowjetischen Deutschlandnoten 1952: Das Gespräch Stalin-Nenni,' in : *Vierteljahrshefte für Zeitgeschichte*, 33（1985), S. 549.

3) 「スターリン・ノート」草案の作成作業を担当したソ連外相代理グロムイコは，「スターリン・ノート」について，「アデナウアーは歴史的チャンスを逸した」と回想録で述べている。Andrei Gromyko, *Memoirs*, trans. Harold Shukman（New York: Doubleday, 1989).（グロムイコ著，読売新聞社外報部訳『グロムイコ回想録』読売新聞社，1989年，307頁。）

4) シュターリッツは，ソ連占領地区／東ドイツ（SBZ/DDR)へのソ連のヘゲモニーを強調しすぎる議論は，ソ連指導部とDDR指導部との間の利害の相違を論じることを難しくさせると指摘している。Dietrich Staritz, *Geschichte der DDR*, Erw. Neuausg（Frankfurt am Main: Suhrkamp, 1996), S. 15-16.

5) 早川東三・堀越孝一・日高英二・上田浩二・岡村三郎編『ドイツハンドブック—Deutschland-Handbuch』三省堂，1984年，3，29頁。

6) Rainer Eppelmann, Horst Möller, Günter Nooke, und Dorothee Wilms (Hrsg.), *Lexikon des DDR-Sozialismus: Das Staats- und Gesellschaftssystem der Deutschen Demokratischen Republik*（Paderborn・München・Wien・Zürich: F. Schöningh, 1997), S. 482-483.

7) ヴォイチェフ・マストニー著，秋野豊・広瀬佳一訳『冷戦とは何だったのか—戦後政治史とスターリン』柏書房，2000年，191～198頁。

8) Gerhard Wettig, 'Die Deutschland-Note vom 10. März 1952 auf der Basis der diplomatischen Akten des russischen Außenministeriums,' in : *Deutchland-Archiv*, 26（1993), S. 787.

9) マストニー，前掲書・注7 ），295頁。

10) 同上書，283～285頁。

11) 同上書，191，286頁。

12) 清水聡「ドイツ民主共和国研究の概観と展望—冷戦史研究と政治体制研究の視角から」『政治学研究論集』第20号，2004年9月，17～35頁。

13) マストニー，前掲書・注7 ），199，205頁。

14) 1951年9月5日，サンフランシスコ講和会議において，グロムイコが提案したソ連の対日講和案は，「スターリン・ノート」（ソ連の対独講和案：1952年3月10日）との比較において重要である。

15) マストニー，前掲書・注7 ），201～203頁。

16) *NEUES DEUTSCHLAND*, 28. März 1952.

17) *NEUES DEUTSCHLAND*, 4 . Januar 1952, 15. März 1952.

18) *NEUES DEUTSCHLAND*, 15. März 1952.

19) Boris Meissner, *Rußland, die Westmächte und Deutschlandpolitik: Die sowjetische Deutschlandpolitik, 1943-1953*, 2 . Aufl（Hamburg: H.H. Nölke, 1954), S. 297-298；

NEUES DEUTSCHLAND, 17. April 1952.
20) Wilfried Loth, *Stalins ungeliebtes Kind: warum Moskau die DDR nicht wollte* (München: Deutscher Taschenbuch Verlag, 1996), S. 182-183.
21) *NEUES DEUTSCHLAND*, 28. März 1952.
22) *Neue Zürcher Zeitung*, 30. März 1952.
23) *NEUES DEUTSCHLAND*, 19. April 1952.
24) Rolf Badstübner und Wilfried Loth (Hrsg.), *Wilhelm Pieck—Aufzeichnungen zur Deutschlandpolitik 1945-1953* (Berlin: Akademie Verlag, 1994), S. 382.
25) *NEUES DEUTSCHLAND*, 28. März 1952.
26) Badstübner, a. a. O., S. 383-384.
27) Ebd., S. 396.
28) Ebd., S. 395-396.
29) Ebd., S. 395-397.
30) 清水聡「『スターリン・ノート』とドイツ統一問題」『政治学研究論集』第10号，1999年9月，19～35頁。
31) Badstübner, a. a. O., S. 395-397.
32) Dietrich Staritz, *Die Gründung der DDR: von der sowjetischen Besatzungsherrschaft zum sozialistischen Staat*, 3., überarbeitete und erw. Neuaufl (München: Deutsche Taschenbuch Verlag, 1995), S. 211.
33) Loth, a. a. O., S. 187.
34) Woodrow Wilson International Center for Scholars, Washington, D.C.: Cold War International History Project. Bulletin, Issue 4, Fall 1994, pp. 34-35, 48. (Source: APRF, Fond 45, opis 1, delo 303, list 179.)
35) 永井清彦『現代史ベルリン』朝日新聞社，1990年，103～104，144頁。
36) Staritz, *Die Gründung der DDR*, a. a. O., S. 262-264.
37) *NEUES DEUTSCHLAND*, 10. Juli 1952.
38) "Begrüßungsschreiben des Zentralkomitees der Kommunistischen Partei der Sowjetunion (Bolschewiki)," in: Zentralkomitee der sozialistischen Einheitspartei Deutschlands (Hrsg.): *EINHEIT*, 7. Jahrgang August 1952 Heft 8, S. 705-706.
39) Semjonow, a. a. O., S. 274.
40) 安野正明「冷戦のなかの戦後復興」(若尾祐司，井上茂子編著『近代ドイツの歴史』ミネルヴァ書房，所収) 2005年，257～280頁。
41) マストニー，前掲書・注7)，205～207頁。
42) Loth, a. a. O., S. 186.
43) スターリンの実像に関わる重要な研究として，横手慎二『スターリン―「非道の独裁者」の実像』中央公論新社，2014年。
44) 冷戦後の史料公開により「スターリン・ノート」についてそれまで解明されてこなかった部分が明らかにされつつある。しかし依然として，山積する史料を点と点で結びつける作業に冷戦史研究はおかれている。フォイツィックによるソ連軍政本部 (SMAD) の研究・史料集，ならびにシェルストヤーノイによるソ連管理委員会 (SKK) の研究・史料集は，ソ連とソ連占領地区／東ドイツとの関係について，その細部を明らかにしつつ

ある。Jan Foitzik, *Sowjetische Militäradministration in Deutschland（SMAD）1945-1949: Struktur und Funktion*（Berlin: Akademie Verlag, 1999）；Elke Scherstjanoi, *Das SKK-Statut : zur Geschichte der Sowjetischen Kontrollkommission in Deutschland 1949 bis 1953 : eine Dokumentation*（München: K.G. Saur, 1998）。

第Ⅲ部
東ドイツ市民と社会主義システム

総説　カードル・ノメンクラトゥーラ・システム

I　東ドイツとカードル・ノメンクラトゥーラ・システム

1. ドイツ労働運動と「ソ連型社会主義」

　第Ⅲ部の課題は，国際冷戦と国内冷戦への東ドイツ政治システムの再編過程を分析することである。東ドイツは，ドイツ労働運動と「ソ連型社会主義」が交錯した国家であった。そこで第Ⅲ部では，第1に，40年間の東ドイツ統治システムを特徴づけた東ドイツ市民と社会主義システムの中枢を形成し，さらには東ドイツ社会の「一元化」の構造を目指したカードル・ノメンクラトゥーラ・システム（Kadernomenklatursystem）について，それがいかなる構造であったのか，その概略を示す。その上で，第2に，1950年代初頭の東ドイツが「社会主義」システムの受容へと至る過程について，さらに，第3に，政治システムの再編の過程で生じた東ドイツにおける「危機」（1953年6月17日事件）について順番に検討する。

2. カードル・ノメンクラトゥーラ・システムとは

　東ドイツの40年間に及ぶ歴史において，権力の中枢に位置したのはカードル（Kader：幹部）であった。わが国ではあまり馴染みのないカードル・ノメンクラトゥーラ・システムについて，次に概略を示したい。

　カードル・ノメンクラトゥーラ・システムの核心部分に相当するノメンクラトゥーラ（Nomenklatura），すなわち，社会主義諸国の支配階級の権限を規定したリストに関するメカニズムが，1980年，ヴォスレンスキーによって――ソ連に関する事例に限定されてはいたが――分析された[1]。このソ連の支配階級は，すでに1957年にジラスの著書『新しい階級』のなかでも指摘され[2]，わが国でもこれまで多くの関心を集めてきた研究領域であった[3]。

　ヴォスレンスキーは，1920年に生まれ，ニュルンベルク戦争裁判での通訳の実績と，連合国ドイツ管理理事会での勤務の経験を持ち，さらにはソ連共産党中央委員会の内情に精通した人物であった。1972年にソ連から西ドイツへと亡命した後，著書『ノーメンクラツーラ』を出版し，ソ連の権力支配の中枢を管理するノメンクラトゥーラの実態を暴いた。そこでは，ノメンクラトゥーラの基本概念として，①所轄の長ではなくもっと上層部が配置を行う幹部ポストのリスト，②このポストに在任中の者あるいは補充要員として挙げられている人員のリスト，と定義された。そして幹部の選抜には，(a)信頼を託すに足りるか否か，(b)政治的姿勢，(c)専門知識，(d)管理的分野における能力，が重要な観点であった[4]。そしてこれらノメンクラトゥーラ――つまり，幹部ポストのリストとポストを担う人物（ならびに候補者）のリスト――を中心に組織化された体制がノメンクラトゥーラ・システムであった。

国家体制の枢要なポストを網羅するリスト［＝ノメンクラトゥーラ］が，すべての権力を保障する手段であり，このようなソ連の統治構造は，東ドイツにも，とくに「社会主義の建設」(1952年）を通じて導入された。東ドイツのノメンクラトゥーラ研究の第一人者であるヴァーグナーは，ヴォスレンスキーの研究を基礎とし，ノメンクラトゥーラ［＝リスト］とカードル［＝幹部］の２つの用語を組み合わせて東ドイツの権力構造を概論した。そこでは，①人間（ノメンクラトゥーラ・カードル〔die Nomenklaturkader〕）と，②地位のリストないし一覧表（カードル・ノメンクラトゥーラ〔die Kadernomenklaturen〕）の概念が，分類された[5]。そしてソ連同様，東ドイツにおいてもカードル・ノメンクラトゥーラを通じた体系的支配が権力構造の基礎をなし，そのような支配体制がカードル・ノメンクラトゥーラ・システムであった。

3．カードル・ノメンクラトゥーラ・システムの概観

ソ連同様，東ドイツにおいても，党，国家，経済さらには社会のあらゆる領域に関する詳細な指導と管理のリストが作成された。そしてこのリスト，すなわちカードル・ノメンクラトゥーラは，ドイツ社会主義統一党（SED）が権力を行使する上で，最も重要な人事管理手段（Personalpolitik）であった。カードル・ノメンクラトゥーラは，東ドイツが建国（1949年）されるまでは，ドイツ共産党（KPD）／SEDの党官僚機構にのみ関連がある問題であった。しかし東ドイツの建国の後，とくに1950～1960年代に，カードル・ノメンクラトゥーラ・システムはSED官僚機構の枠を超えて東ドイツ国家の（教会を除く）すべての社会組織へと広がった。それは，国家機構や経済官僚機構だけでなく，武装勢力（人民警察，国家保安省〔MfS〕，軍隊），学術，教育，マスメディア，文化組織，さらにはブロック政党や大衆組織の主要な地位にまで及んだ。そしてカードル・ノメンクラトゥーラ・システムは，SEDが東ドイツ社会を中央集権的に支配し，管理するために，水平的・垂直的に網目状に形成された[6]。そのような状況についてグレースナーは，「党機構」，「国家機構」，「経済機構」の３つの要素を軸として，ノメンクラトゥーラの概略図を作成した[7]。それに加えて，マイヤーは，４つ目の要素として「大衆組織，ならびにその他の諸政党」をグレースナーの図に補足し，ノメンクラトゥーラの概略図を完成させた[8]。（資料16参照。なお，グレースナーの図表はわが国でも山田徹による翻訳があり，ここではその訳を部分的に参照した）[9]。

4．カードル政策

カードル・ノメンクラトゥーラ・システムを構築し，それをSEDの権力基盤の最大の拠り所とするためには，誰を，どのような方法で，カードル［＝幹部］へと選抜するか，つまりいかにしてカードル政策（Kaderpolitik）を遂行するかが重要で

資料16　党機構，国家機構，経済機構，大衆組織ならびにその他の諸政党のノメンクラトゥーラ

ノメンクラトゥーラ	党機構	国家機構	経済機構	大衆組織ならびにその他の諸政党
政治局	・中央委員会委員 ・中央委員会書記 ・県第一書記 ・中央党組織指導者	・国家評議会 (Staatsrat) ・閣僚評議会 (Ministerrat) ・国家経済計画委員会（SPK）議長		・(SEDを除く) 他の4政党（ドイツキリスト教民主同盟 [CDU]，ドイツ自由民主党 [LDPD]，ドイツ民主農民党 [DBD]，ドイツ国民民主党 [NDPD]）の議長 ・人民議会に議席を持つ大衆組織（自由ドイツ青年同盟 [FDJ]，自由ドイツ労働総同盟 [FDGB]，文化連盟 [Kulturbund]，ドイツ民主婦人同盟 [DFD]，農家相互援助連盟 [VdgB]）の議長 ・ドイツ民主共和国科学アカデミー理事長
I	・中央委員会局長（次長を含む） ・中央党組織の指導的メンバー ・県執行部書記 ・コンビナート，大経営の党組織者 ・郡第一書記 ・県党学校校長	・省庁閣僚 ・国家経済計画委員会副議長 ・中央国家機構の長（次長を含む） ・県評議会議長 ・県評議会第一副議長 ・県評議会メンバー ・労働者農民監査局（ABI）の県監査局長 ・郡評議会議長	・コンビナート支配人 ・重要な大企業の管理者 ・大農業協同組合長 ・県経済評議会議長	・上記4政党の副議長と県議長 ・大衆組織の副議長と県議長 ・その他の重要な大衆組織の議長，例えば，作家連盟，ジャーナリスト連盟，造形芸術家連盟，ドイツ体操・スポーツ連盟 [DTSB]，小菜園所有主・入植者・小動物飼育者連盟 [VKSK]，老人保護組織 [Volkssolidarität]，技術委員会 [KDT] ・ドイツ民主共和国科学アカデミー副理事長 ・総合大学・単科大学の学長
II	・郡執行部書記 ・重要部門の基礎組織の書記 ・マルクス／レーニン主義の郡・企業学校校長	・部局長 ・専門部門主任 ・中央国家機構の幹部メンバー ・独立採算機構（旅行会社，銀行など）の長 ・県評議会部局長 ・郡評議会第一副議長 ・郡評議会メンバー	・（コンビナートの）副支配人 ・コンビナート・重要な大企業の部局長 ・（1000〜5000人規模の）中規模企業の作業長と副部局長 ・企業支社の長，主要な簿記主任 ・県経済評議会の副議長と部局長	・指導委員会メンバー ・県レヴェルでの上記4政党と，政治的に重要な大衆組織の専門局長と指導的メンバー ・上記以外の大規模大衆組織の副議長と県議長
III	・郡執行部の専従メンバー ・基礎組織の書記	・郡建築管理者 ・市建築管理者 ・郡評議会部局長	・小企業の作業長 ・中規模企業専門部長と部局長	・郡レヴェルでの大衆組織の指導的議長とメンバー

(Gerd Meyer, *Die DDR-Machtelite in der Ära Honecker* (Tübingen: Francke, 1991), S. 90.)

あった。1935年のスターリンの宣言「この世に存在するあらゆる価値の高い資本のなかで、最も価値の高く決定的な資本は、人間、すなわちカードルである。〔そして〕われわれの今日の状況の下では、『カードルがすべてを決定する』ということが理解されなければならない」[10]は、すべての共産党の根本的な確信であった。したがって、多大な決定権を持つカードルとなり得る、ふさわしい人物を選抜するために、マルクス・レーニン主義的専門教育を促進し、さらには、将来のカードルを発掘することが、SEDの最上位の政治課題であった。[11]

カードルは、上位の指導的ノメンクラトゥーラの諸機構（例えば、政治局、書記局、各省庁）を通じて選抜されたが、[12]新規に「指導的カードル（Leitungskader）」を選抜するにあたって、①「ストックされたカードル（Kaderreservoir）」、②「後継カードル（Kadernachwuchs）」、③「カードル予備軍（Kaderreserve）」、の3段階が想定された。第1段階の「ストックされたカードル」とは、大学および専門学校の卒業者(修了者)、さらには、党機構と大衆組織の下部レヴェルの指導メンバーから構成され、将来の「指導的カードル」になるための第一歩であった。続く第2段階の「後継カードル」のカテゴリーには、「ストックされたカードル」から適当と思われる人物が補充された。そして、第3段階の「カードル予備軍」には、「後継カードル」のなかで「カードル予備軍」に入るための資格を備えた人物が配置された。この第1段階から第3段階を通じて「指導的カードル」へと昇進する道が開けたが、その際に、人物調書（Kaderakte）が重要な役割を果たした。この書類の束に、個人に関するすべての情報が蓄えられ、説明が補足された。すなわち、カードルへと選抜されるにあたり、最も重要な特性として、党への完全な服従と忠誠、党規律の遵守、明確な階級概念、信頼性、勤勉さ、秩序志向、業務貫徹能力、専門的資格、等々が数えられたのである。[13]

II　ドイツ社会主義統一党と国家の権力構造

1．ドイツ社会主義統一党の権力手段とカードル・ノメンクラトゥーラ・システム

カードル政策を通じて構築されたカードル・ノメンクラトゥーラ・システムは、しかしながら、国家の権力手段と言うよりも、SEDの権力手段を保障するものであった。確かに、カードル・ノメンクラトゥーラ・システムは、資料16に示したように、一方でSED機構、他方で国家機構を軸として構築された。例えば、SED中央委員会のカードル・ノメンクラトゥーラは、東ドイツの閣僚評議会のそれに相当した。両方のノメンクラトゥーラは、下位のヒエラルキー（階層）構造のノメンクラトゥーラに対して決定権を持った――SED中央委員会のカードル・ノメンクラトゥーラは、SEDの県・郡指導部のそれに対して。閣僚評議会のノメンクラトゥーラは、各省庁のそれに対して。県・郡評議会のノメンクラトゥーラは、都市や市町村の評議会のそれに対して。[14]

しかし，SEDと国家の権力構造を注意深く観察するならば，国家機構のカードル・ノメンクラトゥーラは，中央レヴェルにおいても，県・郡レヴェルにおいても，SEDの権力支配に有利に作用するように構成されていたことがわかる。とくにSEDと国家との間の権力配分に大きな影響を与えたのが，「ベルリン危機」(1958年)から「ベルリンの壁」の建設(1961年8月13日)に至るまでの政治的危機であった。SEDはこれらの危機を乗り越えるためには，SEDの権力基盤が確保されていなければならないと断定し，国家機構をSEDの管理下におく方針をとり始めたのである。

とくにこの危機の時期に，東ドイツ大統領ピークの死(1960年9月7日)をきっかけとして推進された国家評議会(Staatsrat)の創設は，SEDを国家の上位に位置づける過程の完了を意味した。1950年からSED中央委員会書記長の職務にあったウルブリヒトは，ピークの死後，憲法改正に踏み切り，大統領職を廃止して，それに代わる機構として立法権，行政権，司法権の機能を包括した国家評議会を創設したのである。これまで行政権を行使してきた閣僚評議会(Ministerrat)は，国家評議会の下位機構に位置づけられ，国家評議会議長にはウルブリヒトが，同副議長には閣僚評議会議長のグローテヴォールが，それぞれ選出された。国家評議会の創設に至るまで，ウルブリヒトはSEDのリーダーであり，事実上の東ドイツの最高権力者であった。しかし形式上は，大統領のピークを筆頭に，二番手は閣僚評議会議長のグローテヴォールであり，閣僚評議会副議長であったウルブリヒトはナンバー・スリーであった。しかし，今や国家評議会議長への就任により，ウルブリヒトは実質的にも，形式的にも，東ドイツの最高権力者となったのである。このように，SEDのリーダーが国家機構の主要な地位を独占していく過程は，表向き多党制の外観を示していた東ドイツにあって，SEDが国家機構を管理していく過程となり，国家評議会の創設はその最終段階を意味したのである。そしてそのことは，カードル・ノメンクラトゥーラ・システムの構築も，国家ではなくSEDが主体的に遂行するということを意味していた。

「カードル業務(Kaderarbeit)」(カードルの養成と，その効果的配置を目指したカードル政策の総称)に関して，1960年9月，SEDでは次のように論じられた。「民主集中制の基盤の上で——その多くの相違にもかかわらず——すべてのカードル業務を中央，すなわちSED中央委員会から遂行することは，ノメンクラトゥーラを手段とすることによってのみ，可能である。」他方，1961年5月4日，閣僚評議会［＝国家機構］は，次のように宣言した。「ノメンクラトゥーラを手段として次のことが保障される。すなわち，民主集中制の基盤に立脚した国家機構におけるカードル業務は，多くの相違にもかかわらず，計画的に中央から，すなわち閣僚評議会から指導される。」このSEDと閣僚評議会の2つの決議は，一見，同様の内容に思われる。しかし注意深く観察すると，微妙な差異が明らかとなる。すなわち，閣僚評議会は「国家機構におけるカードル業務」に権限を持つ一方で，SEDは「すべてのカード

ル業務」に対して権限を持つとされたのである。閣僚評議会のノメンクラトゥーラ［＝リスト］は，SED中央委員会のノメンクラトゥーラの抜粋にすぎなかったのである。[18]

さらにSEDの権力独占は，安全保障に関する領域においても顕著であった。SED中央委員会書記長ウルブリヒトは，1960年2月から，国［家］防［衛］評議会（Nationaler Verteidigungsrat）議長職も兼務し，SEDが安全保障関連の機構を独占的に支配したことによって，人民議会のブロック政党と大衆組織は安全保障に関する権限を確保することができなかった。国防評議会は，安全保障関連の諸々の「武装機構」，すなわち，国［家］防［衛］省（MfNV），内務省（MdI），国家保安省，民間防衛体制（ZV），［武装］民兵グループ（Kampfgruppe）にとって，上位のノメンクラトゥーラ機構であり，独自の，カードル・ノメンクラトゥーラ政策を遂行していた。[19] 国家機構に対するSEDの管理は1950～1960年代を通じて精密に整備され，カードル・ノメンクラトゥーラ・システムを基礎とした支配体制が確立されたのである。

2．カードル・システムと「3つの世代」

1977年6月7日，SED中央委員会書記局では，「カードル・ノメンクラトゥーラへと，党，国家，経済そして社会生活の他の領域の決定的機能を組み込む」と宣言された。教会を除き，すべての社会組織が網羅的にカードル・ノメンクラトゥーラ・システムに組み込まれ，そのシステムは東ドイツの崩壊直前まで機能したのである。[20]

しかしこのカードル・ノメンクラトゥーラ・システムは，次第に腐敗の温床を再生産するシステムへと転化していった。カードルの頂点に位置したSEDの政治家は，東ドイツ国民の大多数が立ち入りを禁じられた生活空間や，数多くの特権を享受したのである。彼らの多くは，ベルリン北部に位置し，壁で周囲と隔絶されていたヴァントリッツ（Wandlitz）居住区の屋敷に住み，敷地内のスーパーマーケットで西側の製品を自由に購入し，余暇とスポーツの施設を利用することができた。さらにヴァントリッツは，専属運転手がヴォルヴォを運転していたことからヴォルヴォグラード（Volvograd）とも呼ばれ，カードルのなかには狩猟小屋（ロッジ）や別荘を保有する者も現れた。このようなカードルへの特権の集中が進むなかで，上昇志向を持つ若者は体制への適合と忠誠を必要とした。昇進するためには，カードル政策によって選抜されなければならなかったからである。[21]

しかしそれにもかかわらず，高齢世代のカードルの増加によって，次第にカードルの絶対数は飽和状態になり，カードルへの昇進の道が狭まっていった。しばしば指摘される東ドイツの3つの世代に関する議論に照らして考えるならば，第三帝国と関わり，ナチスへの順応者と敵対者から構成された「KZ世代」（KZ＝強制収容所）に対して，東ドイツでの第二世代は，第三帝国の下で成長した「HJ世代」（HJ＝ヒ

トラー青年団）であり，彼らは戦後社会で，東ドイツへの政治的適合により，急速な昇進を達成した世代であった。しかし，東ドイツに忠誠を示していたこの第二世代は，1980年代半ばに入り，年配世代によって頂点への昇進の道が塞がれていると感じると，体制から次第に距離をおき始めたのである。さらに第三の世代，すなわち「FDJ世代」（FDJ＝自由ドイツ青年同盟）は西ドイツの「68年世代」に相当し，FDJの組織を通じて社会化を経験した世代であるが，彼らは1989年革命に際して，革命の先頭に立っていた。[22] 個人の行動様式のすべてを世代で一括りにすることは不可能であるが，より上の世代がポストに留まり続け，下の世代の昇進を塞いでいたことは事実である。このようにカードルへの昇進が次第に滞るなかで，東ドイツ体制への不満が，市民運動グループ（Opposition）だけでなく，出世を志す人々の間でも蓄積されていったのである。

ホーネッカー期の経済政策の非効率を遠因として，次第に東ドイツの経済運営は立ち行かなくなっていった。西ドイツへの経済的依存と借金が雪達磨式に膨らみ，1980年代後半になると東ドイツ経済は完全に破産した状態になった。東ドイツの崩壊は，確かにゴルバチョフの改革が直接的な契機であった。しかし，それ以前に数多くの前提が作り上げられていたのである。その1つが，カードル・ノメンクラトゥーラ・システムであった。しかし，カードル・ノメンクラトゥーラ・システムはSEDのリーダーだけの問題ではない。広く東ドイツ社会全体を覆った問題であった。したがって，個別の領域に関する研究は今後の課題としたい。[23] なお，東ドイツにおけるカードル・ノメンクラトゥーラ・システムは，SEDが事実上，支配機能を喪失していた1990年2月8日，モドロウ政府の決議（東ドイツ閣僚評議会を通じた国家機構における選抜された指導職務の占有に関する原則）を通じて失効した。東ドイツの崩壊とともに，カードル・ノメンクラトゥーラ・システムも解体したのである。[24]

なお，以下の第5章と第6章では，カードル・システムが構築する基盤となった出来事として，「社会主義の建設」過程と，1953年6月17日の「危機」について分析する。そして，「危機」後の東ドイツ体制の再編が「冷戦秩序」の確立に影響を与えたことを検討する。東ドイツにおいては，国際冷戦と国内冷戦が絡まり合うなかで，カードル・システムの整備に向けた基盤が拡充していったのである。6月17日の「危機」は東ドイツ史における分岐点であった。

1) Michael S. Voslensky, *Nomenklatura: die herrschende Klasse der Sowjetunion*, 3. Aufl., Studienausg (Wien: Fritz Molden, 1980). （ミハイル・S・ヴォスレンスキー著，佐久間穆・船戸満之訳『ノーメンクラツーラ—ソヴィエトの赤い貴族』中央公論社，1981年。）
2) Milovan Djilas, *The new class: an analysis of the communist system* (London: Thames and Hudson, 1958). （ミロバン・ジラス著，原子林二郎訳『新しい階級』時事通信社，1957年，49～54頁。）

3） 例えば，下斗米伸夫『ソ連現代政治』東京大学出版会，1987年，78〜88頁。内田健二「ノメンクラトゥーラ制度の一側面」『思想』第642号，1977年12月，140〜155頁。
4） ヴォスレンスキー，前掲書・注1），114，143，502〜505頁。
5） Matthias Wagner, 'Das Kadernomenklatursystem: Ausdruck der führenden Rolle der SED,' in : Andreas Herbst, Gerd-Rüdiger Stephan und Jürgen Winkler (Hrsg.), *Die SED: Geschichte・Organisation・Politik: Ein Handbuch* (Berlin: Dietz, 1997), S. 148.
6） Karl Wilhelm Fricke, 'Kadernomenklaturen,' in : Eppelmann, Rainer, Horst Möller, Günter Nooke, und Dorothee Wilms (Hrsg.), *Lexikon des DDR-Sozialismus: Das Staats- und Gesellschaftssystem der Deutschen Demokratischen Republik* (Paderborn・München・Wien・Zürich: F. Schöningh, 1997), S. 434.
7） Gert-Joachim Glaeßner, *Herrschaft durch Kader: Leitung der Gesellschaft und Kaderpolitik in der DDR am Beispiel des Staatsapparates*, 1. Aufl, (Wiesbaden: Westdeutscher Verlag, 1977), S. 240.
8） Gerd Meyer, *Die DDR-Machtelite in der Ära Honecker* (Tübingen: Francke, 1991), S. 90.
9） 山田徹『東ドイツ・体制崩壊の政治過程』日本評論社，1994年，52頁。
10） Iosif Stalin, *Fragen des Leninismus* (Berlin: Dietz, 1955), S. 671.
11） Dieter-Lothar Mertens Voigt, Kader und Kaderpolitik, in : Eppelmann, Rainer, Horst Möller, Günter Nooke, und Dorothee Wilms (Hrsg.), *Lexikon des DDR-Sozialismus: Das Staats- und Gesellschaftssystem der Deutschen Demokratischen Republik* (Paderborn・München・Wien・Zürich: F. Schöningh, 1997), S. 438.
12） Fricke, a. a. O., S. 434.
13） Voigt, a. a. O., S. 439.
14） Fricke, a. a. O., S. 435.
15） Mary Fulbrook, *Anatomy of a dictatorship: inside the GDR 1949-1989* (Oxford; New York: Oxford University Press, 1995), pp. 43-45.
16） Wagner, a. a. O., S. 153.
17） アルフレート・グロセール著，山本尤・三島憲一・相良憲一・鈴木直訳『ドイツ総決算—1945年以降のドイツ現代史』社会思想社，1981年，391〜395頁。
18） Wagner, a. a. O., S. 153-154.
19） Ebd., S. 149.
20） Fricke, a. a. O., S. 434.
21） Mary Fulbrook, 'Ossis and Wessis: the creation of two German societies, 1945-1990, in : Mary Fulbrook (ed.), *20th Century Germany: Politics, Culture and Society 1918-1990* (London: Arnold, 2001), p. 231.
22） *Ibid.*, pp. 240-241.
23） 東ドイツのカードル（エリートをめぐる問題）については，Peter Hübner (Hg.), *Eliten im Sozialismus: Beiträge zur Sozialgeschichte der DDR* (Köln: Böhlau Verlag, 1999).
24） Fricke, a. a. O., S. 436.

東ドイツ市民と社会主義システム／第5章

ドイツ労働運動と「ソ連型社会主義」

I　1953年の「危機」

　第5章では，1952年秋〜1953年の期間に生じた東ドイツ国内システムの再編（「社会主義の建設」とそれに対する反作用としての民衆蜂起）に焦点を当てる。とくにこの期間に生じた東ドイツをめぐる重要な出来事として，次の3点が指摘できる。①東ドイツにおける「ソ連化」政策（＝「強硬」な「社会主義の建設」と東ドイツにおける蜂起〔1953年6月17日事件〕），②スターリン以後のソ連指導部における権力闘争，③アイゼンハワー政権の誕生とアメリカ外交政策の変化（＝「封じ込め政策（containment policy）」から「解放政策（liberation policy）」へ）。

　これらの出来事は「ドイツからの冷戦」の影響を受けていた。それは，ドイツの中立化（「スターリン・ノート」）への可能性が閉ざされた後，西ドイツ指導部と東ドイツ指導部が米ソ超大国とそれぞれ結びつくことで，国際的な位置づけ（政治・経済・軍事）を確立し，それと同時に，国内体制を「アメリカ化」と「ソ連化」へと変革することにより，分裂国家としての国内システムを整えることを目指したためである。

　しかし，西ドイツ指導部と東ドイツ指導部が目指した上記の政策は，スターリン以後のソ連後継指導部による緊張緩和政策と相容れなかった。また，チャーチルの外交方針とも相反していた。チャーチルはアメリカとソ連後継指導部とを橋渡しすることで，没落しつつある大英帝国の地位を回復させることができると考えていたのである。1952年秋〜1953年の期間に，ヨーロッパ各国の政治指導部の思惑は複雑に交錯した。すなわちそれは，①冷戦を巧みに利用することにより分裂国家の完成を目指した西ドイツと東ドイツの政治指導部の思惑，②緊張緩和を期待したソ連後継指導部とチャーチルの思惑，さらには，③民主党から共和党への政権交代を通じて新たな対外政策を打ち出すことを模

索していたアイゼンハワーとダレスの外交方針，である。これらの思惑や外交方針はそれぞれ相互に複雑に絡み合い，交錯し，さらには衝突し合いながら，1953年6月17日をむかえた。

第5章の課題は，6月17日事件の前後に作用した国際政治上の力学について，「ドイツからの冷戦」論の視点に立脚して考察を進めることにある。そしてここでは，6月17日事件がヨーロッパにおける国際冷戦構造を最終的に確定した事件であった，という仮説を論証する。

なお，6月17日事件を中心とした1952年秋〜1953年の期間の東ドイツに関する研究は多岐にわたるが，ここではそれらの研究状況を大まかに3つの方向性へと分類することで，議論を整理しておきたい。第1には，東ドイツ指導部の進めた「ソ連化」政策（=「強硬」な「社会主義の建設」）の帰趨と，それに連動して生じたソ連指導部内と東ドイツ指導部内での権力闘争の問題である。「強硬」に進められた「ソ連化」政策は，東ドイツ国内のいたるところに歪みをもたらし，1952/53年に東欧全域を襲った寒波の影響と相まって，食糧と消費物資の供給不足，さらには東ドイツから西ドイツへの市民の国外流出という事態を招いた。そしてそれは，6月17日事件へと向かう危機の前提であった。ソ連指導部は，東ドイツの危機的状況を看過することができず，「強硬」な「ソ連化」政策の一時的中断を東ドイツ指導部に命じた。しかし当時，ソ連指導部の内部はスターリンの死を受けてきわめて不安定な状況にあり，東ドイツに対する政策を一貫したビジョンに従って遂行することができなかった。とくにそれは東ドイツの「ソ連化」政策をめぐる「強硬」という用語をめぐるソ連指導部内（とくに，モロトフとベリヤ）の対立に示される。これらの議論については第5章と第6章で論ずるが，ここではこの分野に関する代表的研究として，「ドイツ民主共和国における政治状況の正常化に関する措置について」という，1953年6月2日にソ連指導部から東ドイツ指導部に手渡された文書を用いたシュテーキクトの研究や[1]，1953年6月6日の政治局会議の史料を用いたシェルストヤーノイの研究を指摘しておきたい[2]。これらの研究は，冷戦の終焉により利用可能となった新史料を用いて新たな歴史像を描くことを試みたものである。なお，スターリン以後の権力闘争に関する古典的研究として，フェイトによる研究も重要である[3]。

研究状況の第2の方向性は，6月17日事件（蜂起）の特質をめぐる議論である。すなわち，6月17日事件が「労働者」が自らの生活改善を要求するために東ドイツ国家に働きかけた「労働者蜂起（Arbeiteraufstand）」であったのか，あるいは，ドイツ「民族」（Volk）がソ連支配からの脱却のために，東ドイツ国家の解体を目指した「民族蜂起（Volksaufstand）」であったのか，との間の論争である。ここで重要な研究は「民衆史としての社会主義国史」という方法論を用いた星乃治彦の研究である。蜂起の実態を把握するためには，労働者，あるいは民衆が「東ドイツ」に対して，あるいはドイツ統一問題について何を求めていたのか，その実態が見出されなければならない。この場合，「下から」の歴史研究の視点が重要であり，「民衆史としての社会主義国史」に基づく研究はそのような問題関心に基づいている。

第3の方向性は，6月17日事件を東ドイツに限定された問題ではなく，ヨーロッパ国際政治全体に強く影響を及ぼした事件として捉え直そうとする試みである。とくにその代表的な研究は，クレスマンとシューファーを中心とした共同研究『1953年——ヨーロッパにおける冷戦の危機の年』，あるいはフォイツィックによる共同研究『中東欧の非スターリン化をめぐる危機 1953－1956』である。1952, 53年は，スターリンが没しただけでなく，アメリカでの政権交代，西ドイツの総選挙，チャーチルによる緊張緩和政策，東欧全域での経済危機に代表されるように，多くの予測不可能な変化の兆しがあった。ヨーロッパ国際政治がどこへ向かうのか，誰も容易に予測することができない不確実な期間であった。第Ⅲ部の課題も，この第3の方向性の議論を検討することにあり，「ドイツからの冷戦」論から新たな史実を描き出そうと試みるものである。なお従来の研究の視座，すなわち「東ドイツ－ソ連」関係，あるいは「東ドイツ－西ドイツ」関係，という図式を超えて，「東ドイツ－アメリカ」関係についてオスターマンが，「東ドイツ－イギリス」関係についてラレスが，それぞれ新しい視点を提起している。

「1953年」という年は，スターリンが死に（3月5日），それに続いてソ連指導部内での権力闘争（後継者争い）が生じた年であった。また，この年はチェコスロヴァキア（6月1日）や東ドイツにおいて民衆蜂起が生じた年でもあり，とくに東ドイツの民衆蜂起（6月17日事件）は，国家体制を根底から揺さぶる

ほど激しいものであった。他方，西側諸国では，スターリンの死を受けて東西間の緊張緩和への期待が高まった一方，西ドイツの西側統合政策の検討（主な内容は，西ドイツの主権回復，西側軍事同盟への参加，再軍備からなる）が最終段階に入っていた年であった。まさに「1953年」という年は，その後の冷戦の進展に影響を与える分水嶺の年であった。

なお，第Ⅲ部の分析に際しては，①米国対外関係史料『FRUS』，②ドイツ連邦文書館（SAPMO-BArch）史料，③オスターマンを中心に編集された史料集『東ドイツの暴動　1953年』[10]，④シェルストヤーノイにより紹介されたソ連外交に関わる史料[11]，⑤オットによるSEDの内部史料『1953年6月のSED』[12]，をとくに利用した。

Ⅱ　東ドイツの「強硬」な「ソ連化」政策——「危機」の先鋭化

1．第2回全党協議会（1952年7月9日～12日）と「強硬」な「社会主義の建設」

ソ連指導部から「スターリン・ノート」が提示されたという事実は，東ドイツ指導部にとって重大な意味を持った。「スターリン・ノート」は東ドイツの消滅を意味しており，加えて，統一後のドイツにおける東ドイツ指導者の位置づけが不明確であったためである。多くの東ドイツ指導部にとって，自らの権力の喪失を象徴（表現）した「スターリン・ノート」は受け入れられる提案ではなかった。東ドイツ指導部は，「スターリン・ノート」の経験により，東ドイツにおける「社会主義」的基盤を早急に固める必要性として，「強硬」な「ソ連化」政策の実施の必要性を痛感した。それは，西ドイツがアメリカを後ろ盾とし「資本主義」を国家理念としていたから，東ドイツが「社会主義」を国家理念として国家改造を進めれば，「スターリン・ノート」に示されたようなドイツの「中立」的統一の可能性は遠のくと思われたためである。確かに東ドイツ指導部は，この時期においても依然として，ドイツの統一を諦めていなかった。彼らはドイツの統一を求めていたが，それは，あくまでも東ドイツの諸制度を基礎とした，それ故，東ドイツ指導部の権力手段（例えば「統一リスト」方式）が侵害されない形でのドイツの統一であった。しかし，そのようなドイツの統一を早急に実現することができないことは明らかであり，したがって，ドイツ

の統一を早期に達成することよりも，分裂国家・東ドイツの「社会主義」的基盤を固めることの方が優先課題とされたのである。

それ故，この時期，西側諸国が「スターリン・ノート」に拒否的な姿勢を示したことは，ウルブリヒトの進める東側統合政策にとっては追い風として作用した。「スターリン・ノート」が西側に受け入れられそうにないという事実を捉えて，ウルブリヒトはソ連指導部に対して，東ドイツにおける「社会主義」的基盤を確固としたものにするよう説得する糸口を見出すことができたのである。

第4章の後半部分で論じたように，モスクワでのソ連指導部と東ドイツ指導部による交渉と，その後のソ連指導部と東ドイツ指導部との間で交わされた書簡を通じて，東ドイツ指導部はソ連指導部から暫定的な東ドイツの「ソ連化」政策の承認を確保した。そして1952年7月9日～12日，東ドイツ指導部はドイツ社会主義統一党（SED）第2回全党協議会を開催し，「東ドイツに計画的に社会主義の基礎を建設すること」を宣言した。その際，ウルブリヒトは以下の項目に代表される包括的な演説を行い，公式に「ソ連化」の開始を内外にアピールした[13]。すなわち，「Ⅰ.世界の2つの陣営」，「Ⅱ.平和，民主主義，社会主義の陣営とソ連の役割」，「Ⅲ.資本主義の全般的危機の激化」，「Ⅳ.ドイツにおける発展の2つの道」，「Ⅴ.西ドイツの状況」，「Ⅵ.ソ連軍による東ドイツの解放以後の民主的前進」，「Ⅶ.東ドイツにおける社会主義の建設」，「Ⅷ.人民軍の意味と性格」，「Ⅸ.経済建設の新しい課題」，「Ⅹ.農業問題」，「Ⅺ.学問と文化の奨励」，「Ⅻ.一般教育の学校での授業改善」，「ⅩⅢ.リアリズム芸術をめぐる闘争」，「ⅩⅣ.スポーツと身体文化」，「ⅩⅤ.党の活動」である。SED第2回全党協議会の終了後，「ソ連化」政策の推進は，「社会主義の建設」として，新聞などの報道機関を通じて東ドイツ国民に大々的にアピールされた[14]。

ここで東ドイツの「ソ連化」政策の根幹である1952年の「社会主義の建設」について，その決議と意味内容を少し詳細にみておこう。「社会主義の建設」という宣言は，広範な領域にわたる国家改造計画を意味しており，党員や党の宣伝担当者の心構えから，女性や青少年，文化や学術研究の問題，さらには，社会のあらゆる領域の成員が東ドイツの「ソ連化」に駆り立てられることを示唆していた。本研究では，その特徴的な点として，以下の6つを指摘しておき

たい。

　第1には，講和条約とドイツ統一をめぐる闘争についての党の方針であり，「西ドイツの国民解放闘争とボンの傀儡政府の崩壊を目指す国民解放闘争」や「労働者の統一行動，農民と労働者階級の同盟，ドイツ愛国主義者の連合」が叫ばれた。また「右よりの社会民主主義や労働組合の指導者に対する闘争」についても触れられ，西ドイツの左派系政治勢力（SPD）との訣別が暗に示された。その上でドイツ統一問題については，「西ドイツにおける国民解放運動の最前列にいるドイツ共産党」に期待が寄せられた。「西側からの攻撃に対し，境界線の防衛」の必要から「武装戦力の組織化」が正統化された。すでに5月26日に東ドイツでは「境界線における特別秩序の導入に関する緊急条令」が施行されており，東西ドイツ間の往来は閉ざされていた。東西の境界に沿って幅10mの禁止区域が作られ，そこへの立ち入りはただちに射殺されることになったためである。[15] これらのことに，「スターリン・ノート」が西側から拒否された事実を梃子に，SED指導部がドイツの分裂を促進させようとした側面を見出すことができる。さらに「社会主義の建設」に関する決議の結語部分で，「平和，統一，民主主義そして社会主義のための闘争の中で前進！」というスローガンが謳われ，東ドイツにおける「社会主義」の位置づけを確立させるための配慮がなされていた。

　第2には，「行政改革の遂行」を通じた東ドイツの中央集権化である。この措置により，5つの州は廃止され，14の県におき換えられた。この過程は，一方でSEDの政策を中央から地方へ向けて迅速に遂行する目的を達成するためにとられた措置であり，他方で連邦制をとる西ドイツとの体制間の違いを際立たせる作用をもたらした。東ドイツの行政システムは，カードル・ノメンクラトゥーラ・システムとして1960年までに再編される。

　第3に，西ドイツに「追いつき・追い越す」ために，重工業を重視した「5カ年計画」が「強硬」に促進された。ヴェーバーによれば，東ドイツは工場や原料がないにもかかわらず，重工業建設を間違った場所に採算のとれない工場を立てながら推進したとされる。さらに，消費財生産やサービス業が軽視され，ピラミッド型の非民主的政治体制が柔軟性の欠如をもたらし，上から下へ向かう硬直した命令系統が下からの発想を著しく阻害した。「社会主義の建設」

過程で消費財の生産が制限されたことは，東ドイツ国民の生活を圧迫することになった。

　第4に，「社会主義の建設」において「階級闘争の激化」が強調された。とくに農業分野では農業集団化が試みられ，抑圧的な手段が用いられた。農業集団化の影響で，1952年から53年の冬には食糧不足が深刻化し，東ドイツ国民は犠牲を強いられた。

　第5に，党員に対してスターリン主義に基づくイデオロギー教育が強化された。「ソ連共産党の闘争の経験から，そして偉大なるスターリンから，どのようにして社会主義が建設されるのかを学ぶ」ことが必要であると主張され，「ブルジョワ・イデオロギーの流布と日和見主義的傾向」に対して警戒心がはらわれた。具体的には「チトー一派の犯罪，チェコスロヴァキアのスラーンスキー・グループやポーランドのゴムウカ・グループの犯罪的活動」が取り上げられ弾劾された。東ドイツでもSEDの初期の党指導者ダーレムやメルカーが，この時期，排除された。スターリン主義の強化のために，①「幹部の正しい選抜と教育」および「宣伝担当者の組織的養成専門教育」の実施，②大衆団体——自由ドイツ青年同盟（FDJ），自由ドイツ労働組合総同盟（FDGB），ドイツ民主婦人同盟（DFD）——を，国家政党の伝導ベルトまたは補助機関へと変質させる方針，さらには，③「ソ連共産党の歴史の研究と同志スターリンの作品の研究」の促進，が強調された。

　第6には，「社会主義的競争」の強化と，そのための「模範労働者の作業班の運動の助成」により，実際の給料が細分化された。この措置は個人の最高生産記録を引き出し，それに対する報奨金を与える仕組みを形作った。クレスマンの研究によれば，この時期の東ドイツ国民の収入はピラミッド型であったとされる[16]。ヘンネッケ運動以来促進された模範労働者運動がさらに高まり，東ドイツ国民の不満はいっそう蓄積された（労働ノルマを超過達成したヘンネッケは模範労働者とされ，東ドイツ国民はそれを見習うことを強制された）。このことは後の6月17日事件の前提の一部を生み出した。

2．「社会主義の建設」の実態と「危機」の深刻化

　これらの特徴に示される「社会主義の建設」は，ドイツ労働運動の伝統に沿っ

た国内システムの再編ではなく，ソ連の統治モデルを東ドイツへと導入したものであった。いわば，それは「ソ連化」政策であり，東ドイツ指導部はそれを「強硬」に進めた。西ドイツに「追いつき・追い越す」ために労働生産性を高めることが強制され，消費財生産が制限されたことと食糧不足により，東ドイツ国民の生活は圧迫されることとなった。また「社会主義の建設」は，職場（労働の分野）に留まらず，学校などの教育の場面にまで影響を与えた[17]。

　生活が逼迫し，社会の一元化が進むなかで，東ドイツ国民は国外に流出し始めた。1951年1月から1953年4月までに44万7000人が西ドイツへと逃亡した[18]。とくに1953年の4カ月間だけで12万人以上の人が逃亡した。その時の逃亡者の大半は勤労者であった。1953年の逃亡者の内訳は次のとおりである。労働者（約1万8000人），中小農民，手工業者，年金生活者（約9000人），従業員や勤労知識人（約1万7000人），主婦（2万4000人以上）。さらに兵営人民警察に所属していた8000人の男性が西ドイツへと逃亡した。またこれに加えて，1953年の4カ月間に2718人のSEDの党員と党員候補者，および2610人のFDJのメンバーが西ドイツへと逃亡した。この全体像はフルブルック編『1800年以降のドイツ史』に掲載されているグラフからも見出すことができる[19]。このグラフは「1949年から1961年の間に東ドイツを去った人々」の数であるが，ベルリンの壁が建設された1961年よりも，1953年の「危機」の時点の方が人口流出（逃亡）のピークを迎えていることがわかる。東ドイツ指導部が「社会主義の建設」を「強硬」に推進したことが，東ドイツのシステムの安定を損ねたのである。

III　スターリン以後の権力闘争

　東ドイツのシステムが不安定化し，危機が先鋭化していくなか，1953年3月5日，スターリンが死んだ。『ベリヤ覚書』によれば，スターリンはモロトフにより毒殺されたとされているが，事件の真相は不明である[20]。ベリヤが犯人であるという説もあれば，フルシチョフを犯人とする説もあり，冷戦終焉後25年が経過した現在でも全貌は明らかにされているとは言い難い[21]。

　スターリン死去に関する知らせは，ソ連および人民民主主義諸国に大きな衝撃を与え，ブタペスト，プラハの街頭で人々は涙を流し，東ドイツ国民も茫然

自失の状態に陥ったとされる[23]。さらに東ドイツ国民には『ノイエス・ドイチュラント』を通じてスターリンの偉業が，連日，短い伝記の形で伝えられた[24]。

　スターリンの死が政策担当者に与えた影響は，国民に与えた影響よりもはるかに深刻であった。ソ連指導部はしばらくの間，対外的に平静を装ったが，新たな権力闘争の口火はすでに切って落とされていた。そして権力闘争は，ソ連の指導部を超えて，東欧諸国の指導部にまで波及した。さらにドイツ統一問題と東ドイツにおける「社会主義の建設」も新たな局面に入った。すなわち，ソ連指導部内および東ドイツ指導部内に３つの路線が生じたのである。それは第１に，暫定的な「社会主義の建設」と長期目標としての中立国家ドイツの建設，第２に「社会主義の建設」の撤回（すなわち，東ドイツの放棄），そして第３に東ドイツと西ドイツの併存（すなわち，「強硬」な「社会主義の建設」），である。

　権力闘争の過程でソ連指導部のなかの政策路線の相違が改めて浮き彫りとなった。フェイトは，マレンコフ－ベリヤ－モロトフによる三頭支配《トロイカ》とその特徴について，次のような３つの路線を示している。第１の路線は，モロトフ，カガノヴィッチによって代表され，スターリン的モデルの継続を目標とした。第２の路線は，マレンコフとベリヤによって代表され，経済改革の深化と政治生活における自由化を目標とした。第３の路線は，フルシチョフによって代表され，非スターリン化を唱える一方，党機構が優先的な統制権を堅持することを主張した[25]。ここでは，便宜上，フェイトが示した第１の路線を「保守派」，第２の路線を「改革派」，第３の路線を「中道派」と名づけて，以下に，この三派が東ドイツの存在についてどのような方針を目指したのか分析しておきたい。

　「改革派」であるベリヤの路線は東ドイツの「社会主義」，さらには東ドイツ国家そのものを否定するものであった[26]。スターリンの死後，ドイツ委員会の指導者となったベリヤは，東ドイツに関して次のように発言した。「DDR（東ドイツ）？　それはいったい何を意味するんだ？　このDDRか？　それは一度たりとも正式な国家ではない。仮に私たちがそれをドイツ民主共和国と呼んだとしても，それはソ連の軍隊によって維持されているにすぎない。」[27]また他のソ連指導部は，ベリヤの方針について次のような記録を残している。「国際情勢は激化し，アメリカは大規模な戦争を目指している。それ故，ベリヤはドイツ

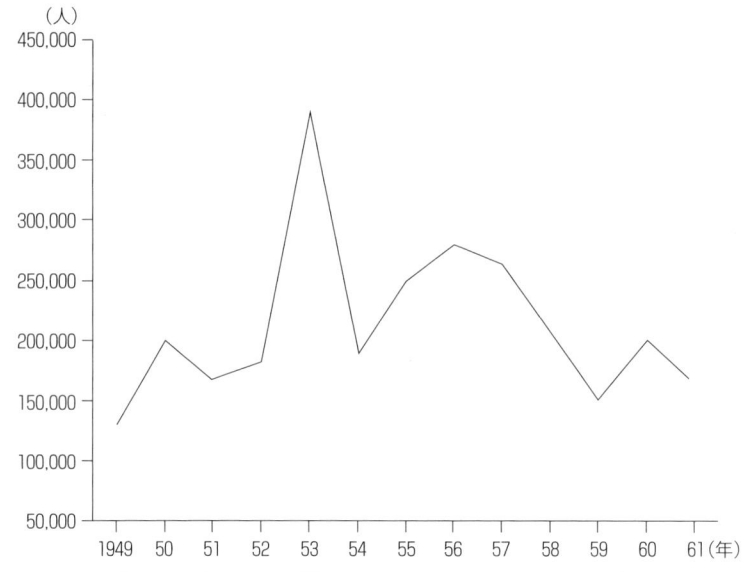

資料17　1949年から1961年の間に東ドイツを去った人々

(Mary Fulbrook (ed.), *German history since 1800* (London; New York: Arnold, 1997), p. 401.)

委員会においてドイツの中立化を提案した。ドイツは資本主義，最も非武装化された中立化された国家として承認されるべきである。」[28]

　ベリヤの路線は，後にドイツの分裂を承認して東ドイツの国際的地位の強化を目指していくフルシチョフを中心とした「中道派」の路線と真っ向から対立するものであった。フルシチョフは1955年に2つの国家がドイツに存在することを承認した「二国家理論」を宣言した。「二国家理論」では，ドイツの統一よりも東ドイツの「社会主義」の「成果」の方が重視されていた。

　またベリヤの路線は，モロトフ，セミョーノフといった「保守派」とも対立した。セミョーノフは第4章でみたように，ドイツの「中立」的統一を要求する「スターリン・ノート」を支持していた。しかし「スターリン・ノート」を支持する一方，セミョーノフはベリヤの「中立」的ドイツ統一構想を，回想録のなかで次のように批判している。「ベリヤの路線は，ドイツ問題におけるわれわれの政策の連続性を打ち切り，ソ連を激しく揺さぶり，東ドイツを解体することを目指した首尾一貫した措置を目的としていた。」[29]東ドイツの「成果」（す

なわち,「反ファシズム民主主義」の要素)を統一されたドイツに持ち込もうと計画していた「保守派」にとって,ベリヤの主張は「帝国主義に対する降伏政策」[30]であった。ベリヤのドイツ政策は,スターリンの政策を簡略化していた。「スターリン・ノート」で示されたスターリンの政策は,「中立」化された統一ドイツがヨーロッパ大陸の中心部で資本主義陣営にも社会主義陣営にも与しない「第三の道」を追求し,冷戦による東西間の緊張緩和を担う緩衝地帯(buffer zone)へと組み替えられることであった。しかしベリヤの提案では,これらの細部にわたる議論が欠落していた。さらに重要な論点であったのは,すでに東ドイツでは「社会主義の建設」が開始されており,「社会主義の建設」を完全に停止することは,東ドイツを越えて他の東欧諸国にも影響を与える危険性があった。ここに,ウルブリヒトが進めていた「強硬」な「社会主義の建設」を減速させ,緩やかな「社会主義の建設」の推進を求めたモロトフやセミョーノフの「保守派」と,「社会主義の建設」を停止させようとしたベリヤとの間の対立が生じた背景があった[31]。

すなわち,1952年に導入された東ドイツにおける「社会主義の建設」は,早くも1953年初頭には行き詰まり,東ドイツから西側への大量の人口流出や,農業集団化に対する農民の抵抗,兵役義務に対する青年の反感が,この時期エスカレートしつつあった。秘密情報機関を支配下におくベリヤは,いち早く事態の重大性を認識した。他方モロトフは,東ドイツの安定化のために必要なコストを気にしつつ,「強制的な社会主義の建設を遂行してはならない」と提案した。これに対し,東ドイツを軽視するベリヤは同提案から「強制的」という言葉を削除するよう求めた。単に平和的なドイツを目指したベリヤに対し,モロトフは東ドイツでの「社会主義の建設」の撤回が他のすべての東欧諸国に影響を与えることを懸念し,ベリヤの忠告に対し激しく反論したのである[32]。

なお,「保守派」と「中道派」の路線の相違は,後にフルシチョフが権力を掌握してから表面化する。とくにワルシャワ条約機構(WTO)創設の際に,このことははっきりと現れた。モロトフはWTO加盟国のリストから東ドイツを外したが,それに対してフルシチョフは「東ドイツを外したのはなぜか」と問いただした。モロトフは「われわれはなぜ東ドイツを越えて西側とたたかわなければならないのか」[33]と返答している。フルシチョフは,「社会主義」の東ド

資料18　ソ連指導部・東ドイツ指導部の権力闘争をめぐる位置関係と政策目標

	ソ連指導部	東ドイツ指導部	目標
保守派	モロトフ，セミョーノフ	グローテヴォール，ピーク	東ドイツが獲得した成果の一部を「統一」ドイツが吸収。
中道派	フルシチョフ	ウルブリヒト	「社会主義」・東ドイツの存続。東ドイツはソ連の安全保障圏。
改革派	ベリヤ，マレンコフ	ヘルンシュタット，ツァイサー	東ドイツにおける国民の生活改善。東ドイツの放棄。

（筆者作成）

イツを存続させ，その東ドイツはソ連の安全保障圏の一部と考えていた。それ故，1956年1月18日に東ドイツに創設された国家人民軍（NVA）をWTOへと組み込んだのである。これに対してスターリン外交を継承するモロトフは，WTOに東ドイツを加盟させれば，ドイツ統一の実現は困難となる上，西側との対立が激化すると考えていたと思われる。

「保守派」，「改革派」，「中道派」のどこに基盤を見出すかは，東ドイツ指導部にとって重要な問題であった。どのグループが主流となるか，その結果によって，東ドイツの行方も大きく左右される可能性があった。東ドイツにおける「社会主義」の確立を目指したウルブリヒトの立場は，フルシチョフの立場に近いものであった。また，東西交渉からドイツの統一を引き出そうとしたグローテヴォールの立場は，モロトフの立場と合致する。他方，ベリヤの立場を東ドイツ指導部内で体現したのは，党機関紙『ノイエス・ドイチュラント』主幹ヘルンシュタットと国家保安省大臣ツァイサーであった。これらの関連を図示すれば資料18のようになる（マレンコフの立場はベリヤ解任をめぐって大きく揺れ動く）。

ソ連指導部のなかの対立は，東ドイツ指導部のなかにも反映された。ソ連指導部のなかの対立軸，すなわち〈中道派・保守派〉対〈改革派〉は，東ドイツ指導部のなかでは，〈ウルブリヒト〉対〈ヘルンシュタットとツァイサーのグループ〉の対立軸となった。東ドイツでは，6月6日の中央委員会政治局特別会議において，「ウルブリヒトの独裁」が批判の的となり，ウルブリヒトは窮地に追い込まれた[34]。

こうしてスターリンの死は，「ドイツ問題」をめぐるビジョンが，ソ連と東

ドイツの複数の指導者間において、それぞれ個別に異なっていたことを浮き彫りにした。「ドイツ問題」の帰趨は冷戦の帰趨とも直結していたため、ソ連指導部と東ドイツ指導部はこの問題を避けて通ることができず、東ドイツを今後どうするのか、改めて論争が生じたのである。その上、この論争は権力闘争とも密接に関連していた。次第に、権力闘争を勝ち抜くための方策として、「ドイツ問題」をめぐる論争が自己の正統化のために利用されるようになったのである。権力闘争の過程については後述するが、東ドイツの国内危機が進行するなかで、指導部が共通のビジョンを喪失していたことは「政治的空白」を生み出した。明確な国内政策が打ち出されないなかで、「危機」が深刻化したのである。そして、東ドイツの「危機」はアメリカの新たな世界戦略の影響を受けていっそう先鋭化することとなった。

Ⅳ 1953年の「危機」とドイツをめぐる国際政治の動態

1. アイゼンハワー政権と「解放政策」

東ドイツの「危機」が深刻化した背景にアメリカの世界戦略の問題があったことは、これまであまり論じられてこなかった。「強硬」な「ソ連化」政策やスターリン以後の権力闘争に加えて、国際政治の力学がドイツを中心に複雑に作用していたのであり、それらの諸要因が絡み合うなかで、「危機」は「蜂起」（6月17日事件）へと次元を変えたのである。

1952年、それまで5回も連続してアメリカ大統領選挙に敗北してきた共和党が、20年ぶりに民主党を破り、政権を奪回した[35]。それは、アメリカの世界戦略の変化を予感させるものであった。それまで民主党のトルーマン政権により進められてきた「封じ込め政策」は、1950年代に入り、朝鮮戦争の勃発や西側統合政策、さらには「スターリン・ノート」や東ドイツからの執拗なプロパガンダなどの諸々の影響を受けて、ヨーロッパ政策においては再検討が急務となっていた。1952年のアメリカ大統領選挙により、トルーマン（民主党）からアイゼンハワー（共和党）へと政権交代が進むと、国務長官のポストにはアチソンに代わってダレスが起用され、防御的な「封じ込め政策」に代わる攻撃的な「解放政策」が検討され始めたのである。いわば「巻き返し政策（Rollback）」とも

呼ばれるアメリカの新外交は，加熱する反共産主義（マッカーシズム）の風潮に強力に後押しされた。そして，アメリカの中枢から始まった変化の波は，時間差を伴いながら世界全体を覆いつくし，とくに不安定で脆弱な地域に深刻な影響を与えることとなった。これらの地域はその波（影響）を無防備な状態で被らざるを得なかったのである。

1952年8月，すでにトルーマン政権下から検討され始めていたドイツ社会主義統一党（SED）体制に対する「心理作戦」は，心理戦略局（PSB）が作成したPSB D-21「ドイツに関する国民的心理戦略」へと発展した。そして，「(a)西ヨーロッパへの西ドイツの統合，(b)東ドイツにおけるソ連の潜在能力の削減，(c)ドイツ統一の達成，(d)統一されたヨーロッパにおける統一ドイツの役割」に関する「国民的心理戦略の形成」が準備された。戦略の目的は，「ソ連の共産主義支配に対するレジスタンスの精神を強化するために，ソ連地区ならびに東ベルリンにおける住民との接触の継続，(a)ソ連地区の政治，経済，軍事システムの弱体化」であり，東ドイツ住民に「世界の出来事，アメリカや西側の政策，とくにドイツに関する情報について伝達する」ことにより，ソ連当局や東ドイツ指導部の権力基盤を掘り崩すことが目指された。さらに西ベルリンは「民主主義のショーウィンドー」として，東ドイツや他の東欧諸国に対する「心理作戦」の拠点と位置づけられた。

1953年1月のアイゼンハワー政権の発足に伴い，東ドイツについての心理作戦はPSB D-21としてまとめられ，同作戦を中心に，東ドイツの人々に共産主義の束縛から解放される期待感を高めるために「解放政策」が開始された。1953年初頭まで，秘密情報機関の連絡，東ドイツ体制への抵抗組織への物質的・経済的援助を中心に「解放政策」は実施され，連合国高等弁務府（HICOG）司令部の管轄下にあったベルリン・アメリカ地区ラジオ放送（通称，リアス放送：RIAS）は，これらの措置の効果的な手段と位置づけられた。東ドイツ国民の約70％が聞いていたとされるRIASの放送は，情報を伝えただけでなく，聴衆とのコンタクトや秘密情報の収集，東ドイツ内でのスパイの募集にも利用された。このような「解放政策」は，磁石が鉄をひきつけるように，西ドイツが東ドイツをひきつけるという「マグネット理論（Magnet-Theorie）」や，プロパガンダ措置としての「心理作戦」を基礎としていた。換言すれば，平和的な「解

放」を基本とし，軍事的な介入は前提としていなかった。しかし，トルーマン政権の進めた「封じ込め政策」が，共産主義の防波堤の構築を目指した「防御的」なものであったことを考えれば，「解放政策」（場合によっては「完全な封じ込め政策」とも言えよう）は，敵対陣営の内部で抵抗の意識を増大させるという意味で，より「攻撃的」な措置であった。

　実際，東ベルリンで生じた6月の民衆蜂起はRIAS（リアス放送）の影響によって東ドイツ全土へと拡大し，SED体制に圧力をかけるために導入された東ドイツへの食糧援助計画が，暴動をさらに促進することになった。

2．「解放政策」と「西側統合政策」

　しかし，「解放政策」に示されるアイゼンハワー政権の強硬姿勢「力の政策 Politik der Stärke」は，初期の段階から複数の目標を同時に設定していたため，いくつかの矛盾要素を抱え込んでいた。すなわち，第1に，東欧諸国のソ連からの「解放」を呼びかける際に，どの程度まで「解放」させるのか？第2に，「解放」に応じて東欧諸国で，蜂起などの不測の事態が生じた時に，アメリカはそれに介入するのか？　第3に，ソ連圏での変動が西側諸国に波及し，西側統合政策に悪影響を及ぼす危険性が生じた際に，「解放政策」と西側統合政策をどのように調整するのか？

　とくにアイゼンハワー政権にとっては，アデナウアー政権が進めていた西側統合政策が最も重要な課題であった。というのも，それは，アメリカが自国の財政問題の解決を西側統合政策に期待していたためでもあった。アメリカにとってヨーロッパへの駐留は，当初の予想以上にコストの高い世界戦略となっていた。したがってヨーロッパ各国が共同で出費するEDC構想は，アメリカにとっても魅力的な計画であった。[40] さらに，アメリカからみれば，西側統合政策を実現することにより，アメリカと西ドイツの同盟が強化され，西側諸国の結束力が高められることは，東側に対抗する姿勢を明確に打ち出すことにもつながり，その意味で，「解放政策」とも矛盾していないように思われていたのである。アメリカは自らの世界戦略を実現させるために，西ドイツ総選挙を1953年9月に控えたアデナウアー政権を支えることを，重要な課題と位置づけていた。

しかし東ドイツの「危機」が「蜂起」となり，6月17日事件が勃発すると，アメリカの「解放政策」は矛盾を露呈することとなる。騒乱状況の実態が（アメリカ）中央情報局（CIA）を通じてアメリカ政府内部に詳細に報告されると，アイゼンハワー政権は蜂起にどのように対応すべきか，さらには「解放政策」と西側統合政策をどのように調整すべきか，戦略の見直しを余儀なくされるのである。

3．チャーチルと「ドイツ問題」

　他方，この頃，イギリスも外交戦略の立て直しを進めていた。ドイツを中心に複雑に作用した力学に，イギリスの外交戦略も加えることができる。すなわちチャーチルは，第二次世界大戦の結果，弱体化したイギリスを再建して，世界強国の地位へと再び押し上げるために，〈資本主義・アメリカ〉と〈社会主義・ソ連〉との間の仲介役を担うことを目指したのである。

　チャーチルの外交政策は「3つの環」と呼ばれ，〈アメリカ〉，〈イギリス（ならびにイギリス連邦）〉，さらには〈統一ヨーロッパ〉の三勢力が，互いに重なり合う部分を持ちながら結ばれていなければならない，とするものであった[41]。米ソ超大国により世界が分割され，そうした国際秩序へとイギリスが従属的な行為主体として組み込まれてしまう可能性よりも，米英ソ三大国による「頂上会談（Gipfelkonferenz）」を通じて冷戦の克服と「ドイツ問題」に対処することが重要であった。1950年7月27日，チャーチルは議会で次のように主張している。「決然とした努力が払われれば，ソ連政府と平和的な和解に達するかもしれない，そうした希望を私たちは決して諦めてはならないのです[42]。」

　1951年10月，総選挙で労働党のアトリー政権を破り，チャーチル（保守党）は政権に返り咲いた。そして1953年3月5日のスターリンの死を受けて，緊張緩和政策の検討を進めた。その結果，チャーチルは，一方でアメリカの「巻き返し政策」に反対し，他方でソ連との平和的な和解に達するための選択肢の1つとして，中立的統一ドイツの建国というビジョンに到達したのである[43]。

　しかし，ソ連の新指導部と交渉を開始することを要求したチャーチルの外交政策に対して，アメリカ政府や西ドイツのアデナウアー政権，さらには，イギリス外務省内部からも反対の声が上がった。チャーチルが中立的統一ドイツを

目指してソ連との交渉を本格化させれば，西ドイツの西側統合政策は，従来の進路から逸れてしまう可能性があった。EDC条約はこの時期，すでに調印されていたが，関係各国における批准手続きはまだ完了していなかった。さらに，1953年9月に総選挙を控えたアデナウアー政権は，西ドイツ国民のドイツ統一への希望に配慮しなければならなかった。ソ連指導部からドイツ統一へ向けた計画が提案され，イギリスがそれに理解を示した場合に，アデナウアー政権はそれをあからさまに拒否できる立場にはなかったのである。そのようななか，ソ連指導部はドイツ統一問題に関する新たな提案の準備を進めていた。

4．モロトフと「ドイツ問題」

1953年4月～5月，モロトフを中心としたソ連指導部は，ドイツ統一問題に関する新たな提案をまとめる作業に取りかかっていた。この経緯は，冷戦後に公開された史料によって明らかにされている。ここでは，ロシア連邦外務省文書館所蔵史料をロシア語からドイツ語に翻訳し，部分的に解説を加えて紹介したシェルストヤーノイの論文・史料紹介「スターリン死後のソ連のドイツ政策1953—モスクワ外務省文書館の新史料」[44]を参考にして，以下，議論を進める。

シェルストヤーノイは，スターリン死後，ソ連指導部のなかの「ドイツ問題」をめぐる主導権はモロトフとセミョーノフを中心としたグループが握ったと結論づけて，この外務省グループが「スターリン・ノート」をさらに発展させた覚書を準備していた，とまとめた。そしてその根拠として，次の5つのソ連外務省史料（1953年4月～5月）を提示している。

史料1：1953年4月28日　「ドイツ問題におけるソ連政府のさらなる措置に関して」
史料2：1953年5月5日　「ドイツ問題におけるソ連政府のさらなる措置に関して」
史料3：1953年5月27日　「ドイツ問題におけるソ連政府のさらなる措置に関して」
史料4：1953年5月31日　「東ドイツの情勢に関して」
史料5：1953年5月15日　「アメリカ政府宛の覚書の草案」
（備考：史料1は，ソ連外務省が作成。史料2と3は，ソ連閣僚評議会幹部会会議の際にソ連外務省が提示した議案。史料4は，セミョーノフによって提示された閣僚評議会の決議のための提案であり，東ドイツにおける「危機」の問題がソ連外務省で初めて取り上げられたものである。史料5は，5月初頭から，ソ連のヨーロッパ第Ⅲ部局によって作成が進められた覚書を改訂したものであり，セミョーノフの考えが強く反映されている。）

この5つの史料のなかで最も重要な史料は史料3（「ドイツ問題におけるソ連政府のさらなる措置に関して」〔1953年5月27日〕）である。そこでは，ドイツの統一に際して，「スターリン・ノート」よりもさらに踏み込んだ交渉を西側との間で進めることが検討されており，統一国家を建国するための具体的なプロセスと，西側への譲歩がまとめられていた。ここでは，1953年4月～5月の時期にソ連指導部で議論されていたこれらのドイツ統一提案の草案を「モロトフ・プラン」と呼んで，以下，議論を進める。そこで，史料3の検討を中心に，「モロトフ・プラン」として示されたこの時期のソ連のドイツ統一のビジョンを，最初に示しておきたい。

4月28日に作成されたソ連外務省文書では，早急に全ドイツ暫定政府を形成することが求められていた[45]。そして，「スターリン・ノート」の骨格に沿ったこのソ連外務省文書は，セミョーノフを中心に作成され，繰り返し修正が加えられた。その際，とくに問題とされたのは占領軍撤退に関わる問題であり，「スターリン・ノート」では，平和条約の締結後1年以内に占領軍は撤退するべきであることが提案されていたが，セミョーノフによる「ドイツ問題の覚書」（5月2日）では，暫定政府の形成の後，ただちに撤退することとされていた[46]。

しかし，セミョーノフによって進められた覚書の作成作業は，東ドイツにおける「危機」の先鋭化と西側の動向（とくにチャーチルによる緊張緩和政策）により，揺さぶられることとなった。5月5日，ソ連指導部内では東ドイツの危機的状況が検討され始め，5月6日にはベリヤが東ドイツの状況を報告した。東ドイツの危機的な状況を踏まえて，5月7日，モロトフは新しい方針を検討した。それは，「人民民主主義的発展の途上にある」とされた東ドイツの強化であり，2つのドイツ（西ドイツと東ドイツ）を承認する方向へとドイツ政策を転換する方針であった。しかし，ソ連外務省の方針が揺れ動いているこの時期に，チャーチルが緊張緩和へ向けた演説を行った。チャーチルの演説がソ連の外交方針に影響を与えたのである[47]。

5月11日，チャーチルはイギリス下院で，ただちに三大国会談を開催することを要求し，その際，ソ連の安全保障への関心に理解を示した。「ロシアは，〔……〕ヒトラーによる侵略によって被った恐怖が決して繰り返されないこと，さらにはポーランドが，それは傀儡国家ではないと私は信じているが，〔ソ連

の〕友好国であり緩衝〔地帯〕であり続けることを，確実なものと感じることができる権利を有している。」[48]

　チャーチルの演説を受けて，ソ連外務省は，5月7日の路線（西ドイツと東ドイツの二国家承認路線）から，「ドイツ問題」の解決へ向けた路線（西側への新たなドイツ統一構想の提示）へと立ち戻った。5月13日，15日，20日，それぞれセミョーノフを中心に西側宛の覚書草案が起草され，それらは修正作業を経て，5月27日，ソ連外務省によりソ連閣僚評議会幹部会会議において，議案「ドイツ問題におけるソ連政府のさらなる措置に関して」が提示された。そこでは，「スターリン・ノート」の段階で示された路線を基礎としながら，多くの変化も示されていた。[49]

　第1には，ドイツ統一へ向けた暫定政府樹立構想が示されていたことである。それは，一方で全ドイツ暫定政府を形成し，他方で西ドイツ政府と東ドイツ政府の骨格も残す，という二重構造から構成されていた。そして，西ドイツと東ドイツの両政府の合意が達成された時点で，西ドイツと東ドイツが全ドイツ暫定政府へと置き換えられ，それによって統一国家が樹立される，とされた。ソ連の解釈によれば，そのような統一構想は，「即刻」実現できる上，統一へ向けて，占領諸国の干渉を排除することができると考えられていた。[50]

　第2には，「モロトフ・プラン」のなかでは，それまで繰り返し主張されてきた統一ドイツの中立化構想が言及されず，棚上げにされていたことである。シェルストヤーノイはこの理由について触れていないが，中立化要求の棚上げと暫定政府樹立構想は連結していたものと推測される。すなわち，「モロトフ・プラン」に示された統一構想は，①全ドイツ暫定政府の形成→②西ドイツ政府と東ドイツ政府との間の協議→③統一国家の樹立，という三段階が必要不可欠であったが，ソ連はこのなかの②の段階の協議の展開に期待を寄せ，西ドイツと東ドイツ政府間の協議を通じて，統一国家が中立化されることを望んでいたと思われる。

　第3には，占領軍の即時撤退に関する要求であった。暫定政府樹立構想を実現するためには，占領諸国の干渉を排除することが重要であった。そしてまた占領軍の即時撤退は，ソ連の解釈によれば，ドイツ国民に配慮することにつながり，その結果，交渉が円滑に進展することが期待されていたのである。「モ

ロトフ・プラン」のなかでは次のようにまとめられている。「ドイツからすべての外国の占領軍が撤退した後，全ドイツ自由選挙の準備・実施が行われる。」[51] また，5月15日の「モロトフ・プラン」(「アメリカ政府宛の覚書の草案」)のなかでは，次のようにまとめられていた。「ソ連政府は［……］講話条約の発効後，3カ月以内に，ドイツからすべての外国占領軍が撤退することを支持する。」[52]

第4には，全ドイツ自由選挙の実施形態の問題であった。「モロトフ・プラン」のなかでは，次のように論じられている。「東ドイツと西ドイツの選挙法を基礎として，そしてまたヴァイマル共和国の選挙法規定を考慮に入れて，全ドイツ選挙法草案を完成させること。」[53] スターリンやモロトフが描いていた統一ドイツは，この選挙法の構想からも推測できるように，ヴァイマル共和国をモデルとした国家であった可能性が高い。

そしてこれらの第1から第4までの「モロトフ・プラン」の特徴を総合すると，統一ドイツ形成までの手順に関して，次の道筋をソ連側が提示しようとしていたことが結論づけられる。

(1)全ドイツ暫定政府の形成（西ドイツ政府と東ドイツ政府も残存）
(2)二重構造の期間
　1．西ドイツ政府と東ドイツ政府との間の協議
　2．合意
　3．統一国家の樹立
　［……］
　4．講話条約の発効（3カ月以内）→占領軍の撤退
　5．全ドイツ自由選挙の準備・実施（東ドイツ・西ドイツ・ヴァイマル共和国の選挙法を参考にする）

「スターリン・ノート」をめぐる「覚書戦」の際には，これらの手順をめぐる議論も争点の1つであった。すなわち，ソ連は，①西ドイツ政府代表と東ドイツ政府代表から全ドイツ政府を形成し，引き続いて②講和条約を締結することを主張していたが，西側は(1)国連による選挙前提の調査，(2)全ドイツ自由選挙の実施，(3)全ドイツ政府の樹立，(4)講和条約の締結，という順番を主張していた。どの時点で選挙を実施するか，という問題が東西間の論争となっていたのである。[54]

しかしながら，この「モロトフ・プラン」（とくにそのなかでも最終版であった5月27日の議案）は，「モロトフ・プラン」として西側に提示されることはなかった。「スターリン・ノート」以上のインパクトを西側に与える可能性があった「モロトフ・プラン」は，東ドイツにおける「危機」の先鋭化により，棚上げにされたのである。

1) Rolf Stöckigt, 'Ein Dokument von großer historischer Bedeutung vom Mai 1953,' in : *Beiträge zur Geschichte der Arbeiterbewegung*, 32 (1990), S. 648-654.
2) Elke Scherstjanoi, ' "Wollen wir den Sozialismus?": Dokumente aus der Sitzung des Politbüros des ZK der SED am 6. Juni 1953,' in : *Beiträge zur Geschichte der Arbeiterbewegung*, 33 (1991), S. 658-680.
3) フランソワ・フェイト著，熊田亨訳『スターリン以後の東欧』岩波書店，1978年。
4) Gareth Pritchard, *The making of the GDR, 1945-53: from antifascism to Stalinism* (New York: Distributed exclusively in the USA by St. Martin's Press, 2000), pp. 206-220.
5) 星乃治彦『社会主義国における民衆の歴史——1953年6月17日東ドイツの情景』法律文化社，1994年。
6) Christoph Kleßmann und Bernd Stöver (Hg.), *1953-Krisenjahr des Kalten Krieges in Europa* (Köln: Böhlau Verlag, 1999)；なお同書に関する書評論文は，清水聡「〈書評〉Christoph Kleßmann / Bernd Stöver (Hg.), *1953-Krisenjahr des Kalten Krieges in Europa*』『西洋史学』第202号，2001年9月，89〜93頁。クレスマンとシュテーファーによる共同研究の概要について指摘しておきたい。共同研究『1953年——ヨーロッパにおける冷戦の危機の年』では，各国および各問題に関する11人の専門家がそれぞれ担当した各章の論文が，単に個別の事象を論じているだけでなく，編著者クレスマンとシュテーファーを中心に，全体として統一的な視点によって導かれている。それは，1953年のスターリンの死とそれに続くソ連での権力闘争，そしてチェコスロヴァキアや東ドイツにおいて生じた民族蜂起といった事象に示される危機に対して，ヨーロッパ各国がどのように対応したかということである。クレスマンとシュテーファーによる研究は，1996年11月に開催されたポツダムでのシンポジウム「危機の年1953年とヨーロッパにおける冷戦」の成果をまとめたものであり，研究上争点となっているが，あまり分析が進んでいなかったヨーロッパにおける冷戦の危機の年としての「1953年」に焦点を当て，主にソ連，東欧各国（チェコスロヴァキア，ハンガリー，ポーランド），東西ドイツ，イギリス，アメリカの動向と，それら各国の相互作用をその分析対象としている。
7) Jan Foitzik (Hrsg.), *Entstalinisierungskrise in Ostmitteleuropa 1953-1956: vom 17. Juni bis zum ungarischen Volksaufstand: politische, militärische, soziale und nationale Dimensionen* (Paderborn; München; Wien; Zürich: Ferdinand Schöningh, 2001).
8) Christian F. Ostermann, ' "Die beste Chance für ein Rollback"? Amerikanische Politik und der 17. Juni 1953,' in : Kleßmann, Christoph und Bernd Stöver (Hg.), *1953-Krisenjahr des Kalten Krieges in Europa* (Köln: Böhlau Verlag, 1999), S. 115-139.

9) Klaus Larres, 'Großbritannien und der 17. Juni 1953: Die deutsche Frage und das Scheitern von Churchills Entspannungspolitik nach Stalins Tod,' in : Kleßmann, *1953-Krisenjahr des Kalten Krieges in Europa*, a. a. O., S. 155-179.

10) Christian F. Ostermann, *Uprising in East Germany 1953: the Cold War, the German question, and the first major upheaval behind the Iron Curtain* (Budapest; New York: Central European University Press, 2001).

11) Elke Scherstjanoi, 'Die sowjetische Deutschlandpolitik nach Stalins Tod 1953: Neue Dokumente aus dem Archiv des Moskauer Außenministeriums,' in : *Vierteljahrshefte für Zeitgeschichte*, 46 (1998), S. 497-549.

12) Wilfriede Otto, *Die SED im Juni 1953. Interne Dokumente*, 2., durchgesehene Aufl (Berlin: K. Dietz, 2003).

13) *NEUES DEUTSCHLAND*, 10. Juli 1952.；*NEUES DEUTSCHLAND*, 11. Juli 1952.

14) *NEUES DEUTSCHLAND*, 13. Juli 1952.

15) クリストフ・クレスマン著，石田勇治・木戸衛一訳『戦後ドイツ史：1945～1955―二重の建国』未来社，1995年，299頁。永井清彦『現代史ベルリン』朝日新聞社，1990年，103～104頁。永井陽之助『冷戦の起源―戦後アジアの国際環境』中央公論社，1978年。

16) クレスマン，同上書，307～308頁。

17) Sonja Häder, 'Von der "demokratischen Schulreform" zur Stalinisierung des Bildungswesens—der 17. Juni 1953 in Schulen und Schulverwaltung Ost-Berlins,' in : Jürgen Kocka (Hrsg.), *Historische DDR-Forschung: Aufsätze und Studien* (Berlin: Akademie Verlag, 1993), S. 197-200.

18) Stöckigt, a. a. O., S. 651.

19) Mary Fulbrook (ed.), *German history since 1800* (London; New York: Arnold, 1997), p. 401.

20) バーナード・ハットン著，木村浩訳『スターリン―その秘められた生涯』講談社，1989年，213～215頁。

21) アブドゥラフマン・アフトルハノフ著，田辺稔訳『スターリン謀殺』中央アート出版社，1991年。

22) フェイト，前掲書・注3），1頁。

23) *NEUES DEUTSCHLAND*, 7. März 1953.

24) *NEUES EUTSCHLAND*, 11.,12.,13.,14.,19.,24.,25. März 1953.

25) フェイト，前掲書・注3），2～3頁。

26) Karl Schirdewan, *Aufstand gegen Ulbricht: im Kampf um politische Kurskorrektur, gegen stalinistische, dogmatische Politik* (Berlin: Aufbau Taschenbuch Verlag, 1994), S. 47-48.

27) Gerhard Wettig, 'Zum Stand der Forschung über Berijas Deutschland-Politik im Frühjahr 1953,' in : *Deutschland-Archiv*, 26 (1993), S. 677.

28) Wilfriede Otto, 'Sowjetische Deutschlandpolitik 1952/53: Forschungs-und Wahrheitsprobleme,' in : *Deutschland-Archiv*, 26 (1993), S. 952.

29) Wladimir S. Semjonow, *Von Stalin bis Gorbatschow: Ein halbes Jahrhundert in diplomatischer Mission 1939-1991* (Berlin: Nicolai, 1995), S. 290.

30) クレスマン，前掲書・注15），318頁。
31) Vladislav Zubok, '"Unverfroren und grob in der Deutschlandfrage..." Berija, der Nachfolgestreit nach Stalins Tod und die Moskauer DDR-Debatte im April-Mai 1953,' in : Kleßmann, *1953-Krisenjahr des Kalten Krieges in Europa*, a. a. O., S. 39-40.
32) 清水，前掲書・注6），39～40頁。
33) ストローブ・トールボット序，ジェロルド・シェクター，ヴァチェスラフ・ルチコフ編，福島正光訳『フルシチョフ封印されていた証言』草思社，1991年，122～123頁。
34) 星乃，前掲書・注5），28～30頁。
35) ルイス・J・ハレー著，太田博訳『歴史としての冷戦—超大国時代の史的構造』サイマル出版会，1970年，204～212頁。
36) Christoph Kleßmann und Bernd Stöver, 'Das Krisenjahr 1953 und der 17. Juni in der DDR in der historischen Forschung,' in : Kleßmann, *1953-Krisenjahr des Kalten Krieges in Europa*, a. a. O., S. 13 ; Richard A. Melanson and David Mayers, *Reevaluating Eisenhower: American Foreign Policy in the 1950s*（Urbana: University of Illinois Press, 1987), pp. 31-64.
37) *FRUS: 1952-1954*, VII. p. 375.
38) アメリカ外交の「封じ込め」と「心理的外交手段」の概略については，花井等・浅川公紀『アメリカの外交政策』勁草書房，1991年，247～255頁。佐々木卓也『封じ込めの形成と変容—ケナン，アチソン，ニッツェとトルーマン政権の冷戦戦略』三嶺書房，1993年。佐々木卓也編『戦後アメリカ外交史』有斐閣，2002年。佐々木卓也『アイゼンハワー政権の封じ込め政策—ソ連の脅威，ミサイル・ギャップ論争と東西交流』有斐閣，2008年。倉科一希『アイゼンハワー政権と西ドイツ—同盟政策としての東西軍備管理交渉』ミネルヴァ書房，2008年。
39) Markus Wacket, ' "Wir sprechen zur Zone." Die politischen Sendungen des RIAS in der Vorgeschichte der Juni-Erhebung 1953,' in : *Deutschland-Archiv*, 26（1993), S. 1035, 1046.
40) 高松基之「冷戦の進展と変質」（有賀貞・宮里政玄編『概説アメリカ外交史』有斐閣，所収）1998年，154～157頁。
41) K・アデナウアー著，佐瀬昌盛訳『アデナウアー回顧録』Ⅰ・Ⅱ，河出書房新社，1967年，229～230頁。
42) Klaus Larres, 'Neutralisierung oder Westintegration? Churchill, Adenauer, die USA und der 17. Juni 1953,' in : *Deutschland-Archiv*, 27（1994), S. 571.
43) Rolf Steininger, *Eine Chance zur Wiedervereinigung? Die Stalin-Note vom 10. März 1952. Darstellung und Dokumentation auf der Grundlage unveröffentlichter britischer und amerikanischer Akten*（Bonn: Verlag Neue Gesellschaft, 1985), S. 300-303.
44) Scherstjanoi, 'Die sowjetische Deutschlandpolitik nach Stalins Tod 1953', a. a. O., S. 497-549.
45) Ebd., S. 531-532.
46) Ebd., S. 512.
47) Ebd., S. 515-517, 521.
48) Larres, 'Neutralisierung oder Westintegration?', a. a. O., S. 572.

49) Scherstjanoi, 'Die sowjetische Deutschlandpolitik nach Stalins Tod 1953', a. a. O., S. 517-519, 525-528, 539-543.
50) Ebd., S. 541.
51) Ebd., S. 541.
52) Ebd., S. 548.
53) Ebd., S. 541.
54) 小嶋栄一『アデナウアーとドイツ統一』早稲田大学出版部, 2001年, 6頁。佐瀬昌盛「第二次大戦後のドイツ」(林健太郎編『ドイツ史』山川出版社, 所収) 1991年, 498～500頁。

東ドイツ市民と社会主義システム／第6章

「民族蜂起」と東ドイツ政治外交

I 東ドイツと1953年6月17日事件

1.「新コース」と東ドイツ指導部

　刻々と深刻化する東ドイツの危機的状況を正確に把握し，蜂起が生じることを事前に予測していた者は，おそらく一人もいなかった。米英の指導者は，「ドイツ問題」から自国の利害を引き出すことに専心し，アデナウアーは西側統合政策と総選挙の問題に没頭していた。また東ドイツ指導部は，蜂起の前日（6月16日）まで，デモに参加する労働者との話し合いを通じて，「危機」を克服することができると考えていた。したがって当時，最も東ドイツの危機的状況を詳細に把握していたのはソ連指導部であった。[1] ソ連指導部は，東ドイツ国民の国外流出に直面して，東ドイツ指導部の進める「社会主義の建設」を，これ以上，容認することができないと判断し，すでに5月5日には，ベリヤを中心として経済危機を回避するための政策として「新コース」──主な内容は，消費財生産の増加や物価の引き下げを目指した経済改革と，政治の部分的な自由化から構成される──を検討し始めていた。しかしソ連指導部も，「新コース」を導入することで，「危機」は未然に回避することができると考えていた。その意味で，6月初頭に東ドイツで大規模な蜂起が生じることを正確に予測していた者は，誰もいなかったと言えよう。

　6月2日〜4日，モスクワで実施された会談のなかで，東ドイツ指導部はソ連指導部から東欧諸国のなかで真っ先に「新コース」への移行を通達された。[2] これを受けて東ドイツ指導部は，ソ連の新経済政策（NEP）を模範とした「新コース」の実施を，1953年6月9日の政治局コミュニケの形で発表した。その内容は東ドイツ国民には，11日と12日の新聞を通じて知らされた。「新コース」は，「強硬」な「社会主義の建設」を急務とする東ドイツ指導部に対して，ソ

連指導部がその「減速」を命じたもので，従来の抑圧措置を撤回し，消費財生産を重視することを目指していた。しかし，「ソ連化」という目標に固執した東ドイツ指導部は，「新コース」の導入に直面して，堂々巡りの議論に陥った。すなわち，「社会主義」が問題なのか？「強硬」な「社会主義の建設」が問題なのか？ あるいは，上意下達的な国内システム（とくに党の機構）や個人崇拝が問題なのか？ 経済危機が深刻化していくなか，東ドイツ指導部はこれらの論争を繰り返し，「政治的空白」を招いた。[3]

東ドイツ指導部は一貫した政策を打ち出せず，一方で，「新コース」を導入することで労働者への配慮を示し，他方で，5月に引き上げた労働ノルマを撤回せず，労働者への譲歩を拒んだ。東ドイツ指導部の矛盾した方針は，蜂起の前日まで続いた。6月14日，ドイツ社会主義統一党（SED）は『ノイエス・ドイチュラント』紙上で，ノルマの増加に反対する姿勢を示した。しかし，その2日後（16日），自由ドイツ労働組合総同盟（FDGB）の機関誌『トリビューネ』は，レーマーの論文を通じてノルマの引き上げを正当化した。そしてこの矛盾した方針が，労働者の不満を爆発させる直接のきっかけとなった。[4] 散発的だったストライキは瞬く間に各地に広がり，6月17日には東ドイツ全土で蜂起が展開されたのである。

2．6月17日事件——事件の経過

6月17日事件の原因について，東ドイツ指導部は，西側の「Xデイ」作戦が敢行されたと繰り返し主張した。『ノイエス・ドイチュラント』には，「ファシズムの冒険的な企ての挫折」という記事が載せられ，[5]事件の責任は西側に転嫁された。自ら党内における反対派の立場を自称したクチンスキーでさえ，当時を次のように回想している。ベルリン蜂起に直面して，「私たちは2人とも——クチンスキーとブレヒト——，完全に党と国家の指導層を支持する側に立つことになる。それというのも，ベルリンでは，西ベルリンの方からこちら側へと行進して来る，反社会主義を叫ぶデモの参加者たちの姿を，自分の目で，きわめて明白に目撃することができたからである。自分たちがどの側に立ち，そしてまた立たねばならぬかということについては，私たちには一片の逡巡もなかった。」[6]

しかし、「火のない所にむりに煙を立てる事はできない[7]」のであって、西ドイツから潜入した戦争挑発者の仕組んだ「仕業」に、6月17日事件のすべての原因を求めることは不可能であろう。6月17日、労働者のデモの最大の目的は「生活改善」であった。彼らは次のような要求を口にしていた[8]。

- 「われらの苦悩は終わりだ。われらは選挙を要求する」「労働者よ団結せよ、団結は力だ」…（7時25分：リヒテンベルクからシュトラウスベルガー通りを行進していた400人から500人の先頭の青年が口にしていたシュプレヒコール）
- 「政府はどけ、戦車はどけ、警察はどけ」…（9時45分：デモ隊のスローガン）
- 「われらは、自由、正義、パンを欲する。さもなくば、ダラ幹たちを叩き殺そう」…（10時42分：ウンター・デン・リンデンのデモ隊のスローガン）
- 「ノルマの上げ下げをやめろ」…（11時2分：ウンター・デン・リンデンとフリードリヒ通りの角のシュプレヒコール）
- 「自由、パン、自由選挙をわれらは望む」…（11時6分：官庁前）
- 「われらは誰か政府からの人間を見たい、そしてわれらに話してくれ、そしたらわれらは満足だ。しかし、少数は大衆を挑発している」「SED打倒、われらは人民軍を必要としない」…（11時50分：国民評議会からライプツィヒ広場にかけて労働者の大半が要求）

しかし、これらの労働者の要求を概観すると、「Xデイ」を超えた、東ドイツ「国家」と東ドイツ「国民」とのより深い関係を垣間見ることができる。労働者が「自由選挙」や「SED打倒」を叫んだ事実を踏まえるならば、6月17日事件が単なる「生活改善」のためだけの運動であったと限定することは不可能であろう。西ドイツへと逃亡するのではなく、東ドイツ国内に留まり、「生活改善」を通じた運動を労働者が繰り広げたことを考えれば、6月17日事件に、「下から」の国内変革運動の要素も含まれていたと考えることができる。

すなわち民主化されたドイツの実現であり、さらには、民主的なドイツの統一という目標である。6月17日事件において、ドイツの「統一」を要求する以下のようなスローガンを見出すことができる。ドレスデンのデモの参加者は次のように叫んでいた。

- 「政府から去れ！ われわれは自由選挙を要求する！ われわれは政府の退陣を要求する！（そして）われわれは最後には再統一を要求する！」[9]

さらにデモ参加者はより多元的な要求も叫んでいた[10]。イエナとビッターフェルトからは次のようなシュプレヒコールが報告されている。
・「政治捕虜の釈放！」
ゲルリッツではスローガンは極端にエスカレートした。
・「オーデル＝ナイセ境界線の撤廃！　ロシアのイヴァン──国へ帰れ！」
その他、次のようなスローガンも記録されている。
・「先が細くとがったあごひげ、腹、そして眼鏡は／国民の意志ではない！」
・「無意味だ、役に立たない／先が細くとがったあごひげは去らなければならない！」
・「ウルブリヒト、ピークそしてグローテヴォール／われわれはうんざりしている！」
・「われわれは決して猿ではない／（だから）われわれはまったく武器を欲していない！（Wir sind doch keine Affen／Wir wollen keine Waffen!）」
（＊「あごひげ」はウルブリヒト、「腹（タイコ腹）」はピーク、「眼鏡」はグローテヴォールのことを示している）

　6月17日事件の特徴については、次の4点が研究課題として指摘できる。第1に、冷戦期、「ソ連・東欧圏」では数々の蜂起が生じるが──例えば、ポーランド・ポズナン事件（1956年6月）、ハンガリー事件（1956年10月）、チェコ事件（1968年8月）──、この東ドイツでの蜂起は、「ソ連・東欧圏」で最初に生じた蜂起であった。確かに東ドイツは、依然として「ソ連・東欧圏」の完全な「構成国」ではなかった。しかし1953年の東ドイツは、「社会主義の建設」を実施した後の段階であったため、その「準構成国」であった。したがって、6月17日事件は「ソ連・東欧圏」で生じた蜂起の歴史のなかにどのように位置づけることができるのか、中・東欧史の枠組みからも考察が進められなければならない。
　第2に、上記の「ソ連・東欧圏」の他の蜂起と比較して、6月17日事件は分裂国家（東・西ドイツ）で生じた蜂起であった。2つのドイツの片方で巨大な変動が生じれば、それは全ドイツへと波及し、国際秩序を大きく変える可能性もあった。言い換えれば、分裂国家で起きた蜂起であったが故に、分断状況を

第3に，蜂起には，「労働者蜂起」と位置づけられるスローガンもあれば，「民族蜂起」と位置づけられるスローガンもあった。「労働者蜂起」とは，労働者が自らの生活改善を要求するために東ドイツ国家に積極的に働きかけた蜂起であり，「民族蜂起」とは，より幅広い社会階層が東ドイツ国家の解体を目指して運動した蜂起であり，ドイツ民族（Volk）によるソ連への抵抗運動，さらにはドイツの統一を潜在的な運動（蜂起）の目標としていた。そして実態は，クレスマンが論じているように，「労働者蜂起」と「民族蜂起」の両方の要素が入り混じっていたとみることが適切であるように思われる。すなわち，6月17日事件には全ドイツ的な政治革命の可能性が潜んでいた一方で，その可能性が拡大されることがなかったのである。[11]

　第4には，蜂起の特徴が，ドイツ労働運動史の伝統（いわば，「ドイツ型・社会主義」）とウルブリヒト（「モスクワ派」）によってソ連から持ち帰られた「ソ連型・社会主義」との間の，実践的・理論的な相克であった可能性が高いことである。ドイツ労働運動史の伝統が戦後社会にどのように継承されたのか，あるいはどの点に連続・不連続の諸側面を見出すことができるのか，慎重に考察されなければならない。

3．ソ連軍と6月17日事件

　蜂起はソ連軍の迅速な介入により鎮圧されたが，セミョーノフの回顧録には，このときのソ連側の事件への対応が次のように記されている。

　「1953年6月17日，朝7：00頃，ベルリンの中心部で暴動が始まった。夜の間に前もってわれわれは，大規模な戦車と砲兵部隊を都市に集結させていた。今，西ベルリンと東ドイツの各地から来た憤激した群衆が，これらの部隊にめがけて殺到した。無防備の戦車のハッチにいたソ連将校は，腐った卵やトマトや石を投げつけられた。［……］

　激しいデモとその衝突に関する報告が，ゲラ，コットゥブス，ケムニッツ，ハレ，ライプツィヒ，ドレスデン，マグデブルク，そして東ドイツのその他の諸都市から届いた。当事者双方に死者が出た。われわれは事件の展開を精確に観察し，デモ参加者のスローガンと要求を分析し，西ドイツと東ドイツの境界

線付近の状況を分析した。さらに，フルシチョフ，モロトフ，ベリヤ，マレンコフそしてその他の人たちに再度電話をかけた。

　激しさを増していた。11：00にわれわれはモスクワから，暴徒たちへの射撃を開始すること，軍事的即決裁判を用意すること，そして12人の暴動の首謀者を射殺すること，という命令を受け取った。死刑執行に関する報告が町のいたる所に提示されることになっていた。〔在独ソ連軍最高司令官〕ソコロフスキーと私は，しかし，臨時代理権をもっていたので，われわれはモスクワの命令に従った行動をとらなかった。そして，デモ参加者の首謀者を撃ち殺す命令だけを与えたのである。

　最初の発砲は，暴徒たちに動揺を呼び起こした。彼らは西ベルリンへと退き始めた。その際に，東ドイツのCDU〔キリスト教民主同盟〕議長ヌシュケを彼らは連行した。ヌシュケは，東ドイツに反対し，反乱者を支持するように話すことという，無理な要求を拒否した。記者会見の席上で，彼は東ドイツにおける社会主義を擁護した。そしてそれによって，彼は東ベルリンへと帰ることができた。

　最も激しい衝突は，ゲラ，コットゥブス，そしてハレで生じた。そこでは，警察署とSEDの建物が占拠された。そして，軽火器が投入された。

　即決裁判の開設に関する命令を達成するために，私はソ連軍の検察官を私のところへ呼び寄せた。そして彼にふさわしい命令を委ねた。しかし，彼は，〔……〕この命令を遂行することを拒んだ。私は彼を逮捕し，飛行機でモスクワへ送ること，しかしその前に飛行場で釈放することを命令した。彼の代行者は極端な状況に直面して，命令を遂行した。広告柱へのポスターが正気に返らせる影響を持った。われわれは炎が広がる前に消火することに成功したのである。『Xデイ』は起こらなかった。」[12]

　セミョーノフの回顧録が示しているように，6月17日事件の収拾は，ほぼ全面的にソ連軍の介入により行われた。蜂起に直面して東ドイツ指導部が有効な手段を講じることができなかったからである。事件の前日（16日）には自然発生的に生じたデモ隊に対して合同庁舎で，内務大臣ゼルプマンとハーヴェマンが群集に向かって演説したが，効果はなかった。17日には東ドイツ全土で，30〜40万人にのぼる労働者によるデモが展開された。ソ連軍は事件に慎重に対応

して、デモの鎮圧に成功した。事件の規模を「当日の死者はソ連兵18人，人民警察官と党役員116人，デモ参加者267人，この他戒厳令の即決裁判で92人が射殺」と書いた西側の本を紹介した研究もあるが，最近の研究では「蜂起の規模に比べれば，犠牲は死者21名と比較的少なかった」とされている。数字の正確性は現在に至るまで諸説あるが，セミョーノフの回顧録にあるように，ソ連軍が慎重に対応したことは間違いないであろう。なお，最近の研究では6月17日以降も散発的なストライキを労働者は展開したとされているが，これらの運動は東ドイツの国内システムの倒壊を招く可能性をもった「危機」とはならなかった。

4．東ヨーロッパと6月17日事件

　スターリンの死とベリヤをめぐる事件は東ドイツだけでなく，東ヨーロッパにおけるソ連システムにも深刻な影響を与えていた。ハンガリーにおいてもスターリン主義保守派のラーコシと改革派のナジと「新コース」の導入との関連は様々な問題を残した。1953年6月12日にクレムリンに呼び出されたラーコシは，ソ連指導部によりハンガリーでの極端に重工業に片よったソ連化政策を批判された。他方，ソ連はナジに期待を寄せ，ナジを中心に「新コース」は実施された。しかし，ラーコシによる「新コース」への度重なる妨害工作の結果，ハンガリーにおける「新コース」は期待された成果があがらず，多くの課題を残すことになった。

　他方，スターリンとほぼ時を同じくして死んだゴットワルト以後の，チェコスロヴァキア共産党新指導部も様々な問題に直面した。とくにそれは，①経済的困窮の解決と二重市場（配給制度と闇市）の廃止を目指して導入された通貨改革が，貯金の不利な換算のため国民の強い反発を招き，大規模な暴動が発生した点，さらに，②暴動が鎮静化するなかで，党指導部がザポトツキーを中心に「新コース」の導入に取りかかった点である。「新コース」は，ソ連指導部による修正を受けた後，1953年9月4日に決議された。しかし後に，ソ連指導部内でマレンコフからフルシチョフへと権力の移動が進むにつれ，チェコスロヴァキアでの力関係も，ザポトツキーから保守的なノヴォトニーへと変化し，「新コース」の政治的側面もそれ以後，半ば骨抜きにされる形となった。

1953年の「危機」はポーランドにも影響を与えている。ポーランドでは政府による情報統制にもかかわらず，住民は事件（6月17日事件）の経過を知った。しかし住民が耳を傾けた西側の放送局のニュースは，しばしば誇張されたり歪められたりしており，住民の間ではドイツとポーランド間の国境線の変更が生じるのではないかという噂が広まり，さらに国境付近では暴行事件も発生した。これに対してドイツの新聞は，「ソ連・東欧圏」で生じた蜂起（6月17日事件）は一種の連鎖反応を引き起こし，ポーランドに波及するに違いないと推測し，国境付近で生じた暴行事件がポーランド国内に波及したと大々的に報じた。このような報道機関による拡大解釈が誤っていたことは，今日，明らかになっている。そして，ポーランド国民は6月17日事件に対して直接的な反応を示さなかったものの，この出来事は後に生じる抵抗（1956年）の起源となった。6月17日事件は国境を越えた影響力を持っていたのである。

これらのことから，「新コース」の受容の仕方とそれに伴う権力の変動が，社会主義圏においてきわめて類似していたことが指摘できる。極端に重工業に特化した経済政策により，慢性的に日用品が不足した東欧諸国では，「新コース」の導入に手間取るケースが続出した。さらに「新コース」を主導したベリヤが逮捕され，マレンコフからフルシチョフへと権力交代が進むにつれて，東欧各国においても，指導者が改革派から保守派へと交代する局面がしばしば生じた。このような社会主義圏での国境を越えた権力闘争と権力交代が同時に発生したことは，社会主義圏の「秩序」が次第に画一化へと向かったことを如実に示している。それは，（逆説的に）6月17日事件が東欧各国の反体制運動の起源として，国境を越えた影響を持ったことにも示される[16]。

5．ベリヤと6月17日事件

6月17日事件はソ連指導部のなかの権力闘争に転機をもたらした。とくにベリヤが進めていたそれまでの路線が東ドイツの国際的位置づけと東ドイツにおける「社会主義の建設」の路線を不鮮明にし，東ドイツ指導部に混乱をもたらし，その結果，民衆の暴動を引き起こしたと考えられたのである。

ベリヤ逮捕に至る過程の一部は，様々な回想録を編集したネクラーソフによる研究が次のような経緯を明らかにしている。それによれば，フルシチョフは

マレンコフを説得して行動を開始し,ブルガーニン,モロトフ,サブーロフ,カガノヴィッチ,ペルヴーヒン,ヴォロシーロフを次々と味方に引き入れ(ミコヤンは最後まで中立的な態度を貫いた),ベリヤの包囲網を作り上げた。さらに,ベリヤが秘密警察を掌握していたので,フルシチョフは軍の支援も取りつけていたとされる。[17] 1953年6月26日,会議では意図的にベリヤに関する攻撃が始められ,ベリヤの過去の所業が問い質され,ソ連における民族問題と東ドイツに関する問題が指摘された。最後にはマレンコフがボタンを押して,あらかじめ取り決めてあった秘密の信号で軍人たちを呼びよせた。ベリヤは逮捕された。[18]

逮捕の理由としては第1に,秘密警察を統率していたベリヤの過去の所業が問われた。ソ連指導部の大半はベリヤが新たなリーダーとなることにより,スターリン時代の大粛清が再来する可能性を危惧していたのである。[19] 第2には,政策路線の相違が挙げられた。その際,政策路線の相違によるベリヤとその他のソ連指導部との対立は,次の2点に求められた。1つは,ソ連における民族問題であった。会議では,ベリヤが各民族出身の幹部を養成することを提案して,この問題に反ロシア的な内容を盛り込んだ,とされた。フルシチョフは次のように発言している。「民族主義者を糾合してロシア人に対抗させる。これは非常に危険です。共産党の敵は民族間の紛争に乗じるのが常なのですが,ベリヤも同じくそれを窺っているのです。」[20]

政策路線の相違として取り上げられたもう1つの点は,東ドイツに関する問題であった。とくに6月17日事件の衝撃は大きかった。1953年7月に開催されたソ連共産党中央委員会総会の第1回会議(7月2日)では,次のようにベリヤが攻撃された。「ドイツ問題の討議の際にベリヤは,急ぎ過ぎた『社会主義の建設』の路線を修正することだけでなく,そもそも東ドイツにおける社会主義を断念すること,そしてブルジョア的ドイツへの路線を選択することを提案した。この事実は彼がブルジョア的脱党者であることをよく示している。」[21]「ベリヤはDDR(東ドイツ)における『社会主義の建設』を断念すること,そして西側に譲歩することを提案した。このことは1800万人のドイツ人をアメリカ帝国主義者の支配下に明け渡すことを意味していた。彼は,『中立的・民主主義的ドイツが作り出されねばならない』と言っていた。」[22] これらの逮捕の理由に

関しては，裁判の過程で改めて考え出され，場合によっては，ベリヤの1つ1つの発言が拡大解釈されることで，ベリヤの排除が正当化されていった可能性もある。しかしいずれにしても，「6月17日事件」を理由としてベリヤの失脚は正当化されたことから，同事件はソ連における権力闘争の分岐点であった。

6．ウルブリヒトと6月17日事件

　他方，ベリヤ逮捕は東ドイツ指導部のなかの権力闘争にも深刻な影響を与えた[23]。6月6日に実施された政治局会議において開催が決められた組織委員会において，ウルブリヒトの独裁，書記局の構造，さらには指導の問題が議論され，第1回組織委員会（6月26日），第2回組織委員会（7月2日），第2回の政治局会議（7月8日）を通じて，ウルブリヒトは窮地に追い込まれていた[24]。「社会主義の建設」をめぐる問題において，比較的，ベリヤの路線に近い立場にあったヘルンシュタットとツァイサーが，「ウルブリヒト独裁」を克服するために，集団的決定方式の実行を求めていたのである。

　しかし，まさにこうした時期にベリヤが逮捕された。7月8日の第2回政治局会議の途中，ウルブリヒトやグローテヴォールはモスクワから呼び出され，事件の真相を知らされたのである。ベリヤの逮捕によってウルブリヒトの立場は逆転し，これ以降，ウルブリヒトは攻勢に出て，反対派の一掃を開始した。すなわち，大規模な粛清である。ウルブリヒトは「6月17日との関連で，党内の多くの場面で社会民主主義の現象が露見し，事態が緊迫した[25]」と述べ，ヘルンシュタットとツァイサーのグループに「社会民主主義の代表」や「降伏主義者」という評価を下したのである。おそらくヘルンシュタットもツァイサーも東ドイツの放棄を追求していたとは考えられない。しかし，彼らの立場はベリヤの立場と同一視された。7月24日〜26日に開催されたSED中央委員会においてヘルンシュタットとツァイサーは解任された。さらに，アッカーマン，シュミット，イェンドレツキーも解任され，党内の大規模な粛清が実施されたことによって，ウルブリヒトに対する反対派は追放されていった。

　6月17日事件前後を通じて東ドイツおよびソ連指導部のなかでは，シュテーファーが論じるような，スターリン時代の負の遺産を掃除する過程，いわば「ごみ処理（Entsorgung）」の過程にあった[26]。それは，6月26日に，「ごみ」を

体現する人物と仮定されたベリヤ（ソ連指導部のなかで秘密警察を支配下においていた）が逮捕され，12月6日には処刑されたことに示される。

ベリヤからの権力剥奪過程（逮捕，監禁，裁判，射殺）で重要なことは，ベリヤの排除を正当化することであった。したがって，ベリヤ逮捕の理由として主張された，東ドイツにおける「社会主義の建設」の撤回に関するベリヤ発言が，つまるところ「東ドイツの放棄」や「帝国主義」の敵への寝返り，「社会主義に対する裏切り」を意味していたという公式は，欧米の研究では，後になってから，とくに裁判の過程でフルシチョフを中心に拡大解釈されたものであったとされている。[27] ソ連指導部にとって重要なことは，自らの安全確保とスターリン時代の大粛清という負の遺産を処理することであり，ベリヤはまさにこの負の遺産を体現する人物であると考えられたのであった。

そして，これらのソ連での一連の権力闘争が東ドイツにも波及したことが，ヘルンシュタットとツァイサーからの批判にさらされていたウルブリヒトが，窮地を脱するきっかけとなったのである。

6月17日事件の結果，ウルブリヒトの立場はむしろ強められた。ここに至って，「強硬」に「ソ連化」を推進しようとするグループが権力の掌握に成功したのである。したがって，6月17日事件の後，同事件による騒動が終息するまで，「新コース」は継続されたが，その政策は長続きしなかった。「新コース」の継続により，東ドイツの経済状況は改善し，9月末には，東ドイツの状況は安定し始めた。こうして1954年には，ウルブリヒトは「新コース」を撤回し，東ドイツの「ソ連型社会主義」への移行を再び開始したのである。[28] さらに，粛清の遂行は，ウルブリヒトを頂点とした権力構造を再構築することになった。また，東ドイツの不安定化が東欧諸国全域へと波及することを恐れたソ連指導部が，ソ連への東ドイツの賠償の履行を放棄し，東ドイツ側の占領費負担を軽減し，東ドイツへの経済支援を取り決めたことは，東ドイツの安定化に大きな影響を与えた。[29]

他方，ソ連でも激しい権力闘争の過程を経た後，フルシチョフが権力掌握に成功した。1957年6月にはソ連指導部のなかで再び権力闘争が表面化したが，フルシチョフにより，モロトフ，マレンコフ，カガノヴィッチは「反党グループ」の烙印を押されて解任された（反党グループ事件）。これにより，モロトフ

はモンゴル大使へと，またマレンコフは辺地の工場長へと左遷された[30]。ドイツの２つの国家（西ドイツと東ドイツ）を承認する「二国家理論」を提唱したフルシチョフが権力掌握に成功したことは，東ドイツの国際的な位置づけを安定させた。それは一方で，ウルブリヒトが権力掌握に成功したことを意味し，他方で，東ドイツの「ソ連化」政策がソ連指導部からブレーキをかけられることなく，本格的に動き出したことも意味したのである。

II　６月17日事件とヨーロッパ国際政治の展開

1．アデナウアーと６月17日事件

　６月17日事件は，９月に総選挙を控えていたアデナウアー政権にとってプラスの作用を与えた。同事件にソ連軍の戦車が投入され，流血の惨事が引き起こされたことにより，西ドイツ国民には，ソ連との外交交渉や「東方政策」は展望がない上に危険な政策である，と認識されたのである。さらに６月17日事件は，それまで東西ドイツの多様な政治勢力によって主張されてきた西ドイツの発展方向に代わるモデルとしての「東ドイツ」，という選択肢の正統性が瓦解したことも意味した。アデナウアー政権の進める「力の政策」が安定感を高め[31]，資料19からも読み取れるように，６月17日事件以後，アデナウアーへの支持率

資料19　アデナウアーの政策への支持・不支持について

質問：「あなたはアデナウアーの政策を支持しますか，それとも支持しませんか？」

(Hans-Peter Schwarz, *Die Ära Adenauer: Gründerjahre der Republik 1949-1957* (Stuttgart: Deutsche Verlags-Anstalt, 1981), S. 187.)

６月17日事件を契機に西ドイツの世論は圧倒的にアデナウアーを支持した。同事件に「ドイツ問題」の変化の兆しを読み取った西ドイツのドイツ社会民主党（SPD）のヴェーナーは，７月１日，ドイツ連邦議会で次のように表明したが，広範な国民的支持を確保することはできなかった。「私たちは，ソ連占領地区と東ベルリンの多くの労働者が行った蜂起から，ドイツの再統一をめぐる新しい段階が始まったと考えています。SBZ（ソ連占領地区）の労働者は，耐え難くなった体制に対して，武器を持たずに蜂起を展開し，自由な行進とストライキによって，再統一をめぐる循環過程の新しいページを切り開いたのです。ドイツの統一は，――私は，この蜂起によって表明されたことが本質的であると思いますが――他国〔アメリカ，フランス，ソ連，イギリスの占領四大国〕の利害に従った計画によって変えることのできない根本的な願望です。これらの国々による計画は，この分割を長期間，変えることができないであろう，というイメージに基づいています。――私は，それに関して，そのような計画を作ったすべての人たちがドイツの分割を望んでいた，と言うつもりはありませんが――この計画は，今日，危険なだけでなく非現実的ですらあります。そのことを，労働者がSBZでの蜂起によって如実に示したのです。」[32]

２．アイゼンハワーと６月17日事件

　６月17日事件はアメリカの対ドイツ政策にも影響を与えた。６月17日付の心理戦略局（PSB）のメモによれば，東ドイツにおける抵抗運動は今後さらに拡大する可能性があり，警戒を強化する必要があることが求められ，さらに次のように指摘された。「そのような抵抗は暴力的である必要はない――実際，それは消極的であるべきである。むしろ，騒然とした不穏状態が，公然とした暴力行為を誘発するような，〔そうした〕潜在的危機が，ソ連を警戒状態へと追い込み，ソ連に武装兵力による地区全土〔東ドイツ〕の示威行動を不可欠とさせるのである。このことは明らかに，『労働者の楽園』に対しての心理的影響の結果であり，そしてまたソ連の主張する『平和的統一』の言行不一致を暴くこととなるのである。」ここでは，「心理作戦」の成果が強調され，同作戦を通じてソ連のドイツ政策の矛盾を暴き出すことができると確信されていた。さらに

このメモでは，この24時間の間に，人民警察（東ドイツ）のなかで寝返りがあったと報告され，それが人民警察のシステムを掘り崩す可能性があるとされた。その上，次の点も報告された。「今日，すでに東ベルリンで3人の被害者——ソ連軍兵士によって撃たれた重体の労働者——が出た。被害者のなかの一人でも亡くなれば，世界中でこの故人をただちに『殉教者として弔う』こととなるであろう。」アメリカ政府は事件直後の段階では，6月17日事件を東ベルリンで生じた小規模な衝突と分析していた。[33]

アメリカ政府が事件の規模に関して，具体的な情報を得たのは，事件の翌日（6月18日）であった。6月21日付のCIA報告では次のように指摘されている。「6月18日の報告によれば，[一行削除] 軍服姿のソ連軍，砲兵隊，戦車，そして装甲車両が，マグデブルク，ハレ，ライプツィヒ，マイセン，さらには，東ドイツのその他の不特定の主要都市周辺に配置された。[一行削除] ソ連軍は，暴動を鎮圧するために派遣されたのか，あるいは単に今後生じる可能性のある暴動を阻止するために，都市を包囲する目的で派遣されたのか，判断することができない（[一行削除]は原文のまま）。」[34] このCIA報告により初めてアメリカ政府は東ベルリン外部の地域にもソ連軍が配置されたことを知った。さらに6月25日付のCIA報告でも，東ドイツの混乱が長引いていることが報告され，[35] アメリカ政府は6月17日事件の規模の広がりと深刻な事態の実態を直視することになった。

そのようななかアメリカ政府内部では，6月24日，大統領顧問ジャクソンを中心とする強硬派が，新たな「心理作戦」としてPSB D-45「〔ソ連の〕衛星諸国における蜂起誘発に向けたアメリカ政府の政策と行動」[36] を作成した。当初，アイゼンハワーは同計画に積極的ではなかったが，7月に入り，東ドイツ国民の間で西側への不満が広がり始めるなかで，東ドイツの状況を見過ごすことができなくなった。7月10日付のCIA報告「1953年7月9日（午後5：00）のベルリンの状況」では，東ドイツ市民のなかの西側に対する不満が次のように報告されている。「積極的な行動をとらないため，西側へ反発した意見が，東ベルリンのなかにかなり存在するように思われる。例えば，『もし西側が抗議の覚書を送るだけで何もしないならば，われわれは，本当に自力で困難を切り抜けなければならない。』，『あなたたちはソ連人を交渉で説得することはできな

い。』」

　アメリカ政府はPSB D-45の実施に着手した。心理戦略局が作成したPSB D-45は，東ドイツ市民への食糧援助計画であった。200万箱の食糧小包を西ドイツが7月から3カ月間，東ドイツ住民に配布し，1箱あたり10マルク，3カ月間の計画で6000万マルクの費用を投じることが検討された。7月10日，アイゼンハワーとアデナウアーとの間で覚書が交換され，アメリカの援助計画が予告され，それと同時にソ連政府に1500万ドルの援助の提案がなされた。ソ連政府が同提案を拒否したことを受けて，7月27日から食糧小包が西ベルリンの分配所を通じて東ドイツ住民へと支給され始めた。

　7月28日付の『ニューヨークタイムズ』には，当時の様子が次のように伝えられている。西側からの食糧援助計画に対して，東ドイツの多くの労働者や職員が職場を離れ，西ベルリンへと向かった。彼らは，身分証を提示して1人あたり10ポンド（4.5kg）の練乳，小麦粉，ラード，乾燥豆などを受け取った。身分証が仮に5枚あったとすれば，50ポンドの食料を受け取ることができた。そのため，家族や親戚の身分証を携帯し，リュックサックから乳母車まで持ち出して人々は西ベルリンへと向かった。

　また，オスターマンの研究には東ドイツの状況について次のように紹介されている。食糧援助計画の実施により，小包を受け取るためにベルリンへの切符の販売が各地で増加し，東ドイツの国鉄（Reichsbahn）は，区間によっては200％の乗車率を記録した。マグデブルクでは，人々がコンパートメントに殺到し，電車に乗るために窓ガラスを打ち砕く者が現れ，ドレスデン，コットブス，フランクフルトなどの遠距離の都市からも，人々はベルリンへと向かった。事態を重くみた東ドイツ指導部は，8月1日の夜，旅行目的でベルリンへ行く者への切符の販売を禁止し，複数の身分証の携帯や身分証を他人へ貸すことを厳しく処罰することにした。しかしこれらの措置は，東ドイツ住民の不満をかえって掻き立てた。ベルリン近郊では，約150人の女性が線路を封鎖することで無理やり列車に乗車し，全従業員の60％が短期的なストライキに参加した企業もあった。また，ベルリンへの封鎖を解除しない場合，ゼネストを決行するという脅迫状が東ドイツ指導部の元に届けられ，そこには「1回目より損害が大きな2回目の6月17日事件が起こるであろう」と書かれていた。

食糧援助計画は，当初，アメリカ政府が想定した結果をもたらした。すなわち，東ドイツ体制と東ドイツ住民との間の亀裂を６月17日事件以後も継続させ，東ドイツ住民の間に西側への連帯感を呼び起こし，さらにはソ連を「心理的」に守勢へと追い込むことである。CIA報告「食糧小包をめぐる不穏な状態」では，東ドイツ各地で混乱が生じたことが，次のように報告されている。「暴動が次の場所で1953年８月２日に生じたことが報告されている。すなわち，ラングスドルフ，ファルケンゼー，フェルテン，ポツダム，バーベルスベルク，ナウエン，ルッケンヴァルデ，ユーターボーク，ゴータ，ゼメルダ，ラーデボイル，エルスターヴェルダ，リーザ，デッサウ。」ただし混乱状況は６月17日事件と比べれば小規模な衝突であった。ソ連の軍隊は派遣されず，上記の報告には次のようにも指摘されている。「ライプツィヒのソ連軍守備隊は正規の職務を続けており，暴動を鎮圧するための任務は割り当てられていない[41]。」東ドイツ各地で混乱が生じつつも軍隊が派遣されない，というこうした状況は，ソ連を「心理的」に守勢に追い込むという意味において，心理戦略局の意図に合致していた。アメリカの「解放」という戦略により，東ドイツ内部の混乱状況は９月末まで続くこととなったのである。

　しかし食糧援助計画を通じた「心理作戦」は，次第に限界を露呈し始めた。アメリカ高等弁務官コナントを代表とした慎重派は，アメリカの単独行動主義に対するイギリスとフランスの懸念について，すでに７月28日のダレス宛の書簡のなかで報告しており[42]，８月８日には食糧援助計画による「心理作戦」の継続に注意を促した[43]。西ドイツ指導部も，９月以降，援助計画の行方について懸念を示し始めた。というのも，小包を受け取った東ドイツ住民に対する東ドイツ当局の取り締まりが強化され，東ドイツ住民のベルリンへの交通が阻害され，さらには住民が職場を解雇される危険性が増大したためである。『南ドイツ新聞』は東ドイツ住民の「空腹を利用してギャンブルするな」と報道し，プロテスタント教会の慈善団体やSPDからも批判の声が上がり始めた[44]。９月末，西ドイツ政府は給付行動の停止をアメリカに求め，最終的にアメリカ政府の内部では次のような結論に至った。「東ドイツにおけるソ連権力の弱体化を目指した政策と，西ドイツを西側へと統合させる政策との間で，利害対立が生じた場合に，私たちは西側統合政策を優先させるべきである[45]。」

こうして東ドイツに対する「心理作戦」(「解放政策」の一環) は徹底せず，その途上で断念された。そしてこのことは，6月17日事件の前後を通じて，アメリカの「解放政策」が2つの側面を示したことを意味した。第1に，「鉄のカーテン」が降ろされた後も，西側諸国の行動次第では，東欧諸国の内部を不安定化させることができたことであり，第2に，過度の不安定化がどのような結果をもたらすことになるのか，その行き着く先が予測できなかったことである。アイゼンハワー政権も，アデナウアー政権も西ドイツの西側統合政策を重要課題と位置づけており，そのためには東欧諸国の過度の不安定化が西側に逆流してくる事態は避けなければならなかった。したがって東ドイツをめぐる「解放政策」は，最終的に不完全な段階のなかで停止させなければならなかったのである。

3．チャーチルと6月17日事件

アメリカの「解放政策」の破綻と同様に，チャーチルの外交路線も，6月17日事件の後，断念せざるを得ない結果となった。チャーチルはソ連との交渉から「ドイツ問題」の平和的な解決を目指したが，ソ連は東ドイツの蜂起を平和的に解決する道を模索せず，戦車を投入して蜂起を鎮圧し，流血の惨事を招いた。そのようなソ連と中立的統一ドイツの建国への合意に到達することは可能であろうか？　中立ドイツが建国された場合に，そのドイツの安全は再びソ連によって脅かされることはないのであろうか？　チャーチルの外交路線はこれらの問題に対応することができなくなった。

チャーチルにとっての課題は，イギリスの世界強国としての地位であり，ドイツの発展ではなかった。事件後もソ連との交渉を継続させるために，チャーチルは6月17日事件の結果，ドイツの統一は緊急課題になったと論じ[46]，蜂起へのソ連軍の介入を「破滅的な局面のなかでは，かなり自制的な行動であった」と述べ，7月6日には「EDC（ヨーロッパ防衛共同体）あるいはNATO（北大西洋条約機構）に何が生じようとも，そして選挙でアデナウアーがどうなろうとも，私たちはただちにドイツ統一問題を直視しなければならないであろう[47]」と論じた。しかし6月17日事件の影響を受けて，チャーチルの目指す外交政策は現実性を失った。チャーチルは引き続き緊張緩和政策を目指したが，1955年4

月に辞任するまでに首脳会談が実現することはなかったのである。[48]

4．公表されなかった「モロトフ・プラン」

　6月17日事件はソ連のドイツ政策に決定的な影響を与えた。ソ連指導部は6月17日事件と東ドイツの「危機」的状況に直面することで，「モロトフ・プラン」を放棄し，ドイツ政策については，「統一の追求」から「分断の受容」への転換を促された。ここでは事件前と事件後の2つの段階に分けてソ連のドイツ政策について議論する。

　事件前のソ連指導部のドイツ政策に関する構想については，5月31日にセミョーノフによりまとめられた議案「東ドイツの情勢に関して」（史料4：160頁を参照）から，概要を把握することができる。同議案は，一方で，5月7日のモロトフの方針（東ドイツの東側ブロックへの統合）に沿って東ドイツの安定を目指した構想であったが，他方で，従来のドイツ統一構想を再確認した内容ともなっていた。その際，セミョーノフによって手書きで補われたとされる次の部分が重要である。すなわちそこでは，「ドイツの国家統一の回復と講話条約締結のための政治闘争という課題が，東ドイツと西ドイツのドイツ国民の大半の関心事の中心におかれなければならない」と，一方で従来のドイツ統一構想が確認され，他方で東ドイツの安定化について次のように論じられた。「東ドイツの政治経済状況を安定させ，都市と地方での労働者とその他の民主的階層の大部分に対してSED（ドイツ社会主義統一党）の影響力を強めること，さらには，社会主義への東ドイツの移行の必要性に関して，昨今，推進されたプロパガンダが［……］間違っていたとみなされることが，顧慮されなければならない。」[49]

　5月31日の段階では，東ドイツの安定化とドイツ統一構想の双方が追求され，その点において，ドイツ統一構想は継続されていた。しかし東ドイツの「危機」が先鋭化するなかで，ドイツ統一構想の実現よりも，東ドイツの状況を安定化させる課題の方が急務となった。「モロトフ・プラン」をめぐる議論は棚上げにされ，ドイツ統一構想の追求は後退した。そして，6月17日事件後，「モロトフ・プラン」が再び議論されることはなかった。

　事件後，ソ連指導部は6月17日事件の原因を西側の工作活動に求めた。すな

わち，セミョーノフによるソ連指導部（モスクワ）宛の暗号文（6月17日事件に関する最初の報告）のなかでは，前日から始まった蜂起の様子が次のように報告されている。「西ベルリンからの人々がデモに加わった。〔……〕主に西ベルリンの群集2000人が，（6月16日の）午後9時30分に，スターリンアレー（Stalinallee）でスターリン記念像に石を投げつけ，それから，フリードリッヒシュタットパラスト（Friedrichstadtpalast）へ向けて移動し，途中で商店を破壊した。そこへ派遣された400人の〔東〕ドイツ警察がこの群集を追い払った。〔しかし〕同時に，西ベルリンの群集は混乱を拡大させ始め，通りを塞ぎ，路面電車を襲撃し，車を引っくり返し，商店の窓を割った。」50) この暗号文のなかでは，事件の被害と規模を拡大させた原因は西ベルリンの人々に求められている。さらに，ベルリンのソ連国家保安委員会（KGB）から在独ソ連軍最高司令官ソコロフスキー宛の報告（6月19日）では，次のように指摘されている。「多数の西ベルリン在住者と，西ベルリンの政府転覆破壊活動組織の構成員，いわゆる『非人間性に抵抗する戦闘グループ（Fighting Group Against Inhumanity）』が挑発者や扇動者と同時に逮捕されていたことが，取り調べの間に明らかになった。」51) ソ連指導部は，6月17日事件の「本質」的な原因を，東ドイツ指導部の進めた「強硬」な「社会主義の建設」に求めていた。しかし，被害を「拡大」させた原因については西側の工作活動に求めていた。事件は，ソ連指導部のなかに西側への不信感を高める結果を残した。そしてそのようなソ連指導部の立場は，西側への覚書の内容にも反映された。

　1953年7月15日，西側諸国はソ連政府に宛てて，「内政と外政の自由が保障された自由な全ドイツ政府の樹立のための条件」を討議することを求めて覚書を送付した。しかしそれに対するソ連側の返答は，西側を非難する内容であった。すなわち，ソ連の西側宛の覚書は2回（8月4日と8月15日）送付されるが，8月4日の覚書では，6月17日にベルリンで生じた「異常な出来事は，外国の傭兵と犯罪的な暴徒の活動であった」とされ，東ドイツ指導部による経済上の失政については言及されていなかった。さらに，「外国の代表者から構成される中立の調査委員会」が選挙前提の調査を実施することを提案した西側のソ連宛の覚書（7月15日）に対してソ連は，そうした手続きが「ドイツ再統一，全ドイツ民主政府の樹立，さらにはドイツとの講和条約の締結にとって有害であ

る上，ドイツを引き続き東西へと分割し，以前と同様に講和条約の締結を遅延させることをも意味する」とした。西ドイツの再軍備政策の展開に対する批判も強められ，「モロトフ・プラン」として準備されていた東西の協調関係を模索する方針は示されなかった。ソ連の強硬な姿勢は，8月15日の覚書のなかでも具体的に論じられた。

　8月15日，ソ連は「フランス，イギリス，アメリカ政府宛のソ連政府の覚書」を提示して，そのなかで米英仏政府を激しく非難した。すなわち，米英仏政府は，「スターリン・ノート」に対して，これまでまだ立場を明らかにせず，「講和条約のための独自の草案も提示していない」とされ，さらに次のように指摘された。すなわち，「それらの事実から，これらの三大国はドイツとの講和条約の締結を過小評価していると思われる。ドイツとの講和条約の問題への対応は，繰り返し延期されており，その責任については，第1に，米英仏の側にある。」さらにソ連の解釈では，1952年5月26日のドイツ条約の締結と1952年5月27日のEDC条約の締結に示されるように，西側はドイツの統一とは別の道へと向かっており，その道はドイツ軍国主義の復活へとつながるとされ，西ドイツが「ヨーロッパ軍」やNATOブロックへと参加することで，統一国家へと東西ドイツが結びつく可能性を閉ざしてしまう，と論じられた。西側への非難が覚書の3分の2の範囲を占め，残りの部分でソ連側の提案が示されていた。すなわち，「1．ドイツとの講和条約の問題への対応のための平和会談の召集」，「2．全ドイツ暫定政府の形成と全ドイツ自由選挙の実施」，「3．戦争の帰結から生じたドイツの財政的・経済的負債を軽減するための措置」である。

　これらの文書からは，「モロトフ・プラン」の段階において準備されていた西側への譲歩の姿勢を読み取ることは困難である。全ドイツ暫定政府の形成に関しては，「モロトフ・プラン」と同様に，「そのような〔暫定〕政府は，東西ドイツ間の直接の合意の途上で，現在，存在している東ドイツ政府と西ドイツ政府を引き継ぐ政体として樹立される」とされ，そのような全ドイツ暫定政府は，東ドイツ政府と西ドイツ政府が併存しても，樹立されることができるとされた[52]。しかし，「モロトフ・プラン」に示されていた「即刻，ドイツの統一を回復し，ただちに，ドイツとの講和条約を締結すること」という内容は，8月15日の覚書では提案されず，「モロトフ・プラン」とは大きな相違があった[53]。

さらに、「モロトフ・プラン」のなかで示されていた、占領軍の撤退に関する記述も、8月15日の覚書では要求されず、代わりに占領軍の経費を制限する必要性が主張された[55]。さらに重要な点は、「モロトフ・プラン」のなかで言及されていなかった問題が、8月15日の覚書では主張されていた。すなわちそれは「連立関係あるいは軍事同盟へのドイツの加盟の禁止」、言い換えれば、ドイツの中立を義務づける要求である[56]。

　8月15日の覚書を西側が受け入れる可能性が少ないことについては、覚書を送付する以前から、ソ連指導部は予測していたと思われる。「モロトフ・プラン」で主張されていた西側への譲歩——とくに、統一ドイツの中立化構想の棚上げ、占領軍の即時撤退——は8月15日の覚書からは削除され、ドイツの東西への分裂の責任は一方的に西側に押しつけられた。ソ連指導部は強硬な姿勢へと対外方針を転換したのである。それはソ連指導部が、EDC構想がすでに軌道に乗り、東西間の対立を緩和することが現状では困難であると認識したためであり、さらには、6月17日事件の原因を東ドイツ指導部の失政だけではなく、西側の謀略にも原因があったと判断したためであった。加えて8月12日、ソ連は水爆実験に成功し、核軍拡競争への自信を深めていた[57]。ソ連指導部は強硬な対外路線へと転換し、6月17日事件を通じて、ソ連の外交方針は、ドイツの統一を模索する方向から、西ドイツと東ドイツの対等な統一交渉（場合によっては、それは分裂を承認する方向となろう）へと、決定的に変化したのである。そしてそれは、東西ドイツ（2つのドイツ）の存在をソ連指導部が公式に承認した「二国家理論」の起源となった。

5. ヨーロッパ国際政治と6月17日事件

　東ドイツ史上最大の蜂起が国家体制を襲ったにもかかわらず、西側諸国は間接的な介入に終始して、最後には自らの政策を優先させるために、東ドイツへの関与を完全に放棄した。したがって、東ドイツ最高権力者ウルブリヒトが、一度は政治生命の危機に立たされながらも復権していく過程には、権力闘争の問題や「新コース」を中心とした経済問題だけではなく、国際政治の駆け引きの問題も大きく影響していたのであった。また、アメリカをはじめとした西側諸国が6月17日事件に介入することなく、事件を静観し、遺憾の意を表明する

だけで，ソ連と真正面から事件の問題について交渉しようとしなかったことは，東ドイツの国民を落胆させた。東ドイツ国民は事件以後，東ドイツ体制と折り合って生きていくか，あるいは西へ逃亡するか，どちらかの道を選択せざるを得なくなったのである。そして西への逃亡の道は，1961年にベルリンの壁が建設されたことによって，完全に閉ざされたのであった。

　6月17日事件を通じて権力を強化したアデナウアーならびにウルブリヒトが目指したのは，一方の西側への統合（西ドイツ）と，他方の東側への統合（東ドイツ）であり，「ドイツからの冷戦」が強力に作用したことを意味した。東西ヨーロッパの分断，さらには東西ドイツの分断への流れが，この時期，もはや不可逆的なものとなっていたのである。ヨーロッパ各国の様々な思惑が交錯するなか，6月17日事件はヨーロッパの国際秩序を冷戦による東西分断の確定化へと刻印する力を与えた。事件発生から5日後に，イギリスの国務大臣がチャーチルに対して発した次の警告は，当時の時代精神を如実に表すものであった。「ドイツはヨーロッパにおける平和への鍵です。分割されたヨーロッパは，分割されたドイツを意味しています。ヨーロッパが分割されている間に，ドイツを再統一することは，――もし実現可能な場合には――われわれすべてにとって危険です。それ故，われわれ全員――アデナウアー，ロシア人，アメリカ人，フランス人，そしてわれわれ自身――は，心の奥底で，分割されたドイツの方が当分はより安全であると感じているのです。しかし，ドイツの世論に配慮して，このことを公然と口に出して言う者は誰もいません。したがって，われわれはみな，自らの条件に基づいて，公には一体化されたドイツを支持しているのです。[58]」

　9月の総選挙で圧勝したアデナウアーはEDC設立に向けて全力を傾注した。後述するように，フランス国会の反対によりEDC構想は潰えるが，同構想はNATOへの西ドイツの加盟として形を変えながら息を吹き返し，1954年10月のパリ協定の調印（1955年5月発効）により，西ドイツのNATO加盟と国家主権回復が達成された。そして1955年に東ドイツがワルシャワ条約機構（WTO）に加盟したことにより，東西双方の軍事ブロックは完成して，ドイツの分裂が確立された。6月17日事件以後，ドイツの統一というかけ声は完全にその基盤を失い，東西分断に象徴されるヨーロッパの国際秩序，言い換えれば

「冷戦秩序」はこれを機に完成していくのであった。[59]

またアメリカもこれを機に，次第にヨーロッパの分断を承認するようになっていった。1956年10月，ダレスはフルシチョフに，アメリカは「中東欧の外交上の現状維持」に関心があることを伝えた。[60] その後，幾度となく生じる東欧での蜂起に対し，――東西陣営の核戦力の拡充も伴って――アメリカは介入することはなかった。また，「ドイツ問題」の解決は，「解放政策」や「心理作戦」ではなく，大国間の会談を通じて調整が図られていくこととなったのである。

1) Wilfriede Otto, *Die SED im Juni 1953. Interne Dokumente*, 2., durchgesehene Aufl (Berlin: K. Dietz, 2003), S. 112-115.
2) Christian F. Ostermann, *Uprising in East Germany 1953: the Cold War, the German question, and the first major upheaval behind the Iron Curtain* (Budapest; New York: Central European University Press, 2001), pp. 137-138.
3) Otto, a. a. O., S. 108-112.
4) Hermann Weber, *Geschichte der DDR* (München: Deutscher Taschenbuch Verlag, 1985), S. 238.
5) *NEUES DEUTSCHLAND*, 19. Juni 1953.
6) Jürgen Kuczynski, *"Ein linientreuer Dissident": Memoiren 1945-1989*, 1. Aufl (Berlin ; Weimar: Aufbau-Verlag, 1992). (ユルゲン・クチンスキー著，照井日出喜訳『クチンスキー回想録：1945〜1989――正統派の異端者』大月書店，1998年，91〜92頁。)
7) 『読売新聞』1953年6月19日。
8) 星乃治彦『社会主義国における民衆の歴史――1953年6月17日東ドイツの情景』法律文化社，1994年，73〜75頁。
9) Manfred Hagen, *DDR, Juni '53: die erste Volkserhebung im Stalinismus* (Stuttgart: F. Steiner, 1992), S. 60.
10) Ebd., S. 61.
11) Christoph Kleßmann und Bernd Stöver (Hg.), *1953-Krisenjahr des Kalten Krieges in Europa* (Köln: Böhlau Verlag, 1999), S. 20-22.
12) Wladimir S. Semjonow, *Von Stalin bis Gorbatschow: Ein halbes Jahrhundert in diplomatischer Mission 1939-1991* (Berlin: Nicolai, 1995), S. 295-297.
13) 永井清彦『現代史ベルリン』朝日新聞社，1990年，121頁。永井陽之助『冷戦の起源――戦後アジアの国際環境』中央公論社，1978年。
14) クリストフ・クレスマン著，石田勇治・木戸衛一訳『戦後ドイツ史：1945〜1955――二重の建国』未来社，1995年，317頁。
15) 小島栄一「1953年6月17日事件と東ドイツ」『社会科学討究』第38巻第3号，1993年3月，193〜197頁。星乃，前掲書・注8），152〜162頁。
16) 清水聡「〈書評〉Christoph Kleßmann/Bernd Stöver (Hg.), *1953-Krisenjahr des Kalten Krieges in Europa*」『西洋史学』第202号，2001年9月，89〜93頁。

17) Vladimir Nekrassow, *Berija: Henker in Stalins Diesten; Ende einer Karriere* (Berlin: Ed. q, 1992).（ヴラジミール・F・ネクラーソフ編著，森田明訳『ベリヤ：スターリンに仕えた死刑執行人—ある出世主義者の末路』クインテッセンス出版株式会社，1997年，245～250頁。）
18) 同上書，250～252頁。
19) Karl Schirdewan, *Aufstand gegen Ulbricht: im Kampf um politische Kurskorrektur, gegen stalinistische, dogmatische Politik* (Berlin: Aufbau Taschenbuch Verlag, 1994), S. 48.
20) ネクラーソフ，前掲書・注17），250頁。
21) Viktor Knoll und Lothar Kölm（Hrsg.）, *Der Fall Berija : Protokoll einer Abrechnung : das Plenum des ZK der KPdSU, Juli 1953 : stenographischer Bericht* (Berlin: Aufbau Taschenbuch Verlag, 1993), S. 36.
22) Ebd., S. 66.
23) 6月17日事件と東ドイツ指導部の権力闘争に関する過程については，星乃，前掲書・注8），203～245頁。
24) 同上書，214頁。
25) 同上書，231頁。
26) Vgl. Bernd Stöver, '"Das Umbruchsjahr 1953",' in : Kleßmann, *1953-Krisenjahr des Kalten Krieges in Europa*, a. a. O., S. 203.
27) 清水，前掲書・注16），58～60頁。
28) Vgl. Mario Frank, *Walter Ulbricht: Eine deutsche Biografie* (Berlin: Siedler, 2001), S. 248-250.
29) Dietrich Staritz, *Geschichte der DDR*, Erw. Neuausg (Frankfurt am Main: Suhrkamp, 1996), S. 127, 134. ; Wilfried Loth, *Die Teilung der Welt: Geschichte des Kalten Krieges 1941-1955*, 7．überarbeitete Neuaufl, (München: Deutscher Taschenbuch Verlag, 1989), S. 310-311.
30) エレーヌ・カレール＝ダンコース著，尾崎浩訳『奪われた権力—ソ連における統治者と被統治者』新評論，1987年，68～70頁。
31) Vgl. Michael Lemke, '"Konrad Adenauer und das Jahr 1953",' in : Kleßmann, *1953-Krisenjahr des Kalten Krieges in Europa*, a. a. O., S. 152-153 ; Ehrhart Neubert, *Geschichte der Opposition in der DDR 1949-1989*, 2．, durchgesehene und erw. Aufl (Berlin: Links, 1998), S. 92-93.
32) Ilse Spittmann und Karl Wilhelm Fricke（Hrsg.）, *17. JUNI 1953. Arbeiteraufstand in der DDR*, 2．erw. Aufl (Köln: Edition Deutschland Archiv, 1988), S. 122-123.
33) Ostermann, *Uprising in East Germany 1953, op. cit.*, pp. 210-212.
34) *Ibid.*, pp. 249-250.
35) *Ibid.*, p. 288.
36) *Ibid.*, p. 332.
37) *Ibid.*, p. 314.
38) *FRUS: 1952-1954*, VII. pp. 1600, 1615-1617, 1623, 1640-1643, 1652.
39) *New York Times*, 28. July 1953.

40) Ostermann, '"Die beste Chance für ein Rollback"?: Amerikanische Politik und der 17. Juni 1953,' in : Kleßmann, *1953-Krisenjahr des Kalten Krieges in Europa*, a. a. O., S. 128-133.
41) Ostermann, *Uprising in East Germany 1953, op. cit.*, p. 363.
42) *Ibid.*, pp. 359-360.
43) *Ibid.*, p. 365.
44) *FRUS: 1952-1954*, VII. pp. 1651-1652.
45) *Ibid.*, pp. 1665-1667.
46) Bundesministerium für Gesamtdeutsche Fragen (Hrsg.), *Die Bemühungen der Bundesrepublik um Wiederherstellung der Einheit Deutschlands durch gesamtdeutsche Wahlen: Dokumente und Akten* (Bonn: Deutscher Bundes-Verlag, 1954), S. 121.
47) Rolf Steininger, *Eine Chance zur Wiedervereinigung? Die Stalin-Note vom 10. März 1952. Darstellung und Dokumentation auf der Grundlage unveröffentlichter britischer und amerikanischer Akten* (Bonn: Verlag Neue Gesellschaft, 1985), S. 306-308.
48) Klaus Larres, 'Neutralisierung oder Westintegration? Churchill, Adenauer, die USA und der 17. Juni 1953,' in : *Deutschland-Archiv*, 27 (1994), S. 572, 584.
49) Elke Scherstjanoi, 'Die sowjetische Deutschlandpolitik nach Stalins Tod 1953: Neue Dokumente aus dem Archiv des Moskauer Außenministeriums,' in : *Vierteljahrshefte für Zeitgeschichte*, 46 (1998), S. 521-523.
50) Ostermann, *Uprising in East Germany 1953, op. cit.*, p. 181.
51) *Ibid.*, p. 233. (なお「非人間性に抵抗する戦闘グループ」はドイツでは、Kampfgruppe gegen Unmenschlichkeit (KgU) として知られていた。)
52) Scherstjanoi, 'Die sowjetische Deutschlandpolitik nach Stalins Tod 1953', a. a. O., S. 541.
53) Ebd., S. 540-543.
54) Ebd., S. 541, 548.
55) Bundesministerium für gesamtdeutsche Fragen, a. a. O., S. 142.
56) Ebd., S. 141.
57) なお、「モロトフ・ノート」と朝鮮休戦協定（7月27日）とがソ連外交のなかで相互にどのように関連していたのかという問題については、冷戦史研究を進める上で重要な研究課題である。
58) Rolf Steininger, *Deutsche Geschichte seit 1945: Darstellung und Dokumente in vier Bänden, Bd. 2. 1948-1955*, Erw. Neuausg (Frankfurt am Main: Fischer Taschenbuch Verlag, 1996).
59) 「55年体制」については、石井修「冷戦の『55年体制』」『国際政治』第100号、1992年8月、35～53頁。
60) Jan Foitzik (Hrsg.), *Entstalinisierungskrise in Ostmitteleuropa 1953-1956: vom 17. Juni bis zum ungarischen Volksaufstand: politische, militärische, soziale und nationale Dimensionen* (Paderborn; München; Wien; Zürich: Ferdinand Schöningh, 2001), S. 49.

東ドイツと「冷戦の起源」1949～1955年／終　章

戦後ソ連とヨーロッパ国際秩序

I　「スターリン・ノート」と「ドイツ問題」の地政学的再検討

1.「国際秩序」としての「冷戦秩序」

　東ドイツと西ドイツが建国された最大の要因は、戦後処理が必要とされた時期に冷戦が激化したことにあった。四分割されたドイツと四分割されたベルリンは、資本主義陣営・西ドイツと社会主義陣営・東ドイツへと分極化し、それがヨーロッパ大陸の中心部に位置したことで、「ドイツ問題（German question）」はまさに世界的な懸案事項となった。「ドイツ問題」の処理をひとたび誤れば、それは東西間の（場合によっては、武力行使も伴った）全面対決へとエスカレートする危険性があったのである。そして、そのような極度の緊張状態のなかで建国された2つのドイツは、国内の統治構造・支配の正統性を独特の方式で整備し、機能させ、維持し、そして最終的に一方の勝利国と、他方の敗北国を生み出した。かかる事実を考慮すれば、2つのドイツの歴史を冷戦の問題から切り離して議論することは不可能である。本研究ではこのような問題意識に立ってとくに東ドイツの政治外交の展開（1949～1955年）について分析を進めてきた。

　その際、「ドイツからの冷戦」論に立脚した。それは、第1に、東ドイツ指導部がソ連指導部に与えた影響であった。すなわち、東ドイツ指導部がソ連指導部を東ドイツ問題へと引きずり込んだ作用の問題であり、国際政治へと強く影響を与えるものであった。本研究ではこれを国際レヴェルの「ドイツからの冷戦」とした。第2は、東ドイツ体制をソ連体制へと、いかにして近づけるか、という問題である。すなわち、東ドイツ指導部が苦心して進めた東ドイツ体制の「ソ連化（Sowjetisierung）」の問題であり、東ドイツの国内政治に強く影響を及ぼすものであった。ここではこれを国内レヴェルの「ドイツからの冷戦」とした。本研究では、これら2つの側面を東ドイツ指導部の動向に焦点を

当てて論じた。

　ドイツの東西への分裂は，1949年の東西ドイツの成立以降，国際的には半ば既成事実となっていた。1952年の「スターリン・ノート」は，その既成事実化しつつあった国際秩序（「冷戦秩序」）を修正することを西側に迫るものであった。

　「国際秩序」としての「冷戦秩序」を，地政学の視点から捉え直すと，以下のことが指摘できる。すなわち，ドイツは敗戦国であり，多数の分裂線によって国土を分断された。①ドイツ本土は米英仏ソの戦勝四大国により分割占領された。②ベルリンも上記の四大国により分割占領された。③ドイツの東部国境はオーデル＝ナイセ線として設定された。④東プロイセンは南北に分割されてポーランドとソ連の管理下におかれた。⑤フランスはザールラント地方をドイツから分離し，自国に合併することを目指した。

　これらの分裂線は，ドイツ史の伝統とはほぼ無関係に設定された。戦後当初，多数の難民，帰還兵は，これらの分裂線の上を跨いだ「人の流れ」を生み出し，また，ドイツ全土で展開された草の根レヴェルの政治活動も，その大半がこれらの分裂線とは無関係に展開された[1]。そして戦勝四大国の間でもこれらの分裂線をめぐっては明確に一致した認識（戦後構想）がなく，いくつかの分裂線は「暫定的」な合意と考えられていたのである。

　しかし戦後の1，2年が経過するなかで，「暫定的」と考えられていた上記の分裂線のいくつかは，冷戦の影響を受けながら次第に既成事実化していった。これに対して，戦後の国際秩序を有利に再編することを目指したソ連は，一方でこれらの分裂線のいくつかを既成事実化させることに腐心し，他方で自国に不利な分裂線については，それが国際的承認を受けていないとして，外交攻勢（モスクワ外相会談，ベルリン封鎖）を展開した。しかし，ソ連の外交攻勢はすべて徒労に終わり，結果として1949年に東西ドイツの成立に至った。

　このような前提に立てば，1952年の「スターリン・ノート」は，1945〜1949年の時期のソ連外交を基礎として展開され，「東ドイツ」という外交カード（東ドイツの放棄）を西側に示すことで，再度，ソ連に有利になるように国際秩序の再編を目指した，と結論づけることができよう。すなわち，スターリンは，「スターリン・ノート」を通じて，ドイツの分裂線のいくつかを消滅させ，「中立国家ドイツ」を建設しようと呼びかけたのである。

「スターリン・ノート」が西側から拒否された後，スターリンには「東ドイツ」の強化という選択肢しか残されていなかった。東ドイツにおける「社会主義の建設」の開始は東西ドイツの分裂を後押しすることとなるため，スターリンはこの時点まで躊躇していた。しかしウルブリヒトの説得により，東ドイツにおける「社会主義の建設」は開始されたのである（「ドイツからの冷戦」）。他の東欧諸国の「小スターリン」と同様に，ウルブリヒトにはソ連の政策決定に能動的に影響を与えるだけの力を持っていなかった。しかし，ウルブリヒトの背後には「ドイツ問題」があった。マストニーの言葉を借りるならば，東欧の運命はスターリンの手中にあったが，「ドイツの運命はスターリンの手中になかった」のである。ウルブリヒトはスターリンの恐怖心理につけ込み，西側の脅威を繰り返し論じることで東ドイツの強化というソ連の方針を獲得したのである。

「スターリン・ノート」の失敗がスターリンの精神状態にどのような影響を与えたかは定かではない。しかしほぼ半年後には「医師団陰謀事件」が発表された。そして間もなく1953年にスターリンは没し，「スターリン・ノート」はスターリン最後の外交政策となった。

2．オーストリアと「中立化」

1945～55年の期間，オーストリアは英米仏ソにより分割占領された。占領が長期化した理由として，古田善文は，賠償問題をめぐり対ソ交渉がこじれた点，さらには，冷戦の開始によりオーストリアの安全保障問題に関わる戦略的価値が再確認されたことを指摘している。

賠償問題については，ソ連はオーストリアに埋蔵されていた石油資源の調達と，ドイツがオーストリアに建設した石油精製施設を接収することを要求した。オーストリア政府はこれを拒否し，1955年の主権回復の直前まで，同問題は長期化した。最終的にこれらの問題は，オーストリアがソ連に一定金額を支払い，さらには，現物支給を実施することで決着した。

安全保障問題については，ソ連はオーストリアに駐留させていたソ連占領軍を，ハンガリーやチェコスロヴァキアを通過させながら補充・交代させていた。他方，アメリカも，西ドイツとイタリアの連絡路としての役割をオースト

リアに期待していた。このようにして，安全保障上，ドイツと同様にオーストリアも東西対立の渦中におかれたが，1952年3月10日の「スターリン・ノート」が状況を変化させた。「スターリン・ノート」構想は，EDC（ヨーロッパ防衛共同体）を破綻させることを目的としていたが，同構想が失敗した後，ソ連は「スターリン・ノート」方式をオーストリアに適用させようとした。ポスト・スターリンのソ連指導部（モロトフ）は，「ドイツ問題」から「オーストリア問題」を切り離し，オーストリアを中立化することを条件として，占領軍を撤退させることを声明したのである（1955年2月8日）。こうして，賠償問題と安全保障問題は，オーストリアの「中立化」の実現により，解決されていくこととなった。

　1955年4月11日〜15日，米英仏ソ4カ国会談（於：モスクワ）が開催され，そこに招待されたオーストリア政府代表団は，オーストリアの中立化について，細部を検討・調整する機会を持った。そして，5月15日，4カ国（米英仏ソ）代表とオーストリアの代表によって，「国家条約」が署名された（於：ウィーン）。その際の原則は，①「ドイツ資産」に対する弁済金としてオーストリアは6年間に1億5000万ドルをソ連政府に支払うこと，②条約に従い4カ国占領軍は撤退すること，③サン・ジェルマン条約の内容と同様にオーストリアとドイツの「合併」を禁止すること，④ハプスブルク家の復活を禁止すること，⑤1938年以前の国境内でオーストリアを政治的・経済的に独立国家として承認すること，⑥ABC兵器とミサイルの所有・製造を禁止すること，であった。オーストリアの中立化に関する憲法法案の草案は，最後の占領軍がオーストリアから撤退した翌日（10月26日）に，オーストリア議会によって可決された。憲法法案発効後，オーストリア政府はオーストリアの中立化を通達し，連合国4カ国は12月6日に承認した。こうしてオーストリアは中立国となった。オーストリアのウィーンでは，4カ国による連合国理事会の会合は占領の終了まで継続された。それは，冷戦による東西対立の過程で途絶したドイツのベルリンでの連合国管理理事会とは異なる戦後史であった。ウィーンでは冷戦のなかでも4カ国の対話が保たれていたのである。[2]

Ⅱ 「冷戦秩序」の確立

1．ベルリン外相会議

　1954年1月25日〜2月18日，米英仏ソ4カ国によるベルリン外相会議が開催された。1953年8月12日に水爆実験を成功させたソ連は，ヨーロッパの安全保障に関わる新たな提案を準備していた。外相会議では，「ドイツ問題」をめぐるイギリスの構想（「イーデン・プラン」）とソ連の構想（「モロトフ・プラン」）が提示された。「イーデン・プラン」は，ドイツ全土で自由選挙を実施した後，憲法制定と全ドイツ政府の樹立，さらには講和条約の調印と発効を目指すことを内容としていた。ソ連はこれを拒否し，対案として「モロトフ・プラン」を出した。このソ連提案は，4カ国外相代理がドイツ講和条約の起草に取り組み，全ドイツ暫定政府が樹立されるまでの期間は，両ドイツ政府の代表がドイツ講和条約の起草作業に参加することが許可されること，ドイツ講和会議は半年以内（場合によっては1954年10月までに）ドイツ代表と関係諸国の参加により開催されることを内容としていた。西側外相は「モロトフ・プラン」に同意しなかった。

　ここで，モロトフは欧州全域の国々が参加する「全欧集団安全保障構想」を提案した。これは，東西ドイツ政府の参加，参加国の武力行使の禁止，国連安全保障理事会との協力，同盟義務（同構想に対立する同盟への参加禁止），さらには常設機関の設置を内容とした構想であった。冷戦のなかに新たな「構造」を設置することを目指した提案であったが，西側外相はモロトフの提案がどのような新しい状況をもたらすことになるのか，見通しが立たなかったため，同提案を拒否した。こうして，ベルリン外相会議は「ドイツ問題」について前進させることはできなかった。しかし，朝鮮問題とインドシナ問題を検討するためにジュネーブ会議を開催することが合意された。[3]

　1954年4月26日〜7月21日，ジュネーブ会議が開催され，1954年7月21日，ジュネーブ協定が締結された。同協定はインドシナ戦争の休戦協定であり，北緯17度線を停戦ラインとした休戦がこれにより成立することとなった。しかし，それは同時にフランスのインドシナ支配の終焉を告げるものであった。[4]そ

してそのことが結果的に，フランスのEDC条約批准拒否の問題をもたらすこととなった。

フランスの国家威信に固執するド＝ゴール・グループにとっては，ナチス後のドイツの軍隊とフランスの「栄光」ある軍隊とが「統合」することは受け入れられなかった。さらにフランスの他の政治勢力も，EDCへのイギリスの不参加，EDCとNATO（北大西洋条約機構）とのつながりが弱いことを，EDCの欠点と捉えた。また，フランスでは，インドシナ戦争の展開と関連づけてEDC問題への態度を決定させようとした政治勢力もあった。アメリカがインドシナ戦争を進めるフランスに理解を示すことと引き換えに，フランスはEDCへの理解を示そう，というものである。このようにして，インドシナ戦争におけるフランスの敗戦が決定づけられたとき，フランス議会はEDC条約の批准を拒否する決断を下した。[5]

2．パリ協定と西ドイツの主権回復

1954年8月30日，EDC条約（1952年5月27日調印）は，フランス国民議会において批准が拒否された。EDC条約の成立により，西ドイツの主権回復に関わるドイツ条約も発効することが決められていた。したがって，フランス国民議会の批准拒否により，EDC条約とドイツ条約は未発効となった。

EDCが失敗した後，「大西洋同盟」の枠組みが再認識された。「大西洋同盟」の枠組みは，1948年3月17日に調印されたブリュッセル条約（西欧5カ国間の「経済的，社会的および文化的協力と集団的自衛のための条約」）に遡る。アメリカの影響力を西ヨーロッパにつなぎ止めるために（「招待された帝国」としてのアメリカ），イギリスのベヴィン外相が，イギリス，フランス，ベルギー，ルクセンブルク，ならびにオランダによる集団的自衛（Collective Self-Defence）に基づく相互防衛条約を発案したのである。このブリュッセル条約の枠組みが基礎となり，1949年4月4日，NATOが設立された。NATOは，ブリュッセル条約5カ国に，アメリカ，カナダ，デンマーク，アイスランド，ノルウェー，ポルトガルを加えた12カ国から構成された大西洋の同盟であった。NATOには，1952年にギリシア，トルコが加盟した。[6]

イーデン英外相は，西ヨーロッパの安全保障問題を再検討するために，1954

年9月28日〜10月3日，ロンドン会議に臨んだ（参加国：アメリカ，イギリス，フランス，カナダ，西ドイツ，イタリア，オランダ，ベルギー，ルクセンブルク）。EDCに代わる結論（新しい方式）を導き出さなければならなかったのである。それは，西ドイツが主権を回復し，再軍備を進め，NATOに加盟し，さらには，ブリュッセル条約に参加する方式であった。ロンドン会議では，軍備管理をめぐる問題を中心に，議論が紛糾した。しかし，会議の席上，アデナウアーが「即興的」に，西ドイツは核，化学，生物兵器の製造を放棄し，軍艦，戦略爆撃機，誘導ミサイルの製造に制限を課す用意があることを提案した。この譲歩により，交渉は進展し，1954年10月3日，ロンドン会議の結論として，ロンドン協定が調印され，それは，以下に説明するパリ協定（「パリ諸条約」ともいう）の基礎となった。[7]

1954年10月20日〜23日，パリ会議が開催され，パリ協定が調印された。それは，「ドイツ連邦共和国における占領制度の終結に関する条約」（10月20日調印）（ドイツ条約の改定），「ドイツ連邦共和国における外国軍隊の駐留に関する協定」（10月21日調印），「修正ブリュッセル条約（西欧同盟条約）」（10月21日調印），「西ドイツの北大西洋条約加盟文書」（10月22日調印）を総称した協定であった（パリ会議では「ザール協定」〔10月23日〕も調印された）。

1955年5月5日，パリ協定は発効した。その結果，西ドイツは主権を回復し，NATO加盟が承認され，ブリュッセル条約への西ドイツとイタリアの加入の承認，さらに，西ドイツの再軍備が決定された。戦後，繰り返し検討が進められてきた西ヨーロッパの安全保障問題は，結論へと辿りついたのである。それは，超大国アメリカの力を西ヨーロッパに留めつつ，西ヨーロッパと西ドイツを連結させた形での安全保障システムであった。

3．ワルシャワ条約

他方，ソ連は，パリ協定によって新たに創出される見通しとなった西ヨーロッパの安全保障体制に対処するために，1955年5月14日，ソ連と東欧諸国との関係強化のために，ワルシャワ条約を調印した（1955年6月6日発効）。ワルシャワ条約の目的は，パリ協定の批准により，西ドイツの再軍備と北大西洋の軍事システムの再編がヨーロッパに危機的状況をもたらす可能性がある，とす

る現状分析に基づいていた。ワルシャワ条約は，国連憲章第51条に沿った集団的自衛権の行使を準備する措置（ワルシャワ条約第4条）であり，アルバニア，ブルガリア，ハンガリー，東ドイツ，ポーランド，ルーマニア，ソ連，ならびにチェコスロヴァキアが調印した（1968年，アルバニアが脱退）。ワルシャワ条約は，国家の独立・主権の尊重・内政不干渉の原則を重視し，友好・協力・相互援助の強化と促進を謳った。

4．ジュネーブ会談

1955年7月18日～23日，ジュネーブ四大国首脳会談が開催された。それは，ポツダム会談以降の首脳会談であり，東西間の緊張緩和を示す「雪どけ」を象徴する会談であった。会談には，アイゼンハワー大統領（米），イーデン首相（英），フォール首相（仏），ブルガーニン首相（ソ連）が出席した。討議内容は①「ドイツ問題」，②ヨーロッパ集団安全保障構想，③軍縮問題，④東西交流の促進，であった。ジュネーブ会談では，具体的な成果はみられなかったが，東西間の協調への気運が醸成されたことから，「ジュネーブ精神」という言葉が広がった[8]。

しかし，それはむしろ現状の固定化を示していた。「協調」気運が広がりながらも「ドイツ問題」をめぐる交渉は進展せず，現状の固定化を東西双方が「協調」して承認する結果となったのである。その背景には，ソ連が水爆実験に成功したことがあった。核戦略の体系化により，ソ連は国際政治の舞台における軍事的な「均衡」を計算することができるようになったのである。この傾向は，国際秩序の制度化（「冷戦秩序」の確立）を促した。確かに，ソ連の核戦力は，質・量ともにアメリカの水準に到達していなかった。しかし，核戦略上のアメリカの傑出した優位にもかかわらず，核兵器が持つ無差別・大量殺傷破壊力の故に，水爆実験の成功によって，ソ連はアメリカに対する軍事的な「均衡」を「核抑止力」として確保したのであった。それは戦後の数年間，流動化していた国際秩序が「冷戦秩序」として確立し，静止し始めたことを示していた。

冷戦は秩序として完成した。フルシチョフはジュネーブ会談の後，帰路，東ベルリンに立ち寄り，「ドイツ問題はドイツ民主共和国に関わる利害を犠牲にして解決することはできない」として，1955年7月26日，ドイツに2つの国家

が存在するという「二国家理論（Zwei-Staaten-Theorie）」を宣言した。東ドイツは「中立化」される可能性がなくなった。さらにソ連は，一方で，9月9日に訪ソしたアデナウアーとの間に国交を回復し，他方で，20日に東ドイツとの間に主権回復協定を結んだ。東ドイツはソ連から正式に承認されたのである。

Ⅲ　プロテスタント教会と東ドイツ国家

「冷戦秩序」（国際秩序）は東ドイツ社会（国内秩序）にも浸透した。それは第Ⅲ部の総説で分析したように，東ドイツではカードル・ノメンクラトゥーラ・システムとなって整備された。すなわち東ドイツ指導部は，冷戦における東西ドイツ間の「対立」と「競争」に適応できるように，SEDの指令が東ドイツ国内に効率よく行き届くシステムを必要としたのである。そのために，東ドイツ指導部はSEDに忠誠を尽くす「人間（カードル）」をシステムの中枢に招き入れていったのである。1950年代半ばを通じて東ドイツでは，SED支配体制がカードル・ノメンクラトゥーラ・システムの構築とともに整備されていった。しかし，東ドイツには，このシステムに組み込まれなかった組織があり，それがプロテスタント教会であった。[9]

ドイツのプロテスタント教会は，ナチス時代の「教会闘争（Kirchenkampf）」の経験から，「反ファシズム」を象徴する社会勢力であった。すなわち，ナチス時代，政治，経済，社会の「画一化」が進むなかで，軍部，警察権力，財界，大土地所有者をはじめとして，司法，教育，医療，言論，カトリック教会など，様々な領域はナチスを頂点とした支配体制と協調し，そのなかには権力に癒着することにより自らが受益者となることを望む者もあった。

こうした「画一化」の影響はプロテスタント教会にも及んだ。すなわち，プロテスタント教会のなかにも，ナチスの「強制的同質化」政策に呼応するグループが出現したのである。それは，「ドイツ的キリスト者（Deutsche Christen）」信仰運動を母体として形成されたドイツ福音主義教会（DEK）であり，DEKは，ミューラーを中心として，ユダヤ人排斥を是認し，ナチスの勢力伸張を宗教界から支えた。

これに対して1934年，ニーメラーを中心としたグループは「告白教会」を組

織し，教会の指針として「バルメン宣言」を採択することで，DEK，さらにはナチスの政策に真っ向から対立した。プロテスタント教会のなかでは，一方の政治権力への「適合（Anpassung）」(DEK)と，他方の政治権力に対する「教会闘争」(「告白教会」)が開始されたのである。この経験は，教会の精神性を問うとともに，国家と教会との関係がいかにあるべきかという難題を，戦後の教会に投げかけることとなった。それと同時に，ニーメラーを中心としたナチスに対する「教会闘争」の経験は，プロテスタント教会がナチスに迎合しなかった事実となった。換言すれば，それは，礼拝・証・奉仕に代表される「信仰の空間」，いわば，「プロテスタント・ミリュー」の強さを象徴していた。

　こうして「告白教会」を中心としたプロテスタント教会は「教会闘争」の結果，戦後ドイツにおいて「反ファシズム」を代表する社会勢力となった。プロテスタント教会は，戦後ただちに「告白教会」を中心として全ドイツを横断する形でドイツ福音主義教会（EKD）を組織し，戦後社会の再建に取り組んだのである。それはSEDにとって最大の対抗勢力が国内に出現したことを意味していた。東ドイツ指導部にとっては，SEDの存在こそが「反ファシズム」を体現する存在であった。東ドイツ指導部にとってプロテスタント教会は「反ファシズム」をめぐって対抗する可能性のある巨大な社会勢力であった。

　さらに，プロテスタント教会は「社会主義」の思想とも適合しなかった。すなわち「社会主義」は，自覚的な社会改良（実践）を通じて社会格差を是正することを「教え」としていたのに対して，プロテスタント教会の「祈り」と「救い」は，社会的弱者が社会改良を目指す目的を摘み取るものとみなされたのである。東ドイツ指導部とプロテスタント教会指導部は，戦後ドイツ社会の再建をめぐって衝突を繰り返すこととなった。1949年に制定された東ドイツ憲法はヴァイマル憲法を模範としていたため，「寛容」な宗教政策を定めていた。しかし，1952年に「スターリン・ノート」が失敗し，東ドイツの社会主義化・軍国主義化がソ連指導部から許可されると，東ドイツ指導部は東ドイツのプロテスタント教会の影響力を排除することを目指したのである。

　東ドイツ指導部はジャーナリズムを通じてプロテスタント教会への非難を開始し，牧師や教会関係者の一部は逮捕され，キリスト教青年会（Jungen Gemeinde）や学生信徒団（Studentengemeinde）のメンバーは学校や大学から追

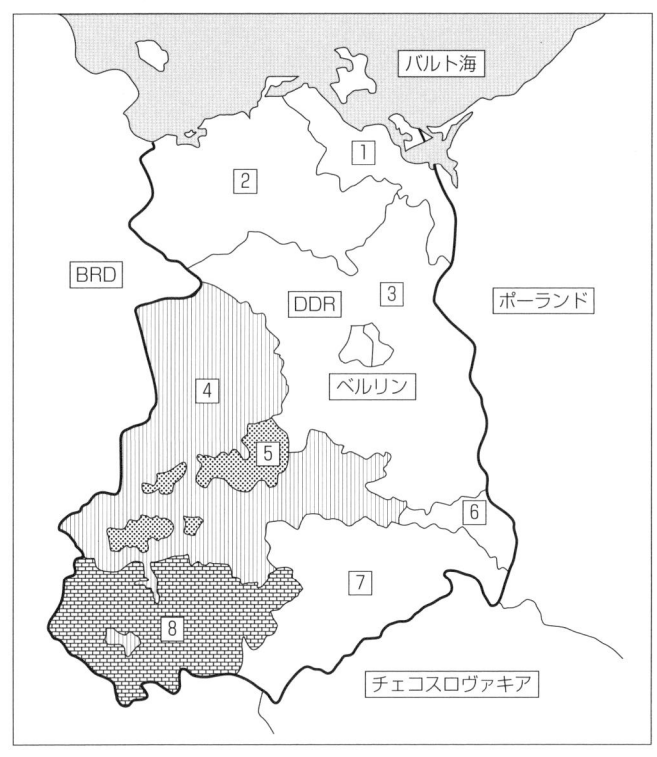

資料20　東ドイツのプロテスタント教会

DDR 福音主義教会連盟（1969年6月10日以降）
1＝グライフスヴァルト福音主義教会
　　Evang. Landeskirche Greifswald
2＝メクレンブルク福音主義ルター教会
　　Evang.-Luth. Landeskirche Mecklenburgs
3＝ベルリン・ブランデンブルク福音主義教会
　　Evang. Kirche in Berlin-Brandenburg
4＝キルヒェンプロヴィンツ・ザクセン福音主義教会
　　Evang. Kirche der Kirchenprovinz Sachsen
5＝アンハルト福音主義教会
　　Evang. Landeskirche Anhalts
6＝ゲルリッツ福音主義教会
　　Evang. Kirche des Görlitzer Kirchengebiets
7＝ザクセン福音主義ルター教会
　　Evang.-Luth. Landeskirche Sachsens
8＝テューリンゲン福音主義ルター教会
　　Evang.-Luth. Kirche in Thüringen

(Christoph Kleßmann, *Zwei Staaten, eine Nation: deutsche Geschichte 1955-1970* (Bonn: Bundeszentrale für politische Bildung, 1988), S. 401. クレスマンの研究書を参考に筆者が修正と加筆を加えた)

放され，高等学校や大学への入学が許可されなくなる者が現れた。

　これに対して，プロテスタント教会は，全ドイツ組織であったEKDを中心として，東西ドイツの分断を克服することを呼びかけた。教会は全ドイツ問題

へと東ドイツを引き込むことを目指したのである。SED支配体制の確立を目指していたウルブリヒトを中心とする東ドイツ指導部(「モスクワ派」)にとって,ドイツの統一は西ドイツへと東ドイツが吸収されるリスクを伴うものであった。仮にドイツが「中立化」されたとしても,東ドイツ指導部は自らの権力基盤を失う可能性があった。1950年代半ば以降,東ドイツ国家とプロテスタント教会はドイツ統一問題をめぐっても対立を深めた。

東ドイツにおけるプロテスタント教会は,この後,東ドイツの歴史におけるもう1つの側面を形作っていくこととなったのである[10]。

Ⅳ 本書の成果と課題

1.「米ソからの冷戦」と「現地からの冷戦」

本書は,1949～1955年の東ドイツ史を,東ドイツと冷戦との関わりという視角で分析してきた。その際とくに「ドイツからの冷戦」論に立脚し,分裂国家の建設をめぐる権力抗争の過程を分析してきた。確かに,「冷戦」はアメリカとソ連が相互に覇権を求め,自陣営内部を「上から」の影響力によって統制・管理・支配し,場合によっては自陣営に新たな国や地域を組み込むことによって,米ソともに膨張を目指したという議論は,完全に誤った議論であるとは言い切れない。とくに第三世界を中心とした非同盟・中立を掲げる国々に対する米ソの切り崩し攻勢は,そのことを端的に物語っている。

しかし,冷戦に関わった行為主体や政策決定過程における意思決定の作用の問題を,すべて米・ソの指導部に求めることには無理がある,と言わざるを得ない。むしろ実態は,「米ソからの冷戦」と「現地からの冷戦」が複雑に絡み合うことで,総じて長きにわたる均衡状態をもたらし,あるいは均衡の崩れた諸地域において数々の紛争を生み出したと言えるのではないであろうか。

その上,「米ソからの冷戦」と,「現地からの冷戦」は,各地域によって,必ずしも同程度の作用から構成されたわけではなかった。すなわち,「米ソからの冷戦」がより強く作用した地域と,そうでない地域。あるいは,むしろ「現地からの冷戦」の方がより強く作用した地域と,そうでない地域。さらには,「米ソからの冷戦」と「現地からの冷戦」の双方が強力に作用した地域と,双

方の作用がともに微力であった地域。これらの様々な多様性を念頭において議論を進めることが重要である。すなわち,「米ソからの冷戦」と「現地からの冷戦」の作用は,必ずしも均質に世界全体を覆ったのではなく,むしろ,各地域・各時期によって,相当の強弱と濃淡があったのであり,ドイツもこの法則からは例外でなかったのである。

とくに本書で論じたように,1945～1952年の期間は,東ドイツの場合,「ソ連からの冷戦」の作用は微弱であり,むしろ「現地(東ドイツ・DDR)からの冷戦」が強力に作用していた。そしてこれらの図式も,1952,53年の東ドイツをめぐる危機状況によって根本から変容し,1955年以降は,「ソ連からの冷戦」と「東ドイツ(DDR)からの冷戦」が均衡することとなった。すなわち1955年以降,東ドイツは「冷戦」をめぐるソ連との関係において,長い均衡状態に入り,表面的には安定した外観を示したのである。そして55年以降の東ドイツ指導部の問題関心は,冷戦体制を持続させるために国内体制の変革(＝「ソ連化」)を完了させることへと移った。言い換えれば,ここに石井修の論じる「55年体制」が始まったのである。[11]

2．本書の成果

本書は,国際レヴェルの「ドイツからの冷戦」論,ならびに国内レヴェルの「ドイツからの冷戦」論という2つのレヴェルから,東ドイツと冷戦との関わりについて論じてきた。そこで,次に本書の成果についてまとめたい。

本書で中心課題とされたのは,東ドイツの暫定性の問題であり,言い換えればドイツの統一問題であった。2つのドイツは冷戦の最前線に位置し,その帰趨――分裂状態の持続か,統一国家の創設か――次第では,ヨーロッパ全体に大きな影響を与える可能性があった。そのことは言い換えれば,ドイツを中心に,冷戦が回避されるか,あるいは冷戦が持続されるか,という問題とも関連し,戦後ヨーロッパの「国際秩序」のあり方そのものに関わる問題でもあった。

従来の冷戦史研究では,米ソの動向に焦点が集約されるあまり,ドイツ人の主体的な冷戦との関わりは捨象されて議論される傾向が強かった。すなわち,1945～1955年の期間,米ソは「ドイツ問題」をめぐって相互に譲れない懸案事項を抱え,米ソ間の交渉は次第に暗礁に乗り上げてしまい,ドイツ人はそのよ

うな米ソ間の対立（=「米ソからの冷戦」）に巻き込まれる形で，国家統一の希望を断念せざるを得なくなったと言うのである。[12]

　しかし冷戦は必ずしも，米ソからドイツへと一方通行で波及したわけではなかった。本研究が明らかにしたように，西ドイツ指導部，東ドイツ指導部の側から米ソへと働きかける側面もあわせ持っていたのである。それは「招待された帝国」としての米ソであり，「ドイツからの冷戦」であった。そしてそのような前提の上で，本研究は次の点を明らかにした。すなわち，①西ドイツ指導部と東ドイツ指導部が国内・国外政策の優先順位を選択していく上で，「ドイツ問題」の解決を次第に棚上げしていったということであり，さらには，②各国指導部（とくに，西ドイツ，東ドイツ，英，米，ソ）にとって突発的であった諸事件――スターリンの死と6月17日事件――が「ドイツ問題」の解決への積極姿勢を制止させていったということである。

　冷戦を回避する方法は米ソだけではなく，西ドイツ指導部や東ドイツ指導部にも，きわめて限定されてはいたが残されていた。しかしながら，これらの指導部はそのような選択肢を選ばなかった。むしろ，国内基盤の構築に執念を燃やし，したがって冷戦という状況を巧みに利用することにより，自らの国家ヴィジョンを追求したのである。それはアデナウアーが追求した西側統合と，ウルブリヒトが追求した東側統合であった。

　しかし東ドイツの場合，東側統合，すなわち「ソ連化」の推進は困難をきわめた。それは第1に，ソ連指導部が東ドイツの「ソ連化」に1955年に至るまで難色を示したからであり，第2に，東ドイツ指導部により，1950年代の「ソ連化」（=「社会主義の建設」）が，無計画に「強硬」に進められたためである。さらに，これらのソ連指導部と東ドイツ指導部の思惑の違いに加えて，危機を誘発する複合的な諸事象――アメリカの世界戦略の変化，スターリン死後のソ連圏内部での権力闘争――が加わったことで，東ドイツでの経済危機は「蜂起」へと次元を変え，6月17日事件を招来したのである。

　しかし，1953年6月17日事件を糸口として，東西間で「ドイツ問題」の解決へ向けた交渉が始められることはなかった。同事件による騒乱状況がヨーロッパ全域に波及することを恐れた各国指導部は，むしろ同事件の推移を静観する立場を選択したのである。そしてこれらの東西間の対応パターン――ソ連軍に

よる武力鎮圧と西側の静観姿勢——は，その後，幾度となく生じる「ソ連・東欧圏」内部での蜂起への対応パターンの原型ともなった。そのようにして，ドイツを中心に冷戦の制度化が進み，1955年までには「冷戦秩序」が完成したのである。それは2つのドイツにとって静止した「国際秩序」であった。

3．今後の課題
（1）ウルブリヒト時代からホーネッカー時代へ——連続？　不連続？

　最後に，本研究が扱うことができなかった課題について論じる。

　第1に指摘しなければならない課題は，ウルブリヒト時代からホーネッカー時代にかけて，東ドイツ史は連続した過程と捉えることができるのか，あるいはある種の歴史的断絶があったとみなされるべきなのか，という問いである。山田徹はこの問題について次のように論じている。「『壁』構築後のウルブリヒト時代の後期とホーネッカー時代は，指導者の個性にしたがってそれぞれの特色はもつが，基本的にはこの二つの時代を特徴づけたのはその『継続性』であった。そして，指導者によるこの体制の継続性への固執は，後に政治環境の激変のなかで迎える体制の危機の伏線になるのである。[13]」確かに山田徹が指摘するように，大きな歴史的枠組みのなかで捉えれば，歴史的断絶よりも，「継続性」の方が顕著であったかもしれない。しかし，「ドイツからの冷戦」論の議論を応用すれば，次の点を指摘することができるであろう。

　すなわち国際問題の視点からは，ウルブリヒト時代からホーネッカー時代にかけての最大の変化は，両ドイツ基本条約の締結（1972年12月）と国連への加盟（1973年9月）であった。そしてこれにより，東西ドイツ間の関係が根本から変化したと考えられるのである。すなわち，従来，①「西側（とくにアメリカ）－西ドイツ」関係，②「東側（とくにソ連）－東ドイツ」関係，という2つの関係を基礎に，西ドイツと東ドイツは反目を続け，相互に交渉相手として承認しなかったのに対して，両ドイツ基本条約の締結後は，①と②に加えて，③「西ドイツ（BRD）－東ドイツ（DDR）」関係が公式に組まれることとなった。それは，一方で，2つのドイツ国家を制度的に承認する試み（国連への加盟）であったが，他方で，「西ドイツ－東ドイツ」関係という枠組み（制度）が組まれたことで，「ドイツからの冷戦」に逆行する動きともなった。これらの①，

②,③の要素が,東ドイツを中心にどのように絡み合ったのか,さらには両ドイツ基本条約の締結が東ドイツ史の連続を意味するのか,あるいは不連続を意味するのか,これらの点については,今後の研究課題である。

(2) 東ドイツは,なぜ崩壊したのか?

そして第2に議論すべき問題は,なぜ東ドイツ(DDR)は崩壊したのか?という歴史研究上の問いである。この点については,本研究の議論に従うのであれば,国際冷戦構造の崩壊とともに,「ドイツからの冷戦」も機能しなくなり,東ドイツは崩壊した,と論証できよう。この議論は最も説得的であり,異論の余地がない議論である。しかし,もし国際冷戦構造の崩壊にのみ,東ドイツ崩壊の原因を集約してしまうのであれば,東ドイツは健全な国家であったのに,「冷戦」が機能しなくなって崩壊した,と結論づけられてしまうであろう。

周知のとおり,現実は,多くの東ドイツ市民の国外逃亡(オーストリア・ハンガリー間の国境開放)を引き金に,東ドイツの崩壊がもたらされたのであり,東ドイツ体制を支持しない人々が数多く存在したことは否定できない。つまり,東ドイツの崩壊は,冷戦の作用の問題と同時に,国家体制に何らかの欠陥があったことが要因であったのである。

本研究では,それらの要因について,「壁龕社会」の問題と,カードル・ノメンクラトゥーラ・システムの昇進メカニズムが機能しなくなったことを指摘した。しかし東ドイツ国内体制の欠陥の問題は多岐にわたり,いっそうの研究蓄積が必要とされる。さらに東ドイツの崩壊要因,ならびに東ドイツ体制の欠陥を探るためには,東ドイツ社会の実態がいかなるものであったのか,調査されなければならない。そしてこの課題に応えるためには,「下から」の視点が必要であり,その意味からも東ドイツ社会史研究に取り組むことが重要であり,それを本研究の今後の課題としたい。

1) 「被追放民」を扱った研究としては,次を参照されたい。川喜田敦子「東西ドイツにおける被追放民の統合」『現代史研究』第47号,2001年12月,1〜16頁。
2) 古田善文「永世中立国の誕生―1955年国家条約」(広瀬佳一編著『ウィーン・オーストリアを知るための50章』明石書店,所収)2002年,76〜82頁。古田善文「『解放』オーストリアの占領と改革」(油井大三郎・中村政則・豊下楢彦編『占領改革の国際比較』三

省堂，所収）1994年，301～331頁。オーストリア連邦報道庁発行『オーストリア―事実と数字』1993年。大西健夫・酒井晨史編『オーストリア―永世中立国際国家』早稲田大学出版部，1996年。東海大学平和戦略国際研究所編『オーストリア―統合，その夢と現実』東海大学出版会，2001年。
3) 齋藤嘉臣『冷戦変容とイギリス外交―デタントをめぐる欧州国際政治1964～1975年』ミネルヴァ書房，2006年，21～28頁。小嶋栄一『アデナウアーとドイツ統一』早稲田大学出版部，2001年，78～91頁。Eleanor Lansing Dulles, *One Germany or Two: the struggle at the heart of Europe* (Stanford, Calif.: Hoover Institution Press, Stanford University, 1970).（エリノア・ランシング・ダレス，浦田誠親訳『ドイツ・統一か分割か』時事通信社，1971年，177～179頁。）
4) フランスがインドシナにおける権益を失う過程で，米ソ二超大国の世界的な影響力がいっそう際立ち，米ソによる世界の共同管理の傾向が進んだ。ヨーロッパにおける「鉄のカーテン」は世界のあらゆる領域へと拡大し，米ソ間の取り決めが世界の「境界」の確定に大きな影響力を持つようになったのである。「境界」が確定することにより，ソ連は新しい発展方向を目指すことが可能となった。フルシチョフはその方向を，「脱スターリン化」として準備した。それは，1956年に「スターリン批判」となって表面化するが，そこへ至る途上の期間，ソ連は「脱スターリン化」を通じて，アメリカとの関係改善を図り，米ソ間の取引を通じて，世界の共同管理を「冷戦秩序」として実現することを目指した。
5) ゲア・ルンデスタッド著，河田潤一訳『ヨーロッパの統合とアメリカの戦略―統合による「帝国」への道』NTT出版，2005年，45頁。
6) 金子譲『NATO北大西洋条約機構の研究―米欧安全保障関係の軌跡』彩流社，2008年。
7) 岩間陽子『ドイツ再軍備』中央公論社，1993年，259～265頁。小嶋，前掲書・注3），120～137頁。H・A・ヴィンクラー，後藤俊明・奥田隆男・中谷毅・野田昌吾訳『自由と統一への長い道　I　ドイツ近現代史1789-1933年』昭和堂，2008年，161頁。
8) 小嶋，前掲書・注3），146～162頁。Richard W. Stevenson, *The Rise and Fall of Détente—Relaxations of Tension in US-Soviet Relations 1953-84* (London: Macmillan, 1985).（R・W・スチーブンスン，滝田賢治訳『デタントの成立と変容―現代米ソ関係の政治力学』中央大学出版部，1989年，39～60頁。）
9) 「国家―教会」関係に関わる研究として，Horst Dähn, *Konfrontation oder Kooperation? Der Verhältnis von Staat und Kirche in der SBZ/DDR 1945-1980* (Opladen: Westdeutscher Verlag, 1982)；Clemens Vollnhals (Hrsg.), *Die Kirchenpolitik von SED und Staatssicherheit* (Berlin: Links, 1997)；Martin Georg Goerner, 'Zu den Strukturen und Methoden der SED-Kirchenpolitik in den fünfziger Jahren,' in : Klaus Schroeder und Manfred Wilke (Hrsg.), *Geschichte und Transformation des SED-Staates: Beiträge und Analysen* (Berlin: Akademie Verlag, 1994), S. 112-129；清水聡「ドイツ民主共和国と『社会主義のなかの教会』―EKD分裂過程を中心に」『西洋史学』第214号，2004年9月，43～64頁。
10) EKDは1969年に東西ドイツへと組織を分裂させ，東ドイツの教会は，1971年，「社会主義のなかの教会」を宣言するに至った。それにより，教会はSED支配体制に組み込まれない自律した立場を獲得することに成功した。
11) 石井修『国際政治史としての20世紀』有信堂，2000年，216～220頁。

12) 小嶋,前掲書・注3),18頁。
13) 山田徹『東ドイツ・体制崩壊の政治過程』日本評論社,1994年,1頁。
14) 東ドイツ社会史研究を進める上で想定される問題群を指摘しておきたい。①労働運動史と東ドイツ「労働空間」,②消費文化と東ドイツ社会生活,③「過去の克服」と記憶,④ジェンダー論,⑤文化史とメディア,⑥農業集団化と東ドイツ「農村空間」,⑦教養市民層と東ドイツ,⑧プロテスタント・ミリューと「自由な空間」,⑨カードル・ノメンクラトゥーラ・システムの機能と実態,⑩青少年と東ドイツ「教育空間」,⑪市民運動とその限界。

また,これらの研究を進める上での接近方法を3つ指摘しておきたい。①シュタージ文書,意識調査(ライプツィヒ青年中央研究所),②心理分析,③オーラル・ヒストリー。

おわりに

　本書は，ドイツの統一25周年を記念してまとめられたものである。1990年10月3日のドイツ統一は，東ドイツ（ドイツ民主共和国）が歴史から姿を消すことと同一であった。ドイツ統一には，基本法（ドイツ連邦共和国の憲法に相当）の「第23条」が適用され，ドイツ連邦共和国（当時の西ドイツ）の外部にある地域が行政上，州のレヴェルへと再編（区画）されてドイツ連邦共和国の制度へと組み込まれる手続がとられた。

ドイツ連邦共和国基本法（1949年）第23条［基本法の適用範囲］
　この基本法は，さしあたり，バーデン，バイエルン，ブレーメン，大ベルリン，ハンブルク，ヘッセン，ニーダザクセン，ノルトライン＝ヴェストファーレン，ラインラント＝プファルツ，シュレースヴィヒ＝ホルシュタイン，ヴュルテンベルク＝バーデン，およびヴュルテンベルク＝ホーエンツォレルンのラント領域で適用される。その他のドイツの部分では，基本法は，ドイツ連邦共和国への加入後に効力を生じるものとする。

　この「第23条」の手続が採用されたことは，西ドイツ（ドイツ連邦共和国）と統一ドイツ（ドイツ連邦共和国）が連続した過程にあることを象徴していた。1990年のドイツ統一の際には，新憲法の制定によるドイツ統一を想定した基本法の「第146条」は採用されなかったのである。

ドイツ連邦共和国基本法（1949年）第146条［基本法の適用期間］
　この基本法は，ドイツ国民が自由な決断により制定した憲法の効力の生じる日に，その効力を失う。

　「第23条」の手続によって，ドイツ民主共和国（東ドイツ）は「5つの州」へと解体された。それはそこにあったかもしれない「成果」（社会主義的成果）が制度上すべて失われることを意味していた。改めてドイツ民主共和国（東ドイツ）とは何だったのか，問い直されなければならない。
　本書はこのような問題意識から，とくに東ドイツが成立した1949年から，「冷戦秩序」が確立した1955年までの期間に焦点を当ててまとめられたもので

ある。

　この作業は実に困難な過程であった。第1に,「東ドイツ史」を「ドイツ史」の流れのなかに位置づけること，第2に,「東ドイツ史」を「冷戦史」の流れのなかに位置づけること，この2つの作業を進めるにあたり，無数の錯綜した解釈と，多義的な研究のなかで，埋没せず確立した立場を維持しなければならなかったためである。非常に遠い目的へと向かうような研鑽を必要としていたように思われる。

　そのなかで，本書が最も強く主張したテーマが，1949～1955年の期間における東ドイツ指導部とソ連指導部との間の「ドイツ問題」をめぐる利害の不一致であった。東ドイツの存立の維持を目指す東ドイツ指導部（とくにウルブリヒト）に対して，ソ連指導部はドイツの中立化という選択肢を残した。これらの状況は，本書でも指摘したように，冷戦後の史料公開によって，改めて問い直しが進んだテーマであった。

　本書が指摘したように，アメリカやソ連からの冷戦と，東西ドイツからの冷戦は，必ずしも同じ程度の作用から構成されたわけではなかった。それぞれの国や，それぞれの時期によって，強弱と濃淡があったのであり，それらの細部を入念に検討することが重要であった。東ドイツにおいては，1945～1952年の期間は，「東ドイツからの冷戦」が強力に作用していた。しかし，1952～1953年の「危機」（「スターリン・ノート」，「社会主義の建設」，さらには6月17日事件）によって，その作用は変化し，1955年以降は，「ソ連からの冷戦」と「東ドイツからの冷戦」が均衡することとなったのである。このことが，ドイツにおける「冷戦秩序」の本質であった。

　今日，もはや東ドイツは存在しない。その「東ドイツの終焉」は，様々な問題の複合化のなかで進んだ。しかしそのなかでも，ゴルバチョフによる「ペレストロイカ」の開始が，決定的な要因であり，それにより「東ドイツの終焉」は現実の問題となった。1980年代以降，テレビやラジオでは，繰り返し，「連帯」，「レバノン」などの言葉が飛び交い，「核戦争」の恐怖を描いた映画やドラマが放映されていた。インターネットのないこの時代，テレビが最も発信力のあるメディアであった。1985年,『ニュース・ステーション』（テレビ朝日）

が始まり，番組に映し出されるゴルバチョフの静かな様子と，背景に映るソ連の「青空」が，強い印象を与えた。日本はバブル経済へと向かうなか，国際政治には，「青空」に象徴されるような，遠くひんやりとした空気が広まっていた。それは，嵐の前の静けさのようであった。それから4～5年の間に，1989年，昭和が終わり，天安門事件が発生し，東欧の民主化と「ベルリンの壁」の崩壊，そして，1990年，ドイツは統一され，東ドイツは消滅した。冷戦は「終焉してしまった」のである。この大きな変化が本書をまとめるきっかけであった。

　本書でも指摘しているように，東ドイツの史料はドイツ連邦文書館を通じて一般に公開されている。様々なファイルやマイクロ・フィルムの記録を見ていくなかで，史料の管理に関わる問題自体が，ドイツ統一の過程と大きくつながっていることに気づいた。東ドイツの史料の行方そのものが，歴史のテーマとなり得るのである。というのも，統一後のドイツでは膨大な量の東ドイツの史料が目の前におかれ，その結果，研究者や専門家も，それぞれの史料の相互関係の把握に，一時的に困難な状態が生じた。あまりにも莫大な量の情報であった。これらの情報を基に，1990年代を通じて，多くの東ドイツに関わる研究書が出版された。しかし，それらの研究成果の水準はバラバラであったのである。1990年代のドイツは，忍耐を必要とする出来事に直面していた――旧東・西ドイツ地域間の経済格差，東ドイツへの郷愁（「オスタルジア」），ベルリンへの遷都，移民社会をめぐる軋轢，ネオ・ナチの台頭，旧ユーゴスラヴィア内戦とドイツへ向かう無数の難民――。このような社会背景のなかで，東ドイツに関わる史料は少しずつ整理されていった。

　2000年頃からは，それまでと比較して，支障なく，必要とする史料に到達することが可能となっていた。ドイツ社会も大きく変容し始めていた。シュタージに関わる研究，SED（ドイツ社会主義統一党）独裁に関わる研究センターの活動，ドイツのナショナル・シンボルとしての政治家についての研究，など，現代史に関わる研究環境がドイツ政府の支援のなかで具体的に整備された。この時期は，「サッカー・ワールドカップ」（2006年）のドイツ開催や，ドイツ経済の堅調な発展の時期とも重なり，首都ベルリンは，統一後のやや荒廃した雰囲気から，格段に整備され美化された。また，東ドイツを出身とする，首相（メ

ルケル）と大統領（ガウク）が，今日，ドイツ政治の中枢で活躍している。ドイツ統一後25年の期間を通じて，東ドイツに関わる史料は整理され，研究環境も格段に整い，政治・社会・経済も変化してきた。これらのことは，本書をまとめる上での社会的背景であり，筆者が史料収集の過程で見た風景でもある。

　東ドイツ研究は，イデオロギーとの関わり方に特徴がある。それは，冷戦後の今日においても，残された課題となっている。端的に表現すれば，東ドイツとナチスを連続した独裁の過程とみるのか，あるいは，東ドイツにはナチスとはやや異なる特徴があったと分析するのか，である。研究をまとめるにあたり，また多くの当時の史料を見るなかで，東ドイツには東ドイツ特有のダイナミズムがあることに気づいた。ナチスとは異なる発展が確認されるのであり，それらを厳密に記述することが重要であった。SEDによる支配構造や，シュタージによる厳密な監視システムの問題だけを取り上げると，東ドイツとナチスには類似の傾向が認められるかもしれない。しかし，東ドイツ社会における「公」と「私」の区分を前提とした「壁龕社会」の傾向，カードル・ノメンクラトゥーラ・システム，プロテスタント教会の位置づけ，などの特徴は，東ドイツに特有の問題であった。今日，消滅してしまった東ドイツの分析を進めるにあたり，より客観的な研究が，今後さらに求められていくことと思われる。

　本書をまとめるまでには，多くの方々にお世話になった。この場を借りてお礼を申し上げたい。大橋憲広先生からは，ドイツの憲法と政治，さらには社会科学の総論について，『法社会学の基礎理論』（法律文化社）の翻訳の過程で学んだ。ドイツ語と社会科学の基礎知識のなかから本書をまとめる上での視座を見つけた。とくにそれは，東ドイツの憲法制定過程の分析の際に活かされている。西ドイツの憲法制定過程については，日本の憲法制定過程との比較から，また「基本法」としての特質に関わる分析から（西ドイツでは，統一までの暫定性を強調するために，「憲法Verfassung」ではなく「基本法Grundgesetz」とした），比較的，入念に分析されてきたテーマであった。しかし，東ドイツの憲法制定過程を重点的に論じる研究は，日本ではあまり進められてこなかった。西ドイツでは政治エリートが憲法（「基本法」）の制定に積極的な役割を果たしたのに対

して，東ドイツでは，「大衆運動」に憲法制定の正統性が求められた。それは，東西ドイツの憲法制定過程の比較における大きな特徴である。

羽場久美子先生には，法政大学と青山学院大学における研究室を通じて，冷戦と東欧における基礎知識を学んだ。国際関係の歴史は，西ヨーロッパの視点から捉えられることが多いが，羽場先生からは，ソ連―東ヨーロッパ―東ドイツに示される社会主義諸国からの視点を学び，そうしたことは本書の基本にも活かされている。さらに羽場先生が指摘される「冷戦の起源は，一律に時期設定できない」とする問題提起（ハンガリー冷戦史）にも強く影響を受け，その視点を東ドイツに応用することを目指してきた。また羽場先生の下に集まる研究者や学生からも多くの指摘をいただいた。ここには，ヨーロッパ連合（EU），冷戦史，国際史，フランス，ハンガリー，国際河川，中東情勢から東アジア情勢に至るまで，多様な論点と多様な地域に取り組む研究者が参加している。そうした多くの分野を知ることにより，本書の内容もより客観化されたことと思っている。

また本書は，青山学院大学での講義（開講学部：国際政治経済学部）での内容も基礎としている。とくにここでは，「ヨーロッパ政治論Ⅰ」として，戦後ドイツ史の展開を集中的に扱っている。20世紀のヨーロッパ政治を概観すれば，帝国主義，第一次世界大戦，第二次世界大戦，冷戦，ヨーロッパ統合，に関わる出来事を念頭に思い浮かべることができるが，これらすべての中心にドイツがあった。そのなかでもとくに戦後ドイツと冷戦に関わるテーマについては，若い学生の関心は高く，講義の中心課題となっている。21世紀の今日，20世紀型の「イデオロギーによる東西ドイツへの分断？」，「ベルリンの壁の目的？」，「核戦略と世界システム？」などの課題は，なかなかイメージしにくいものである。時代やテクノロジーの変化により，課題と争点は必然的に変わっていくものである。しかし，「今」の時代は，「過去」の時代の延長線上にある。したがって，冷戦時代のトレンド（傾向）を若い世代に伝えていくことは，今日の国際政治を知る上でも重要であろう。青山学院大学での学生からの講義へのコメントが，本書の基本にも相当に活かされている。

また，本書をまとめる上で，とくに影響を受けたのが益田実先生を中心とする研究グループ（2014～2017年度日本学術振興会科学研究費補助金基盤研究（B）「同

盟政治・脱植民地化・文化的変容―三つの軸から捉え直す新しい冷戦史」）であった。東京，京都，金沢，博多などで，繰り返し研究会が開催され，様々な点において勉強できる機会に恵まれた。研究メンバーである，青野利彦，池田亮，小川浩之，齋藤嘉臣，芝崎祐典，妹尾哲志，鳥潟優子，橋口豊，細田晴子，益田実，三須拓也，三宅康之，山本健の先生方に，お礼を申し上げたい。

また，教育活動を進める上で，明治大学の伊藤剛先生，高橋一行先生，川嶋周一先生，玉川大学の青木敦男先生，飯村龍一先生から，様々な貴重なアドバイスをいただいた。研究と教育は相互に関連している。教育の水準をいかにして高めるか，このことは重要な問題であり，貴重なアドバイスを少しでも教育活動に活かすことができるように心がけている。

東ドイツ研究については，山田徹先生から政治体制の視点についてご教示をいただいた。また，東ドイツにおけるプロテスタント教会や平和問題について市川ひろみ先生から，東ドイツ経済の特徴について石井聡先生から，多くのご教示をいただいた。本書の土台となっている。

ドイツ政治外交については，アデナウアー外交の本質について三宅正樹先生から，ドイツ安全保障とドイツ統一過程について中村登志哉先生から，西ドイツ外交について小嶋栄一先生からご教示をいただいた。また板橋拓己先生には学会活動を通じてお世話になっている。

ロシア（ソ連）史の横手慎二先生からは「スターリン・ノート」についての研究上のアドバイスだけでなく，研究を進める上での励ましのお言葉を繰り返しいただいた。また，下斗米伸夫先生からは「東アジア冷戦史」に関する研究会において，報告の機会をいただいた。地域研究については，スペイン研究の若松隆先生から多くのコメントをいただき，チェコスロヴァキア研究の薩摩秀登先生から多くの知見をいただいた。

本書はこのように，多くの方々のご指導，ご支援のなかで完成したが，本書の誤りについては，すべて筆者に責任がある。

また出版にあたっては，法律文化社のみなさまにお世話になった。とくにこの企画をご快諾していただいた法律文化社の秋山泰前社長，執筆から完成に至るまで常にご助力をいただいた田靡純子社長にお礼を申し上げたい。田靡社長には，短期間で厳しいスケジュールのなか，たいへん無理なお願いにもかかわ

らず，それをすべて引き受けていただき，感謝の思いでいっぱいである。

　また，家族に感謝の気持ちを伝えることをお許しいただきたい。妻の千晶，娘の美佑と紅花の笑顔のなかで，これまで研究を進めることができた。3人に本書を捧げたい。

2015年7月　東京都荒川区西尾久の自宅にて

清水 聡（しみず そう）

文献一覧

〈一次史料〉
Bundesarchiv (Berlin) : Stiftung Archiv der Parteien und Massenorganisationen der DDR im Bundesarchiv (SAPMO-BArch)

NY 4036 / 782	DY 30 / IV 2 / 5 / 558	DY 30 / 3387
NY 4090 / 166	DY 30 / IV 2 / 10.02 / 213	DY 30 / 3473
NY 4090 / 699	DY 30 / IV 2 / 14 / 212	DY 30 / 3476
DY 30 / IV 2 / 2 / 200	DY 30 / IV A 2 / 14 /19	DY 30 / 3478
DY 30 / IV 2 / 2 / 207	DY 30 / J IV 2 / 2 / 766	DY 30 / 3479
DY 30 / IV 2 / 5 / 542	DY 30 / J IV 2 / 2 / 770	DY 30 / 3497
DY 30 / IV 2 / 5 / 543	DY 30 / J IV 2 / 2 J / 1	DY 30 / 3509
DY 30 / IV 2 / 5 / 544	DY 30 / 3383	DY 30 / 3682
DY 30 / IV 2 / 5 / 546	DY 30 / 3386	

〈刊行史料〉
1. Badstübner, Rolf und Wilfried Loth (Hrsg.), *Wilhelm Pieck —Aufzeichnungen zur Deutschlandpolitik 1945-1953* (Berlin: Akademie Verlag, 1994).
2. Bundesministerium für Gesamtdeutsche Fragen (Hrsg.), *Die Bemühungen der Bundesrepublik um Wiederherstellung der Einheit Deutschlands durch Gesamtdeutsche Wahlen: Dokumente und Akten*, Vierte erweiterte Auflage (Bonn: Deutscher Bundes-Verlag, 1953).
3. Bundesministerium für Gesamtdeutsche Fragen (Hrsg.), *Die Bemühungen der Bundesrepublik um Wiederherstellung der Einheit Deutschlands durch gesamtdeutsche Wahlen: Dokumente und Akten* (Bonn: Deutscher Bundes-Verlag, 1954).
4. Bundesministerium für gesamtdeutsche Fragen (Hrsg.), *Sowjetische Auffassungen zur Deutschlandfrage 1945-1954 : dargestellt nach amtlichen Dokumenten*, 2. ergänzte Aufl (Bonn: Deutscher Bundes-Verlag, 1954).
5. Bundesministerium für gesamtdeutsche Fragen (Hrsg.), *SBZ von 1955 bis 1958 : die sowjetische Besatzungszone Deutschlands in den Jahren 1955-1958* (Bonn: Deutscher Bundes-Verlag, 1961).
6. Bundesministerium für innerdeutsche Beziehungen (Hrsg.), *Der Aufstand vom 17. Juni 1953*, ergänzte Auflage (Bonn: Gesamtdt. Inst., 1988).
7. U. S. Department of State, *Foreign Relations of the United States (FRUS) : 1952-1954 VII* (Washington D.C.: Government Printing Office, 1986).
8. Keiderling, Gerhard (Hrsg.), *"Gruppe Ulbricht" in Berlin April bis Juni 1945 :*

Von den Vorbereitungen im Sommer 1944 bis zur Wiedergründung der KPD im Juni 1945 : Eine Dokumentation (Berlin: Berlin Verlag Arno Spitz, 1993).
9. Kleßmann, Christoph und Georg Wagner (Hrsg.), *Das gespaltene Land: Leben in Deutschland 1945-1990: Texte und Dokumente zur Sozialgeschichte* (München: Beck, 1993).
10. Knoll, Viktor und Lothar Kölm (Hrsg.), *Der Fall Berija : Protokoll einer Abrechnung : das Plenum des ZK der KPdSU, Juli 1953 : stenographischer Bericht* (Berlin: Aufbau Taschenbuch Verlag, 1993).
11. Noelle, Elisabeth und Erich Peter Neumann (Hrsg.), *Jahrbuch der öffentlichen Meinung* (Allensbach am Bodensee: Verlag für Demoskopie, 1956).
12. Ostermann, Christian F., *Uprising in East Germany 1953: the Cold War, the German question, and the first major upheaval behind the Iron Curtain* (Budapest; New York: Central European University Press, 2001).
13. Otto, Wilfriede, *Die SED im Juni 1953. Interne Dokumente*, 2., durchgesehene Aufl (Berlin: K. Dietz, 2003).
14. Senate Committee on Foreign Relations. Staff of the Committee and the Department of State, *AMERICAN FOREIGN POLICY. Basic Documents, 1941-1949* (New York: Arno Press, 1971).
15. Sorgenicht, Klaus (Hrsg.), *Verfassung der Deutschen Demokratischen Republik: Dokumente, Kommentar* (Berlin : Staatsverlag der Deutschen Demokratischen Republik, 1969).
16. Steininger, Rolf, *Eine Chance zur Wiedervereinigung? Die Stalin-Note vom 10. März 1952. Darstellung und Dokumentation auf der Grundlage unveröffentlichter britischer und amerikanischer Akten* (Bonn: Verlag Neue Gesellschaft, 1985).

〈新聞・雑誌〉
1. *DER SPIEGEL*
2. *EINHEIT*
3. *Neue Zürcher Zeitung*
4. *NEUES DEUTSCHLAND*
5. *New York Times*

〈回想録・著作集〉
1. Adenauer, Konrad, *Erinnerungen 1945-1953* (Stuttgart: Deutsche Verlags-Anstalt, 1965). (K・アデナウアー著, 佐瀬昌盛訳『アデナウアー回顧録』I・II, 河出書房新社, 1967年)
2. Djilas, Milovan, *Conversations with Stalin* (New York: Harcourt, Brace & World, 1962).

3. Gromyko, Andrei, *Memoirs*, trans. Harold Shukman (New York: Doubleday, 1989).
(グロムイコ著, 読売新聞社外報部訳『グロムイコ回想録』読売新聞社, 1989年)
4. Herrnstadt, Rudolf, *Das Herrnstadt-Dokument: das Politbüro der SED und die Geschichte des 17. Juni 1953* (Reinbek bei Hamburg: Rowohlt, 1990).
5. Kuczynski, Jürgen, *"Ein linientreuer Dissident": Memoiren 1945-1989*, 1. Aufl (Berlin ; Weimar: Aufbau-Verlag, 1992). (ユルゲン・クチンスキー著, 照井日出喜訳『クチンスキー回想録：1945〜1989—正統派の異端者』大月書店, 1998年)
6. Semjonow, Wladimir S., *Von Stalin bis Gorbatschow: Ein halbes Jahrhundert in diplomatischer Mission 1939-1991* (Berlin: Nicolai, 1995).
7. Stalin, Iosif, *Fragen des Leninismus* (Berlin: Dietz, 1955).
8. Ulbricht, Walter, *Zur Geschichte der deutschen Arbeiterbewegung: Aus Reden und Aufsätzen, Bd. IV: 1950-1954* (Berlin: Dietz, 1958).
9. Ulbricht, Walter, *Probleme der sozialistischen Leitungstätigkeit* (Berlin: Dietz, 1968).
10. Ulbricht, Walter, *Zur Geschichte der deutschen Arbeiterbewegung: Aus Reden und Aufsätzen, Bd. III: 1946-1950*, Zusatzband (Berlin: Dietz, 1971).

〈研究文献〉
——欧 文——

1. Adomeit, Hannes, *Imperial Overstretch: Germany in Soviet Policy from Stalin to Gorbachev: An Analysis Based on New Archival Evidence, Memoirs, and Interviews*, 1. Aufl (Baden-Baden: Nomos Verlagsgesellschaft, 1998).
2. Allinson, Mark, *Politics and popular opinion in East Germany 1945-68* (Manchester: Manchester University Press, 2000).
3. Allinson, Mark, 'The failed experiment: East German communism,' in : Mary Fulbrook (ed.), *20th Century Germany: Politics, Culture and Society 1918-1990* (London: Arnold, 2001).
4. Allinson, Mark, *Germany and Austria, 1814-2000* (New York: Co-published in the United States of America by Oxford University Press, 2002).
5. Baring, Arnulf, *Der 17. Juni 1953* (Stuttgart: Deutsche Verlags-Anstalt, 1983).
6. Bauerkämper, Arnd, Martin Sabrow, und Bernd Stöver (Hg.), *Doppelte Zeitgeschichte: deutsch-deutsche Beziehungen 1945-1990* (Bonn: J.H.W. Dietz, 1998).
7. Bender, Peter, *Die "Neue Ostpolitik" und ihre Folgen*, 4. Auflage (München: Deutscher Taschenbuch Verlag, 1996).
8. Broszat, Martin und Hermann Weber, *SBZ-Handbuch: Staatliche Verwaltungen, Parteien, gesellschaftliche Organisationen und ihre Führungskräfte in der Sowjetischen Besatzungszone Deutschlands 1945-1949* (München: R. Oldenbourg,

1990).
9. Bundesministerium für innerdeutsche Beziehungen (Hrsg.), *DDR Handbuch*, 2., völlig überarbeitete und erw. Aufl, (Köln: Verlag Wissenschaft und Politik, 1979).
10. Childs, David, *The fall of the GDR: Germany's road to unity* (New York; Tokyo: Longman, 2001).
11. Conte, Arthur, *Yalta ou le partage du monde* (Paris: Robert Laffont, 1964). (アルチュール・コント著, 山口俊章訳『ヤルタ会談＝世界の分割：戦後体制を決めた8日間の記録』サイマル出版会, 1986年)
12. Dähn, Horst, *Konfrontation oder Kooperation? Der Verhältnis von Staat und Kirche in der SBZ/DDR 1945-1980* (Opladen: Westdeutscher Verlag, 1982).
13. Deutscher Bundestag(Hrsg.), *Materialien der Enquete-Kommission "Aufarbeitung von Geschichte und Folgen der SED-Diktatur in Deutschland" : Formen und Ziele der Auseinandersetzung mit den beiden Diktaturen in Deutschland* (Baden-Baden: Nomos, 1995).
14. Diedrich, Torsten, *Waffen gegen das Volk: Der 17. Juni 1953 in der DDR* (München: R. Oldenbourg, 2003).
15. Dijk, Ruud Van, 'The 1952 Stalin Note debate: myth or missed opportunity for German unification?,' in : *Cold War International History Project: Working Paper*, No.14 (May 1996). (http://www.wilsoncenter.org/sites/default/files/ACFB54.pdf)
16. Djilas, Milovan, *The new class: an analysis of the communist system* (London: Thames and Hudson, 1958). (ミロバン・ジラス著, 原子林二郎訳『新しい階級』時事通信社, 1957年)
17. Dinan, Desmond, *Ever Closer Union* (Basingstoke: Palgrave Macmillan, 2005).
18. Doering-Manteuffel, Anselm, 'Deutsche Zeitgeschichte nach 1945: Entwicklung und Problemlagen der historischen Forschung zur Nachkriegszeit,' in : *Vierteljahrshefte für Zeitgeschichte* (1983), S. 1 -29.
19. Doering-Manteuffel, Anselm, 'Dimension von Amerikanisierung in der deutschen Gesellschaft,' in : *Archiv für Sozialgeschichte*, 35 (1995), S. 1 -34.
20. Dulles, Eleanor Lansing, *One Germany or Two: the struggle at the heart of Europe* (Stanford, Calif.: Hoover Institution Press, Stanford University, 1970). (エリノア・ランシング・ダレス著, 浦田誠親訳『ドイツ・統一か分割か』時事通信社, 1971年)
21. Eisenfeld, Bernd, Ilko-Sascha Kowalczuk, und Ehrhart Neubert, *Die verdrängte Revolution : der Platz des 17. Juni 1953 in der deutschen Geschichte* (Bremen: Edition Temmen, 2004).
22. Eppelmann, Rainer, Horst Möller, Günter Nooke, und Dorothee Wilms (Hrsg.), *Lexikon des DDR-Sozialismus: Das Staats- und Gesellschaftssystem der Deutschen Demokratischen Republik* (Paderborn・München・Wien・Zürich: F. Schöningh,

1997).
23. Fejtö, François, *Histoire des démocraties populaires, Aprés Staline 1953-1971* (Paris: Editions du Seuil, 1972). (フランソワ・フェイト著, 熊田亨訳『スターリン以後の東欧』岩波書店, 1978年)
24. Foitzik, Jan, *Sowjetische Militäradministration in Deutschland (SMAD) 1945-1949: Struktur und Funktion* (Berlin: Akademie Verlag, 1999).
25. Foitzik, Jan (Hrsg.), *Entstalinisierungskrise in Ostmitteleuropa 1953-1956: vom 17. Juni bis zum ungarischen Volksaufstand: politische, militärische, soziale und nationale Dimensionen* (Paderborn; München; Wien; Zürich: Ferdinand Schöningh, 2001).
26. Frank, Mario, *Walter Ulbricht: Eine deutsche Biografie* (Berlin: Siedler, 2001).
27. Fricke, Karl Wilhelm und Roger Engelmann, *Der "Tag X" und die Staatssicherheit: 17. Juni 1953, Reaktionen und Konsequenzen im DDR-Machtapparat* (Bremen: Edition Temmen, 2003).
28. Fricke, Karl Wilhelm, 'Kadernomenklaturen,' in : Eppelmann, Rainer, Horst Möller, Günter Nooke, und Dorothee Wilms (Hrsg.), *Lexikon des DDR-Sozialismus: Das Staats- und Gesellschaftssystem der Deutschen Demokratischen Republik* (Paderborn・München・Wien・Zürich: F. Schöningh, 1997), S. 433-436.
29. Friedrich, Carl J. and Zbigniew K. Brzezinski : *Totalitarian Dictatorship and Autocracy* (Cambridge: Harvard University Press, 1956).
30. Fulbrook, Mary, *A Concise History of Germany* (Cambridge; New York: Cambridge University Press, 1990). (メアリー・フルブロック著, 高田有現・高野淳訳『ケンブリッジ版世界各国史―ドイツの歴史』創土社, 2005年)
31. Fulbrook, Mary, *Two Germanies, 1945-1990: problems of interpretation* (Houndmills: Macmillan Education, 1992).
32. Fulbrook, Mary, *Anatomy of a dictatorship: inside the GDR 1949-1989* (Oxford; New York: Oxford University Press, 1995).
33. Fulbrook, Mary (ed.), *German history since 1800* (London; New York: Arnold, 1997).
34. Fulbrook, Mary, *Interpretations of the Two Germanies, 1945-1990*, 2 nd ed (Basingstoke; New York: Palgrave Macmillan, 2000). (メアリー・フルブルック著, 芝健介訳『二つのドイツ:1945～1990』岩波書店, 2009年)
35. Fulbrook, Mary (ed.), *20th Century Germany: Politics, Culture and Society 1918-1990* (London: Arnold, 2001).
36. Fulbrook, Mary, *The people's state: East German society from Hitler to Honecker* (New Haven: Yale University Press, 2005).
37. Gaddis, John Lewis, *The Long Peace: Inquiries Into the History of the Cold War* (New York: Oxford University Press, 1987). (ジョン・L・ギャディス著, 五味俊

樹他訳『ロング・ピース―冷戦史の証言「核・緊張・平和」』芦書房，2002年)
38. Gaddis, John Lewis, *We Now Know: Rethinking Cold War History* (New York: Oxford University Press, 1997). (ジョン・L・ギャディス著，赤木完爾・斉藤祐介訳『歴史としての冷戦―力と平和の追求』慶應義塾大学出版会，2004年)
39. Gaddis, John Lewis, *The Landscape of History: How Historians Map the Past* (New York: Oxford University Press, 2002). (ジョン・L・ギャディス著，浜林正夫・柴田知薫子訳『歴史の風景―歴史家はどのように過去を描くのか』大月書店，2004年)
40. Gaddis, John Lewis, *The Cold War* (London: Penguin Books, 2005). (ジョン・L・ガディス著，河合秀和・鈴木健人訳『冷戦―その歴史と問題点』彩流社，2007年)
41. Gehler, Michael und Rolf Steininger (Hrsg.), *Die Neutralen und die europäische Integration 1945-1995: The neutrals and the European integration, 1945-1995* (Wien: Böhlau, 2000).
42. Gerlach, Stefanie Virginia, *Staat und Kirche in der DDR: war die DDR ein totalitäres System?* (Frankfurt am Main: P. Lang, 1999).
43. Glaeßner, Gert-Joachim, *Herrschaft durch Kader: Leitung der Gesellschaft und Kaderpolitik in der DDR am Beispiel des Staatsapparates*, 1. Aufl (Wiesbaden: Westdeutscher Verlag, 1977).
44. Glaeßner, Gert-Joachim, *Der schwierige Weg zur Demokratie: Vom Ende der DDR zur deutschen Einheit* (Opladen: Westdeutscher Verlag, 1991). (G・J・グレースナー著，中村登志哉・中村ゆかり訳『ドイツ統一過程の研究』青木書店，1993年)
45. Goerner, Martin Georg, 'Zu den Strukturen und Methoden der SED-Kirchenpolitik in den fünfziger Jahren,' in : Schroeder, Klaus und Manfred Wilke (Hrsg.), *Geschichte und Transformation des SED-Staates: Beiträge und Analysen* (Berlin: Akademie Verlag, 1994), S. 112-129.
46. Goerner, Martin Georg, *Die Kirche als Problem der SED: Strukturen kommunistischer Herrschaftsausübung gegenüber der evangelischen Kirche, 1945 bis 1958* (Berlin: Akademie, 1997).
47. Graml, Hermann, 'Nationalstaat oder westdeutscher Teilstaat: Die Sowjetischen Noten vom Jahre 1952 und die Öffentliche Meinung in der Bundesrepublik Deutschland,' in : *Vierteljahrshefte für Zeitgeschichte*, 25 (1977), S. 821-864.
48. Graml, Hermann, 'Die Legende von der verpaßten Gelegenheit zur sowjetischen Notenkampagne des Jahres 1952,' in : *Vierteljahrshefte für Zeitgeschichte*, 29 (1981), S. 307-341.
49. Graml, Hermann, *Die Alliierten und die Teilung Deutschlands: Konflikte und Entscheidungen, 1941-1948* (Frankfurt am Main: Fischer Taschenbuch Verlag, 1985).
50. Gregory, Paul R. and Robert C. Stuart, *Soviet economic structure and performance*, 3 rd ed (New York: Harper & Row, 1986). (ポール・R・グレゴリー，ロバート・

C・スチュアート著, 吉田靖彦訳『ソ連経済』教育社, 1987年)
51. Grosser, Alfred, *Geschichte Deutschlands seit 1945: Eine Bilanz* (München: Carl Hanser/dtv, 1980). (アルフレート・グロセール著, 山本尤・三島憲一・相良憲一・鈴木直訳『ドイツ総決算──1945年以降のドイツ現代史』社会思想社, 1981年)
52. Häder, Sonja, 'Von der "demokratischen Schulreform" zur Stalinisierung des Bildungswesens──der 17. Juni 1953 in Schulen und Schulverwaltung Ost-Berlins,' in : Kocka, Jürgen (Hrsg.), *Historische DDR-Forschung: Aufsätze und Studien* (Berlin: Akademie Verlag, 1993), S. 191-213.
53. Hagen, Manfred, *DDR, Juni '53: die erste Volkserhebung im Stalinismus* (Stuttgart: F. Steiner, 1992).
54. Halbritter, Walter, 'Zum Systemcharakter der Verwirklichung der ökonomischen Gesetze,' in : *Einheit*, (3-70), 25. Jahrgang, S. 266-274.
55. Halle, Louis J., *The Cold War as History* (London: Chatto & Wisdus, 1967). (ルイス・J・ハレー著, 太田博訳『歴史としての冷戦──超大国時代の史的構造』サイマル出版会, 1970年)
56. Harrison, Hope M., 'Ulbricht and the concrete "rose": new archival evidence on the dynamics of soviet-east German relations and the Berlin crisis, 1958-1961,' in : *Cold War International History Project: Working Paper*, No. 5 (May 1993). (http://www.wilsoncenter.org/sites/default/files/ACFB81.pdf)
57. Harrison, Hope M., *Ulbrichts Mauer: Wie die SED Moskaus Widerstand gegen den Mauerbau brach* (Bonn: Bundeszentrale für Politische Bildung, 2011).
58. Hartmann, Matthias, 'Frei geblieben? Rückblicke auf die Kirchen in der DDR,' in : *Deutschland-Archiv*, 31 (1998), S. 123-134.
59. Haslam, Jonathan, *Russia's Cold War: from the October Revolution to the fall of the wall* (New Haven: Yale University Press, 2011).
60. Hausmann, Christopher, *Biographisches Handbuch der 10. Volkskammer der DDR (1990)* (Köln : Böhlau , 2000).
61. Heydemann, Günther, *Die Innenpolitik der DDR* (München: R. Oldenbourg, 2003).
62. Hoshino, Haruhiko, *Macht und Bürger: der 17. Juni 1953* (Frankfurt am Main: Peter Lang, 2002).
63. Hübner, Peter (Hg.), *Eliten im Sozialismus: Beiträge zur Sozialgeschichte der DDR* (Köln: Böhlau Verlag, 1999).
64. Jarausch, Konrad H. (ed.), *Dictatorship as Experience: Towards a Socio-Cultural History of the GDR* (New York: Berghahn Books, 1999).
65. Kaiser, Monika, *Machtwechsel von Ulbricht zu Honecker: Funktionsmechanismen der SED-Diktatur in Konfliktsituationen 1962 bis 1972* (Berlin: Akademie Verlag, 1997).
66. Kaldor, Mary, *The imaginary war: understanding the East-West conflict* (Oxford: B.

Blackwell, 1990).
67. Kaplan, Morton A., *System and Process in International Politics* (New York: J. Wiley, 1957).
68. Kennan, George F., *American Diplomacy, 1900-1950*, Expanded Edition (Chicago: University of Chicago Press, 1951). (ジョージ・F・ケナン著, 近藤晋一・飯田藤次・有賀貞訳『アメリカ外交50年』岩波書店, 1991年)
69. Kittel, Manfred, 'Genesis einer Legende: Die Diskussion um die Stalin-Noten in der Bundesrepublik 1952-1958,' in : *Vierteljahrshefte für Zeitgeschichte*, 41 (1993), S. 355-390.
70. Kleßmann, Christoph, *Zwei Staaten, eine Nation: deutsche Geschichte 1955-1970* (Bonn: Bundeszentrale für politische Bildung, 1988).
71. Kleßmann, Christoph, *Die doppelte Staatsgründung: Deutsche Geschichte 1945-1955*, 5., überarbeitete und erweiterte Auflage (Göttingen: Vandenhoeck & Ruprecht, 1991). (クリストフ・クレスマン著, 石田勇治・木戸衛一訳『戦後ドイツ史：1945～1955―二重の建国』未来社, 1995年)
72. Kleßmann, Christoph und Bernd Stöver (Hg.), *1953-Krisenjahr des Kalten Krieges in Europa* (Köln: Böhlau Verlag, 1999).
73. Klessmann, Christoph (ed.), *The divided past: rewriting post-war German history* (Oxford: Berg, 2001).
74. Knabe, Hubertus, *17. Juni 1953: ein deutscher Aufstand* (Berlin: Propyläen, 2003).
75. Kocka, Jürgen (Hrsg.), *Historische DDR-Forschung: Aufsätze und Studien* (Berlin: Akademie Verlag, 1993).
76. Kocka, Jürgen und Martin Sabrow (Hrsg.), *Die DDR als Geschichte: Fragen - Hypothesen - Perspektiven* (Berlin: Akademie Verlag, 1994).
77. Kocka, Jürgen, *Civil Society and Dictatorship in Modern German History* (Hanover and London: University Press of New England, 2010). (ユルゲン・コッカ著, 松葉正文・山井敏章訳『市民社会と独裁制―ドイツ近現代史の経験』岩波書店, 2011年)
78. Kowalczuk, Ilko-Sascha, Armin Mitter und Stefan Wolle (Hrsg.), *Der Tag X, 17. Juni 1953: die "Innere Staatsgründung" der DDR als Ergebnis der Krise 1952-54* (Berlin: Ch. Links, 1995).
79. Kowalczuk, Ilko Sascha, *17. Juni 1953: Volksaufstand in der DDR: Ursachen, Abläufe, Folgen* (Bremen: Edition Temmen, 2003).
80. Lafeber, Walter, *America, Russia and the Cold War, 1945-2006*, 10th ed (New York: McGraw-Hill, 2008). (ウォルター・ラフィーバー著, 平田雅己・伊藤裕子監訳『アメリカvsロシア―冷戦時代とその遺産』芦書房, 2012年)
81. Larres, Klaus, 'Neutralisierung oder Westintegration? Churchill, Adenauer, die USA und der 17. Juni 1953,' in : *Deutschland-Archiv*, 27 (1994), S. 568-585.
82. Larres, Klaus, 'Großbritannien und der 17. Juni 1953: Die deutsche Frage und das

Scheitern von Churchills Entspannungspolitik nach Stalins Tod,' in : Kleßmann, Christoph und Bernd Stöver (Hg.), *1953-Krisenjahr des Kalten Krieges in Europa* (Köln: Böhlau Verlag, 1999), S. 155-179.
83. Larres, Klaus, 'International and security relations within Europe,' in : Fulbrook, Mary (ed.) : *Europe since 1945* (New York: Oxford University Press , 2001), pp. 187-239.
84. Laufer, Jochen, 'Der Friedensvertrag mit Deutschland als Problem der sowjetischen Außenpolitik: Die Stalin-Note vom 10. März 1952 im Lichte neuer Quellen,' in : *Vierteljahrshefte für Zeitgeschichte*, 52 (2004), S. 99-118.
85. Lemke, Michael, 'Chance oder Risiko? Die Stalin-Note vom 10. März 1952 im außenpolitischen Konzept der Bundesregierung,' in : *Zeitschrift für Geschichtswissenschaft*, 39 (1991), S. 115-129.
86. Lemke, Michael, ' "Doppelte Alleinvertretung": Die nationalen Wiedervereinigungskonzepte der beiden deutschen Regierungen und die Grundzüge ihrer politischen Realisierung in der DDR (1949-1952/53),' in : *Zeitschrift für Geschichtswissenschaft*, 40 (1992), S. 531-543.
87. Lemke, Michael, 'Eine deutsche Chance? Die innerdeutsche Diskussion um den Grotewohl-Brief vom November 1950 auf der Entscheidungsebene,' in : *Zeitschrift für Geschichtswissenschaft*, 44 (1996), S. 25-40.
88. Lemke, Michael, 'Foreign Influences on the Dictatorial Development of the GDR, 1949-1955,' in : Jarausch, Konrad H. (ed.), *Dictatorship as Experience: Towards a Socio-Cultural History of the GDR* (New York: Berghahn Books, 1999), pp. 91-107.
89. Lemke, Michael, '"Konrad Adenauer und das Jahr 1953",' in : Kleßmann, Christoph und Bernd Stöver (Hg.), *1953-Krisenjahr des Kalten Krieges in Europa* (Köln: Böhlau Verlag, 1999), S. 141-154.
90. Lemke, Michael, *Einheit oder Sozialismus?: die Deutschlandpolitik der SED 1949-1961* (Köln: Böhlau, 2001).
91. Lepsius, M. Rainer, 'Die Institutionenordnung als Rahmenbedingung der Sozialgeschichte der DDR,' in : Hartmut Kaelble, Jürgen Kocka, und Hartmut Zwahr (Hrsg.), *Sozialgeschichte der DDR* (Stuttgart: Klett-Cotta, 1994), S. 17-30.
92. Linz, Juan J., 'Totalitarian and Authoritarian Regimes,' in : F. I. Greenstein and N. W. Polsby (ed.), *Handbook of Political Science Vol.3 , Macropolitical Theory*, 1975, pp. 175-411. (ホアン・J・リンス著, 高橋進監訳『全体主義体制と権威主義体制』法律文化社, 1995年)
93. Loth, Wilfried, *Die Teilung der Welt: Geschichte des Kalten Krieges 1941-1955*, 7. überarbeitete Neuaufl (München: Deutscher Taschenbuch Verlag, 1989).
94. Loth, Wilfried, *Ost-West-Konflikt und deutsche Frage: historische Ortsbestimmungen* (München: Deutscher Taschenbuch Verlag, 1989).

95. Loth,Wilfried, Stalin, die deutsche Frage und die DDR: Eine Antwort an meine Kritiker, in : *Deutschland-Archiv*, 28 (1995), S. 290-298.
96. Loth, Wilfried, *Stalins ungeliebtes Kind: warum Moskau die DDR nicht wollte* (München: Deutscher Taschenbuch Verlag, 1996).
97. Loth, Wilfried und Jürgen Osterhammel (Hrsg.), *Internationale Geschichte: Themen, Ergebnisse, Aussichten* (München: R. Oldenbourg, 2000).
98. Loth, Wilfried, *Overcoming the Cold War: a history of détente, 1950-1991* (Basingstoke: Palgrave, 2002).
99. Loth, Wilfried (ed.), *Europe, Cold War and coexistence, 1953-1965* (London: F. Cass, 2004).
100. Loth, Wilfried, *Die Sowjetunion und die deutsche Frage: Studien zur sowjetischen Deutschlandpolitik von Stalin bis Chruschtschow* (Göttingen: Vandenhoeck & Ruprecht, 2007).
101. Löwenthal, Richard, 'Staatsfunktionen und Staatsform in den Entwicklungsländern,' in : Richard Löwenthal (Hrsg.), *Die Demokratie im Wandel der Gesellschaft: Vorträge gehalten im Sommersemester 1962* (Berlin: Colloquium Verlag, 1963), S. 164-192.
102. Ludtke, Alf, Inge Marssolek, und Adelheid von Saldern (Hrsg.), *Amerikanisierung: Traum und Alptraum im Deutschland des 20. Jahrhunderts* (Stuttgart: F. Steiner, 1996).
103. Lutz, Peter Christian, *Parteielite im Wandel: Funktionsaufbau, Sozialstruktur und Ideologie der SED-Führung: Eine empirisch-systematische Untersuchung*, 2., Unveränderte Aufl, (Köln: Westdeutscher Verlag, 1968).
104. Lutz, Peter Christian, 'Die soziologische Analyse der DDR-Gesellschaft,' in : Rüdiger Thomas (ed.), Eingeleitet von Peter Christian Lutz, *Wissenschaft und Gesellschaft in der DDR* (München: C. Hanser, 1971), S. 11-23.
105. Lundestad, Geir, *The American Non-Policy towards Eastern Europe 1943-1947* (London: Global Book Resources, 1978).
106. Lundestad, Geir, *The United States and Western Europe: Cooperation and Conflict: The Past, The Present, and The Future* (Kyoto: The Doshisha, 1997).
107. Lundestad, Geir, *"Empire" by integration: the United States and European integration, 1945-1997* (Oxford; Tokyo; New York: Oxford University Press, 1998).（ゲア・ルンデスタッド著，河田潤一訳『ヨーロッパの統合とアメリカの戦略—統合による「帝国」への道』NTT出版，2005年）
108. Mählert, Ulrich, *Kleine Geschichte der DDR* (München: Beck, 1998).
109. Mählert, Ulrich (Hg.), *Der 17. Juni 1953: ein Aufstand für Einheit, Recht und Freiheit* (Bonn: Dietz, 2003).
110. Major, Patrick and Jonathan Osmond (ed.), *The workers' and peasants' state :*

communism and society in East Germany under Ulbricht 1945-71 (Manchester: Manchester University Press, 2002).
111. Mastny, Vojtech, *The Cold War and Soviet Insecurity: The Stalin Years* (New York; Oxford: Oxford University Press, 1996). (ヴォイチェフ・マストニー著, 秋野豊・広瀬佳一訳『冷戦とは何だったのか―戦後政治史とスターリン』柏書房, 2000年)
112. Meissner, Boris, *Rußland, die Westmächte und Deutschlandpolitik: Die sowjetische Deutschlandpolitik, 1943-1953*, 2. Aufl (Hamburg: H.H. Nölke, 1954).
113. Meissner, Boris (Hrsg.), *Die deutsche Ostpolitik, 1961-1970: Kontinuität und Wandel / Dokumentation* (Köln: Wissenschaft und Politik, 1970).
114. Meissner, Boris, *Auf dem Wege zur Wiedervereinigung Deutschlands und zur Normalisierung der deutsch-russischen Beziehungen: Ausgewälte Beiträge* (Berlin 2000).
115. Melanson, Richard A. and David Mayers, *Reevaluating Eisenhower: American Foreign Policy in the 1950s* (Urbana: University of Illinois Press, 1987).
116. Meyer, Gerd, *Die DDR-Machtelite in der Ära Honecker* (Tübingen: Francke, 1991).
117. Miller, Susanne, 'Die SPD vor und nach Godesberg,' in : Susanne Miller und H. Potthoff, *Kleine Geschichte der SPD: Darstellung und Dokumentation 1848-1983*, 2 Teil, 5 überarb. U. erw. Aufl (Bonn: Verlag Neue Gesellschaft, 1983). (ズザンヌ・ミラー著, 河野裕康訳『戦後ドイツ社会民主党史』ありえす書房, 1987年)
118. Mitter, Armin, Die Ereignisse im Juni und Juli 1953 in der DDR: Aus den Akten des Ministeriums für Staatssicherheit, in : *Aus Politik und Zeitgeschichte*, B 5 (1991), S. 31-41.
119. Mitter, Armin und Stefan Wolle, *Untergang auf Raten: unbekannte Kapitel der DDR-Geschichte* (München: Goldmann, 1995).
120. Möller, Horst, 'Der SED-Staat: die zweite Diktatur in Deutschland,' in : Rainer Eppelmann, Horst Möller, Günter Nooke, und Dorothee Wilms (Hrsg.), *Lexikon des DDR-Sozialismus: Das Staats- und Gesellschaftssystem der Deutschen Demokratischen Republik* (Paderborn・München・Wien・Zürich: F. Schöningh, 1997), S. 3-14.
121. Mommsen, Wolfgang J., 'Die DDR in der deutschen Geschichte', in : *Aus Politik und Zeitgeschichte*, B29/30 (1993), S. 20-29.
122. Morgenthau, Hans J., *Politics among Nations: The Struggle for Power and Peace* (New York: Knopf, 1948). (ハンス・J・モーゲンソー著, 現代平和研究会訳『国際政治』福村出版, 1986年)
123. Morsey, Rudolf, *Die Bundesrepublik Deutschland: Entstehung und Entwicklung bis 1969* (München: R. Oldenbourg, 1987).

124. Müller, Werner, 'Die DDR in der deutschen Geschichte,' in : *Aus Politik und Zeitgeschichte*, B28 (2001), S. 43-53.
125. Naimark, Norman M., 'Die Sowjetische Militäradministration in Deutschland und die Frage des Stalinismus: Veränderte Sichtweisen auf der Grundlage neuer Quellen aus russischen Archiven,' in : *Zeitschrift für Geschichtswissenschaft*, 43 (1995), S. 293-307.
126. Nekrassow, Vladimir, *Berija: Henker in Stalins Diesten; Ende einer Karriere* (Berlin: Ed. q, 1992). (ヴラジミール・F・ネクラーソフ編著, 森田明訳『ベリヤ：スターリンに仕えた死刑執行人—ある出世主義者の末路』クインテッセンス出版, 1997年)
127. Neubert, Ehrhart, *Geschichte der Opposition in der DDR 1949-1989*, 2., durchgesehene und erw. Aufl (Berlin: Links, 1998).
128. Ostermann, Christian F., 'The United States, the east german uprising of 1953, and the limits of rollback,' in : *Cold War International History Project: Working Paper*, No.11 (December 1994). (http://www.wilsoncenter.org/sites/default/files/ACFB 6 C.PDF)
129. Ostermann, Christian F., ' "Die beste Chance für ein Rollback"? Amerikanische Politik und der 17. Juni 1953,' in : Kleßmann, Christoph und Bernd Stöver (Hg.), *1953-Krisenjahr des Kalten Krieges in Europa* (Köln: Böhlau Verlag, 1999), S. 115-139.
130. Otto, Wilfriede, 'Dokumente zur Auseinandersetzung in der SED 1953,' in : *Beiträge zur Geschichte der Arbeiterbewegung*, 32 (1990), S. 655-672.
131. Otto, Wilfriede, 'Sowjetische Deutschlandnote 1952: Stalin und die DDR: Bisher unveröffentliche handschriftliche Notizen Wilhelm Piecks,' in : *Beiträge zur Geschichte der Arbeiterbewegung*, 33 (1991), S. 374-389.
132. Otto, Wilfriede, 'Sowjetische Deutschlandpolitik 1952/53: Forschungs- und Wahrheitsprobleme,' in : *Deutschland-Archiv*, 26 (1993), S. 948-954.
133. Poutrus, Kirsten, 'Von den Massenvergewaltigungen zum Mutterschutzgesetz,' in : Richard Bessel und Ralph Jessen (Hrsg.), *Die Grenzen der Diktatur: Staat und Gesellschaft in der DDR* (Göttingen: Vandenhoeck & Ruprecht, 1996), S. 170-198.
134. Pritchard, Gareth, *The making of the GDR, 1945-53: from antifascism to Stalinism* (New York: Distributed exclusively in the USA by St. Martin's Press, 2000).
135. Ressing, Gerd, *Versagte der Westen in Jalta und Potsdam?* (Frankfurt a. M.: Akademische Verlagsgesellschaft Athenaion,1970). (ゲルト・レッシンク著, 佐瀬昌盛訳『ヤルタからポツダムへ—戦後世界の出発点』南窓社, 1971年)
136. Ritter, Gerhard A., *Über Deutschland: die Bundesrepublik in der deutschen Geschichte* (München: C.H. Beck, 1998).

137. Roseman, Mark, 'Division and stability: the Federal Republic of Germany, 1949-1989,' in : Fulbrook, Mary (ed.), *German history since 1800* (London; New York: Arnold, 1997).
138. Rothschild, Joseph, *Return to Diversity: A Political History of East Central Europe Since World War II*, 2nd ed (New York: Oxford University Press, 1993). (ジョゼフ・ロスチャイルド著, 羽場久美子・水谷驍訳『現代東欧史―多様性への回帰』共同通信社, 1999年)
139. Rupieper, Hermann-Josef, 'Zu den sowjetischen Deutschlandnoten 1952: Das Gespräch Stalin-Nenni,' in : *Vierteljahrshefte für Zeitgeschichte*, 33 (1985), S. 547-557.
140. Rupieper, Hermann-Josef, 'Die Berliner Außenministerkonferenz von 1954: Ein Höhepunkt der Ost-West-Propaganda oder die letzte Möglichkeit zur Schaffung der deutschen Einheit?,' in : *Vierteljahrshefte für Zeitgeschichte*, 34 (1986), S. 427-453.
141. Scherstjanoi, Elke, ' "Wollen wir den Sozialismus?": Dokumente aus der Sitzung des Politbüros des ZK der SED am 6. Juni 1953,' in : *Beiträge zur Geschichte der Arbeiterbewegung*, 33 (1991), S. 658-680.
142. Scherstjanoi, Elke, 'Die DDR im Frühjahr 1952: Sozialismuslosung und Kollektivierungsbeschluß in sowjetischer Perspektive,' in : *Deutschland-Archiv*, 27 (1994), S. 354-363.
143. Scherstjanoi, Elke, 'Die sowjetische Deutschlandpolitik nach Stalins Tod 1953: Neue Dokumente aus dem Archiv des Moskauer Außenministeriums,' in : *Vierteljahrshefte für Zeitgeschichte*, 46 (1998), S. 497-549.
144. Scherstjanoi, Elke, *Das SKK-Statut : zur Geschichte der Sowjetischen Kontrollkommission in Deutschland 1949 bis 1953 : eine Dokumentation* (München: K.G. Saur, 1998).
145. Schild, Axel, Detlef Siegfried, und Karl Christian Lammers, *Dynamische Zeiten: Die 60er Jahre in den Beiden deutschen Gesellschaften* (Hamburg: Christians, 2000).
146. Schirdewan, Karl, *Aufstand gegen Ulbricht: im Kampf um politische Kurskorrektur, gegen stalinistische, dogmatische Politik* (Berlin: Aufbau Taschenbuch Verlag, 1994).
147. Schroeder, Klaus und Manfred Wilke (Hrsg.), *Geschichte und Transformation des SED-Staates: Beiträge und Analysen* (Berlin: Akademie Verlag, 1994).
148. Schroeder, Klaus, *Der SED-Staat: Partei, Staat und Gesellschaft 1949-1990* (München: C. Hanser, 1998).
149. Schwarz, Hans-Peter, *Die Ära Adenauer: Gründerjahre der Republik, 1949-1957* (Stuttgart: Deutsche Verlags-Anstalt, 1981).

150. Sethe, Paul, *Zwischen Bonn und Moskau*(Frankfurt am Main: H. Scheffler, 1956).(パウル・ゼーテ著, 朝広正利訳『ボンとモスクワの間―戦後のドイツ問題』岩波書店, 1960年)
151. Sethe, Paul, *Deutsche Geschichte im letzten Jahrhundert von 1848 bis 1960*, 2. Aufl (München: W. Heyne Verlag, 1978).
152. Sigfried, Detlef, 'Zwischen Aufarbeitung und Schlußstrich: Der Umgang mit der NS-Vergangenheit in den beiden deutschen Staaten 1958 bis 1969,' in : Schild, Axel, Detlef Siegfried, und Karl Christian Lammers, *Dynamische Zeiten: Die 60er Jahre in den Beiden deutschen Gesellschaften* (Hamburg: Christians, 2000) S. 77-113.
153. Shimizu, Soh, 'Integration of Postwar Germany: Experience of Western Europe and Integration of East Asia,' in: G. John Ikenberry, Yoshinobu Yamamoto and Kumiko Haba (eds.), *Regional Integration and Institutionalization comparing Asia and Europe* (Kyoto: Shokadoh 2012), pp. 215-232.
154. Spittmann, Ilse, 'Warum Ulbricht stürzte,' in : *Deutschland-Archiv*, 6 (1971), S. 568-569.
155. Spittmann, Ilse und Karl Wilhelm Fricke (Hrsg.), *17. JUNI 1953. Arbeiteraufstand in der DDR*, 2. erw. Aufl (Köln: Edition Deutschland Archiv, 1988).
156. Stammer, Otto, 'Zehn Jahre Institut für politische Wissenschaft,' in : Otto Stammer (Hrsg.), *Politische Forschung: Beiträge zum zehnjährigen Bestehen des Instituts für Politische Wissenschaft* (Köln: Westdeutscher Verlag, 1960), S. 197-203.
157. Staritz, Dietrich, *Die Gründung der DDR: von der sowjetischen Besatzungsherrschaft zum sozialistischen Staat*, 3., überarbeitete und erw. Neuaufl (München: Deutsche Taschenbuch Verlag, 1995).
158. Staritz, Dietrich, *Geschichte der DDR*, erw. Neuausg (Frankfurt am Main: Suhrkamp, 1996).
159. Steininger, Rolf, *Deutsche Geschichte seit 1945: Darstellung und Dokumente in vier Bänden, Bd. 2. 1948-1955*, erw. Neuausg (Frankfurt am Main: Fischer Taschenbuch Verlag, 1996).
160. Stephan, Gerd-Rüdiger (Hrsg.), *Die Parteien und Organisationen der DDR: ein Handbuch* (Berlin: Dietz, 2002).
161. Stevenson, Richard W., *The Rise and Fall of Détente ―Relaxations of Tension in US-Soviet Relations 1953-84* (London: Macmillan, 1985). (R・W・スチーブンスン著, 滝田賢治訳『デタントの成立と変容―現代米ソ関係の政治力学』中央大学出版部, 1989年)
162. Stöckigt, Rolf, 'Ein Dokument von großer historischer Bedeutung vom Mai 1953,' in : *Beiträge zur Geschichte der Arbeiterbewegung*, 32 (1990), S. 648-654.

163. Stöver, Bernd, ' "Das Umbruchsjahr 1953",' in : Kleßmann, Christoph und Bernd Stöver (Hg.), *1953-Krisenjahr des Kalten Krieges in Europa* (Köln: Böhlau Verlag, 1999), S. 199-222.
164. Stöver, Bernd, *Der Kalte Krieg: Geschichte eines radikalen Zeitalters 1947-1991* (München: Beck, 2007).
165. Timmermann, Heiner (Hrsg.), *DDR-Forschung: Bilanz und Perspektiven* (Berlin: Duncker & Humblot, 1995).
166. Timmermann, Heiner (Hrsg.), *Die DDR – Erinnerung an einen untergegangenen Staat* (Berlin: Duncker & Humblot, 1999).
167. Timmermann, Heiner (Hrsg.), *Die DDR – Politik und Ideologie als Instrument* (Berlin: Duncker & Humblot, 1999).
168. Timmermann, Heiner (Hrsg.), *Die DDR in Deutschland : ein Rückblick auf 50 Jahre* (Berlin: Duncker & Humblot, 2001).
169. Timmermann, Heiner (Hrsg.), *Deutsche Fragen: von der Teilung zur Einheit* (Berlin: Duncker & Humblot, 2001).
170. Timmermann, Heiner (Hrsg.), *Agenda DDR-Forschung : Ergebnisse, Probleme, Kontroversen* (Münster: Lit, 2005).
171. Ulam, Adam B., *Expansion and Coexistence: Soviet Foreign Policy, 1917-73*, 2 nd ed (New York: Praeger, 1974).（アダム・B・ウラム著，鈴木博信訳『膨張と共存―ソヴェト外交史（全3巻）』サイマル出版会，1974年）
172. Valladao, Alfredo G. A., *The Twenty-first Century Will Be American* (London; New York: Verso, 1996).（アルフレート・ヴァラダン著，伊藤剛・村島雄一郎・都留康子訳『自由の帝国―アメリカン・システムの世紀』NTT出版，2000年）
173. Vogtmeier, *Andreas, Egon Bahr und die deutsche Frage* (Bonn: Dietz Verlag, 1996).（アンドレアス・フォークトマイヤー著，岡田浩平訳『西ドイツ外交とエーゴン・バール』三元社，2014年）
174. Voigt, Dieter und Lothar Mertens, Kader und Kaderpolitik, in : Eppelmann, Rainer, Horst Möller, Günter Nooke, und Dorothee Wilms (Hrsg.), *Lexikon des DDR-Sozialismus: Das Staats- und Gesellschaftssystem der Deutschen Demokratischen Republik* (Paderborn・München・Wien・Zürich: F. Schöningh, 1997), S. 438-439.
175. Vollnhals, Clemens(Hrsg.), *Die Kirchenpolitik von SED und Staatssicherheit*(Berlin: Links, 1997).
176. Voslensky, Michael S., *Nomenklatura: die herrschende Klasse der Sowjetunion*, 3. Aufl., Studienausg. (Wien: Fritz Molden, 1980).（ミハイル・S・ヴォスレンスキー著，佐久間穆・船戸満之訳『ノーメンクラツーラ―ソヴィエトの赤い貴族』中央公論社，1981年）
177. Wacket, Markus, ' "Wir sprechen zur Zone." Die politischen Sendungen des RIAS

in der Vorgeschichte der Juni-Erhebung 1953,' in : *Deutschland-Archiv*, 26(1993), S. 1035-1046.
178. Wagner, Matthias, 'Das Kadernomenklatursystem: Ausdruck der führenden Rolle der SED,' in : Andreas Herbst, Gerd-Rüdiger Stephan und Jürgen Winkler (Hrsg.), *Die SED: Geschichte · Organisation · Politik: Ein Handbuch* (Berlin: Dietz, 1997), S. 148-157.
179. Weber, Hermann, *Geschichte der DDR* (München: Deutscher Taschenbuch Verlag, 1985).
180. Weber, Hermann, *Aufbau und Fall einer Diktatur: kritische Beiträge zur Geschichte der DDR* (Köln: Bund-Verlag, 1991).
181. Weber, Hermann, *DDR: Grundriß der Geschichte*, Vollständig überarbeitete und erg. Neuaufl (Hannover: Fackelträger, 1991).
182. Weber, Hermann, *Die DDR: 1945-1990*, 2., überarbeitete und erw. Aufl(München: R. Oldenbourg, 1993).
183. Niethammer, Lutz (Hrsg.), *Deutschland danach: postfaschistische Gesellschaft und nationales Gedächtnis* (Bonn: J.H.W. Dietz, 1999).
184. Weidenfeld, Werner und Hartmut Zimmermann (Hrsg.), *Deutschland-Handbuch: eine doppelte Bilanz, 1949-1989* (Bonn: Bundeszentrale für politische Bildung, 1989).
185. Wendler, Jürgen, *Die Deutschlandpolitik der SED in den Jahren 1952 bis 1958: publizistisches Erscheinungsbild und Hintergründe der Wiedervereinigungsrhetorik* (Köln: Böhlau, 1991).
186. Wentker, Hermann, *Außenpolitik in engen Grenzen. Die DDR im internationalen System 1949-1989* (München: Oldenbourg, 2007). (ヘルマン・ヴェントカー著, 岡田浩平訳『東ドイツ外交史 1949〜1989』三元社, 2013年)
187. Westad, Odd Arne, *The Global Cold War: Third World Interventions and the Making of Our Times* (Cambridge: Cambridge University Press, 2005). (O・A・ウェスタッド著, 佐々木雄太監訳, 小川浩之・益田実・三須拓也・三宅康之・山本健訳『グローバル冷戦史—第三世界への介入と現代世界の形成』名古屋大学出版会, 2010年)
188. Wettig, Gerhard, *Bereitschaft zu Einheit in Freiheit?* (München: Olzog, 1999).
189. Wettig, Gerhard, 'Die Deutschland-Note vom 10. März 1952 auf der Basis der diplomatischen Akten des russischen Außenministeriums,' in : *Deutchland-Archiv*, 26 (1993), S. 786-805.
190. Wettig, Gerhard, 'Zum Stand der Forschung über Berijas Deutschland-Politik im Frühjahr 1953,' in : *Deutschland-Archiv*, 26 (1993), S. 674-682.
191. Wettig, Gerhard, 'Die KPD als Instrument der sowjetischen Deutschland - Politik: Festlegungen 1949 und Implementierungen 1952,' in : *Deutschland-Archiv*, 27

(1994), S. 816-829.
192. Wettig, Gerhard, 'Neue Gesichtspunkte zur sowjetischen März‒Note von 1952?,' in : *Deutschland-Archiv*, 27 (1994), S. 416-421.
193. Wettig, Gerhard, 'Die beginnende Umorientierung der sowjetischen Deutschland-Politik im Frühjahr und Sommer 1953,' in : *Deutschland-Archiv*, 28 (1995), S. 495-505.
194. Wilke, Manfred, *Anatomie der Parteizentrale: die KPD/SED auf dem Weg zur Macht* (Berlin: Akademie Verlag, 1998).
195. Wilke, Manfred, *Der SED-Staat: Geschichte und Nachwirkungen: gesammelte Schriften* (Köln: Böhlau, 2006).
196. Winkler, Heinrich August, *Der lange Weg nach Westen, Bd. 1 : Deutsche Geschichte vom Ende des Alten Reiches bis zum Untergang der Weimarer Republik* (München: C. H. Beck, 2000). (H・A・ヴィンクラー著, 後藤俊明・奥田隆男・中谷毅・野田昌吾訳『自由と統一への長い道 I ドイツ近現代史1789-1933年』昭和堂, 2008年)
197. Winkler, Heinrich August, *Der lange Weg nach Westen, Bd. 2 : Deutsche Geschichte vom "Dritten Reich" bis zur Wiedervereinigung* (München: C. H. Beck, 2000). (H・A・ヴィンクラー著, 後藤俊明・奥田隆男・中谷毅・野田昌吾訳『自由と統一への長い道 II ドイツ近現代史1933-1990年』昭和堂, 2008年)
198. Yamamoto, Takeshi, Détente or Integration?, in : *Cold War History*, Vol. 7, No. 1, 2007, pp. 75-94.
199. Zarusky, Jürgen (Hrsg.), *Die Stalin-Note vom 10. März 1952* (München: R. Oldenbourg, 2002).
200. Zubok, Vladislav M., 'Khrushchev and the Berlin crisis (1958-1962),' in : *Cold War International History Project: Working Paper*, No. 6 (May 1993). (http://www.wilsoncenter.org/sites/default/files/ACFB 7 D.pdf)
201. Zubok, Vladislav, '"Unverfroren und grob in der Deutschlandfrage..." Berija, der Nachfolgestreit nach Stalins Tod und die Moskauer DDR-Debatte im April-Mai 1953,' in : Kleßmann, Christoph und Bernd Stöver (Hg.), *1953-Krisenjahr des Kalten Krieges in Europa* (Köln: Böhlau Verlag, 1999), S. 29-48.

――訳 書――
1. アブドゥラフマン・アフトルハノフ著, 田辺稔訳『スターリン謀殺』中央アート出版社, 1991年。
2. ウィルヘルム・ピーク『ドイツ民族解放闘争の諸問題』新時代叢書刊行会, 1951年。
3. エレーヌ・カレール=ダンコース著, 尾崎浩訳『奪われた権力――ソ連における統治者と被統治者』新評論, 1987年。
4. クーデンホーフ・カレルギー著, 鹿島守之助訳『クーデンホーフ・カレルギー全集

(7)』鹿島研究所出版会，1970年。
5．ミハイル・ゴルバチョフ著，工藤精一郎・鈴木康雄訳『ゴルバチョフ回想録　下巻』新潮社，1996年。
6．ジャン・モネ著，黒木壽時編・訳『ECメモワール』共同通信社，1985年。
7．ストローブ・トールボット序，ジェロルド・シェクター，ヴャチェスラフ・ルチコフ編，福島正光訳『フルシチョフ封印されていた証言』草思社，1991年。
8．バーナード・ハットン著，木村浩訳『スターリン―その秘められた生涯』講談社，1989年。
9．ハンス・モドロウ著，宮川彰監訳『モドロウ回想録』八朔社，1994年。

──邦　文──
1．青野利彦『「危機の年」の冷戦と同盟：ベルリン，キューバ，デタント 1961〜63年』有斐閣，2012年。
2．麻田貞雄「冷戦の起源と修正主義研究―アメリカの場合」『国際問題』第170号，1974年5月，2〜21頁。
3．石井修編『1940年代ヨーロッパの政治と冷戦』ミネルヴァ書房，1992年。
4．石井修「冷戦の『55年体制』」『国際政治』第100号，1992年8月，35〜53頁。
5．石井修『国際政治史としての20世紀』有信堂，2000年。
6．石井聡『もう一つの経済システム―東ドイツ計画経済下の企業と労働者』北海道大学出版会，2010年。
7．石川浩『戦後東ドイツ革命の研究』法律文化社，1972年。
8．石田勇治編著『図説：ドイツの歴史』河出書房新社，2007年。
9．板橋拓己『アデナウアー―現代ドイツを創った政治家』中央公論新社，2014年。
10．市川ひろみ「東ドイツにおける教会と市民運動―『社会主義のなかの教会』の役割と限界」『歴史評論』第546号，1995年10月，48〜63，85頁。
11．伊東孝之「ドイツ民主共和国の歩み」（成瀬治・黒川康・伊東孝之『ドイツ現代史』山川出版社，所収）1987年，331〜373頁。
12．岩田賢司『ソ連の内政力学と外交―コスイギン・ブレジネフからゴルバチョフへ』東信堂，1989年。
13．岩田賢司「ソ連のヨーロッパ政策」（石井修編著『1940年代ヨーロッパの政治と冷戦』ミネルヴァ書房，所収）1992年，49〜110頁。
14．岩間陽子『ドイツ再軍備』中央公論社，1993年。
15．上原良子「フランスのドイツ政策―ドイツ弱体化政策から独仏和解へ」(油井大三郎・中村政則・豊下楢彦編『占領改革の国際比較』三省堂，所収）1994年，274〜300頁。
16．内田健二「ノメンクラトゥーラ制度の一側面」『思想』第642号，1977年12月，140〜155頁。
17．遠藤乾編『ヨーロッパ統合史』名古屋大学出版会，2008年。
18．遠藤乾・板橋拓己編著『複数のヨーロッパ―欧州統合史のフロンティア』北海道大

学出版会，2011年。
19. 大嶽秀夫『アデナウアーと吉田茂』中央公論社，1986年。
20. 大嶽秀夫『二つの戦後・ドイツと日本』日本放送出版協会，1992年。
21. 大塚昌克『体制崩壊の政治経済学―東ドイツ1989年』明石書店，2004年。
22. 大西健夫『現代のドイツ（11）―ドイツ民主共和国』三修社，1986年。
23. 大西健夫編『ドイツの政治』早稲田大学出版部，1992年。
24. 大西健夫・酒井晨史編『オーストリア―永世中立国際国家』早稲田大学出版部，1996年。
25. 小川浩之『イギリス帝国からヨーロッパ統合へ―戦後イギリス対外政策の転換とEEC加盟申請』名古屋大学出版会，2008年。
26. 小川浩之『英連邦―王冠への忠誠と自由な連合』中央公論新社，2012年。
27. 外務省欧亜局東欧課編『ドイツ民主共和国；ポーランド人民共和国』日本国際問題研究所，1984年。
28. 外務省調査局第三課編『戦後のソ連外交』外務省調査局第三課，1948年。
29. 金子譲『NATO北大西洋条約機構の研究―米欧安全保障関係の軌跡』彩流社，2008年。
30. 川喜田敦子「東西ドイツにおける被追放民の統合」『現代史研究』第47号，2001年12月，1～16頁。
31. 川嶋周一『独仏関係と戦後ヨーロッパ国際秩序―ドゴール外交とヨーロッパの構築：1958～1969』創文社，2007年。
32. 菅英輝編著『冷戦史の再検討―変容する秩序と冷戦の終焉』法政大学出版局，2010年。
33. 菅英輝編著『冷戦と同盟―冷戦終焉の視点から』松籟社，2014年。
34. 木戸衛一「ソ連占領下ドイツにおける政治構造」（油井大三郎・中村政則・豊下楢彦編『占領改革の国際比較』三省堂，所収）1994年，244～273頁。
35. 倉科一希『アイゼンハワー政権と西ドイツ―同盟政策としての東西軍備管理交渉』ミネルヴァ書房，2008年。
36. 高坂正堯『現代の国際政治』講談社，1989年。
37. 小島栄一「スターリン・ノートとドイツ統一問題」『西洋史論叢』第7号，1985年12月，51頁。
38. 小島栄一「1953年6月17日事件と東ドイツ」『社会科学討究』第38巻第3号，1993年3月，179～203頁。
39. 小嶋栄一『アデナウアーとドイツ統一』早稲田大学出版部，2001年。
40. 近藤潤三『東ドイツ（DDR）の実像―独裁と抵抗』木鐸社，2010年。
41. 近藤正基『ドイツ・キリスト教民主同盟の軌跡―国民政党と戦後政治1945-2009』ミネルヴァ書房，2013年。
42. 斎藤瑛子『世界地図から消えた国―東ドイツへのレクイエム』新評論，1991年。
43. 斎藤孝「冷戦初期のドイツをめぐる国際関係」『国際問題』第182号，1975年5月，

2～10頁。
44. 齋藤嘉臣『冷戦変容とイギリス外交—デタントをめぐる欧州国際政治1964～1975年』ミネルヴァ書房，2006年。
45. 齋藤嘉臣『文化浸透の冷戦史—イギリスのプロパガンダと演劇性』勁草書房，2013年。
46. 佐々木卓也『封じ込めの形成と変容—ケナン，アチソン，ニッツェとトルーマン政権の冷戦戦略』三嶺書房，1993年。
47. 佐々木卓也編『戦後アメリカ外交史』有斐閣，2002年。
48. 佐々木卓也『アイゼンハワー政権の封じ込め政策—ソ連の脅威，ミサイル・ギャップ論争と東西交流』有斐閣，2008年。
49. 佐々木卓也『冷戦—アメリカの民主主義的生活様式を守る戦い』有斐閣，2011年。
50. 佐瀬昌盛『西ドイツの東方政策』日本国際問題研究所，1973年。
51. 佐瀬昌盛「西ドイツにおける冷戦研究」『国際問題』第170号，1974年5月，22～34頁。
52. 佐瀬昌盛「第二次大戦後のドイツ」（林健太郎編『ドイツ史』山川出版社，所収）1991年，459～573頁。
53. 佐瀬昌盛『NATO—21世紀からの世界戦略』文藝春秋，1999年。
54. 芝崎祐典「ヨーロッパ統合とイギリス外交」（木畑洋一編『ヨーロッパ統合と国際関係』日本経済評論社，所収）2005年，83～113頁。
55. 清水聡「『スターリン・ノート』とドイツ統一問題」『政治学研究論集』第10号，1999年9月，19～35頁。
56. 清水聡「＜書評＞Christoph Kleßmann / Bernd Stöver (Hg.), 1953 - Krisenjahr des Kalten Krieges in Europa」『西洋史学』第202号，2001年9月，89～93頁。
57. 清水聡「ドイツ統一とヨーロッパ統合」（青木一能・大谷博愛・中邨章編『国家のゆくえ—21世紀世界の座標軸』芦書房，所収）2001年，217～235頁。
58. 清水聡「ドイツ民主共和国と『社会主義のなかの教会』—EKD分裂過程を中心に」『西洋史学』第214号，2004年9月，43～64頁。
59. 清水聡「ドイツ民主共和国研究の概観と展望—冷戦史研究と政治体制研究の視角から」『政治学研究論集』第20号，2004年9月，17～35頁。
60. 清水聡「＜ニューズレター＞冷戦史研究と史料状況—『東ドイツ冷戦史』研究の事例を中心に（研究の最前線）」『JAIR Newsletter』第107号，2006年1月，19～20頁。
61. 清水聡「コソヴォ問題へのドイツの対応外交と欧州国際秩序—シュレーダー政権とシビリアン・パワー外交」『世界と議会』第517号，2007年10月，24～28頁。
62. 清水聡「『スターリン・ノート』と冷戦　1950～1952年—ドイツ統一問題をめぐるドイツ社会主義統一党（SED）の動向」『ロシア・東欧研究』第37号，2009年3月，58～68頁。
63. 清水聡「＜書評論文＞ヨーロッパと冷戦史　1945～1955年」『国際政治』第159号，2010年2月，162～174頁。

64. 清水聡「戦後ドイツと地域統合」(山本吉宣・羽場久美子・押村高編著『国際政治から考える東アジア共同体』ミネルヴァ書房, 所収) 2012年, 277～296頁。
65. 清水聡「スターリン・ノートとソ連外交の展開」(羽場久美子編著『EU (欧州連合) を知るための63章』明石書店, 所収) 2013年, 104～108頁。
66. 下斗米伸夫『ソ連現代政治』東京大学出版会, 1987年。
67. 下斗米伸夫『アジア冷戦史』中公新書, 2004年。
68. 下斗米伸夫『図説：ソ連の歴史』河出書房新社, 2011年。
69. 妹尾哲志「ブラントの東方政策に関する研究動向―東西ドイツ統一後の研究を中心に」『歴史学研究』第787号, 2004年4月, 28～37頁。
70. 妹尾哲志『戦後西ドイツ外交の分水嶺―東方政策と分断克服の戦略, 1963～1975年』晃洋書房, 2011年。
71. 高橋進「西欧のデタント―東方政策試論」(犬童一男・山口定・馬場康雄・高橋進編『戦後デモクラシーの変容』岩波書店, 所収) 1991年, 1～68頁。
72. 高松基之「冷戦の進展と変質」(有賀貞・宮里政玄編『概説アメリカ外交史』有斐閣, 所収) 1998年, 137～179頁。
73. 田中孝彦「冷戦構造の形成とパワーポリティクス」(東京大学社会科学研究所編『20世紀システム (1) ―構想と形成』東京大学出版会, 所収) 1998年, 216～251頁。
74. 田中孝彦「冷戦史研究の再検討」(一橋大学法学部創立50周年記念論文集刊行会編『変動期における法と国際関係』有斐閣, 所収) 2001年, 523～545頁。
75. 田中孝彦「序論 冷戦史の再検討」『国際政治』第134号, 2003年11月, 1～8頁。
76. 坪郷實『統一ドイツのゆくえ』岩波書店, 1991年。
77. ドイツ連邦共和国外務省編, 金森誠也訳『ドイツ連邦共和国の外交政策』鹿島研究出版会, 1973年。
78. 東海大学平和戦略国際研究所編『オーストリア―統合, その夢と現実』東海大学出版会, 2001年。
79. 豊下楢彦「ヨーロッパにおける占領・改革・冷戦の構図」(油井大三郎・中村政則・豊下楢彦編『占領改革の国際比較』三省堂, 所収) 1994年, 195～219頁。
80. 仲井斌『ドイツ史の終焉―東西ドイツの歴史と政治』早稲田大学出版部, 2003年。
81. 永井清彦『現代史ベルリン』朝日新聞社, 1990年。
82. 永井陽之助『冷戦の起源―戦後アジアの国際環境』中央公論社, 1978年。
83. 中田潤「冷戦体制と分裂国家ドイツの成立―最近の議論の紹介」『歴史と地理―世界史の研究』第566号, 2003年8月, 59～63頁。
84. 永田実『マーシャル・プラン―自由世界の命綱』中央公論社, 1990年。
85. 中村登志哉『ドイツの安全保障政策―平和主義と武力行使』一藝社, 2006年。
86. 西田慎・近藤正基編著『現代ドイツ政治―統一後の20年』ミネルヴァ書房, 2014年。
87. 野田昌吾『ドイツ戦後政治経済秩序の形成』有斐閣, 1998年。
88. 橋口豊「デタントのなかのEC―1969～79年」(遠藤乾編『ヨーロッパ統合史』名古屋大学出版会, 所収) 2008年, 195～220頁。

89. 花井等・浅川公紀『アメリカの外交政策』勁草書房，1991年．
90. 羽場久美子「ハンガリーの占領と改革」（油井大三郎・中村政則・豊下楢彦編『占領改革の国際比較』三省堂，所収）1994年，332〜369頁．
91. 羽場久美子『統合ヨーロッパの民族問題』講談社現代新書，1994年．
92. 羽場久美子『拡大するヨーロッパ―中欧の模索』岩波書店，1998年．
93. 羽場久美子「東欧と冷戦の起源再考―ハンガリーの転機：1945〜1949」『社会労働研究』第45巻第2号，1998年12月，1〜56頁．
94. 羽場久美子『グローバリゼーションと欧州拡大』御茶ノ水書房，2002年．
95. 羽場久美子『拡大ヨーロッパの挑戦』中公新書，2004年．
96. 羽場久美子・小森田秋夫・田中素香編『ヨーロッパの東方拡大』岩波書店，2006年．
97. 羽場久美子「拡大EUのフロンティア」（山内進編『フロンティアのヨーロッパ』国際書院，所収）2008年，75〜110頁．
98. 羽場久美子「マーシャル・プランの実行―冷戦の起源」（羽場久美子編著『EU（欧州連合）を知るための63章』明石書店，所収）2013年，92〜95頁．
99. 早川東三・堀越孝一・日高英二・上田浩二・岡村三郎編『ドイツハンドブック―Deutschland-Handbuch』三省堂，1984年．
100. 林忠行「チェコスロヴァキアの戦後改革」（油井大三郎・中村政則・豊下楢彦編『占領改革の国際比較』三省堂，所収）1994年，370〜400頁．
101. 東中野修道『東ドイツ社会主義体制の研究』南窓社，1996年．
102. 平島健司『ドイツ現代政治』東京大学出版会，1994年．
103. 福永美和子「フォーラム：『ベルリン共和国』の歴史的自己認識―東ドイツ史研究動向より」『現代史研究』第45号，1999年12月，63〜73頁．
104. 古田善文「『解放』オーストリアの占領と改革」（油井大三郎・中村政則・豊下楢彦編『占領改革の国際比較』三省堂，所収）1994年，301〜331頁．
105. 古田善文「永世中立国の誕生―1955年国家条約」（広瀬佳一編著『ウィーン・オーストリアを知るための50章』明石書店，所収）2002年，76〜82頁．
106. 星乃治彦『東ドイツの興亡』青木書店，1991年．
107. 星乃治彦『社会主義国における民衆の歴史―1953年6月17日東ドイツの情景』法律文化社，1994年．
108. 星乃治彦『社会主義と民衆』大月書店，1998年．
109. 細谷雄一『戦後国際秩序とイギリス外交―戦後ヨーロッパの形成：1945年〜1951年』創文社，2001年．
110. 細谷雄一編『イギリスとヨーロッパ―孤立と統合の二百年』勁草書房，2009年．
111. 本多勝一『ドイツ民主共和国』朝日新聞社，1990年．
112. 益田実『戦後イギリス外交と対ヨーロッパ政策―「世界大国」の将来と地域統合の進展，1945〜1957年』ミネルヴァ書房，2008年．
113. 益田実・小川浩之編著『欧米政治外交史―1871〜2012』ミネルヴァ書房，2013年．
114. 松岡完・広瀬佳一・竹中佳彦編著『冷戦史―その起源・展開・終焉と日本』同文舘

出版，2003年。
115. 真鍋俊二『アメリカのドイツ占領政策』法律文化社，1989年。
116. 三宅悟『ベルリンに壁のあったころ――共産主義崩壊前夜の東ドイツ』東京図書出版会，2000年。
117. 三宅正樹『日独政治外交史研究』河出書房新社，1996年。
118. 宮崎繁樹『ザールラントの法的地位』未来社，1964年。
119. 村上和夫『ベルリンの法的地位論――東西関係における法と政治の対立と協調の一断面』有斐閣，1987年。
120. 百瀬宏編『ヨーロッパ小国の国際政治』東京大学出版会，1990年。
121. 森井裕一『現代ドイツの外交と政治』信山社出版，2008年。
122. 安野正明「ドイツにおけるアメリカ占領地区の占領体制の変化――1945～46年・非ナチ化法の制定過程を中心に」『歴史学研究』第600号，1989年11月，26～35頁。
123. 安野正明『戦後ドイツ社会民主党史研究序説――組織改革とゴーデスベルク綱領への道』ミネルヴァ書房，2004年。
124. 安野正明「冷戦のなかの戦後復興」（若尾祐司・井上茂子編著『近代ドイツの歴史』ミネルヴァ書房，所収）2005年，257～280頁。
125. 柳沢秀一「領土問題とソ連＝東欧諸国関係の変容」『国際政治』第134号，2003年11月，9～25頁。
126. 山田徹『東ドイツ・体制崩壊の政治過程』日本評論社，1994年。
127. 山本健『同盟外交の力学――ヨーロッパ・デタントの国際政治史：1968～1973』勁草書房，2010年。
128. 油井大三郎・古田元夫著『世界の歴史（28）――第二次世界大戦から米ソ対立へ』中央公論社，1998年。
129. 油井大三郎・中村政則・豊下楢彦編『占領改革の国際比較』三省堂，1994年。
130. 横手慎二「冷戦期のソ連外務省」『法学研究』第66巻第12号，1993年12月，191～212頁。
131. 横手慎二『スターリン――「非道の独裁者」の実像』中央公論新社，2014年。
132. 吉田徹編『ヨーロッパ統合とフランス――偉大さを求めた1世紀』法律文化社，2012年。
133. 若松新「東ドイツにおける社会主義統一党独裁の成立とその問題点」『早稲田社会科学研究』第41号，1990年10月，37～86頁。
134. 和田春樹「フルシチョフ時代」（田中陽兒・倉持俊一・和田春樹編『世界歴史大系：ロシア史（3）――20世紀』山川出版社，所収）1997年，327～366頁。
135. 渡邊啓貴編『ヨーロッパ国際関係史――繁栄と凋落，そして再生』有斐閣，2002年。

――Website――
1．冷戦資料館（THE COLD WAR MUSEUM）．（www.coldwar.org）
2．米国対外関係史料（FRUS）（U. S. DEPARTMENT OF STATE OFFICE of the

HISTORIAN).（www.state.gov/r/pa/ho/frus）
3．ウィルソン・センター・冷戦国際史プロジェクト（COLD WAR INTERNATIONAL HISTORY PROJECT).（http://www.wilsoncenter.org/program/cold-war-international-history-project）
4．ウィルソン・センター・冷戦国際史プロジェクト（紀要）(COLD WAR INTERNATIONAL HISTORY PROJECT (CWIHP Bulletin)).（http://www.wilsoncenter.org/publication-series/cwihp-bulletin）
5．北大西洋条約機構（E-ライブラリー）(NORTH ATLANTIC TREATY ORGANIZATION, E-LIBRARY).（http://www.nato.int/cps/en/natolive/publications.htm）
6．『フォーリン・アフェアーズ Foreign Affairs』（https://www.foreignaffairs.com/）
7．ドイツ連邦文書館（Das Bundesarchiv）.（http://www.bundesarchiv.de/index.html.de）
8．ドイツ連邦文書館旧東独共産党・大衆組織関係史料センター（Stiftung Archiv der Parteien und Massenorganisationen der DDR im Bundesarchiv（SAPMO）).（http://www.bundesarchiv.de/bundesarchiv/organisation/sapmo/index.html.de）
9．シュタージ博物館（STASI MUSEUM）.（http://www.stasimuseum.de/）
10．ドキュメント・アーカイブ（東ドイツ）(Document Archiv (DDR)).（http://www.documentarchiv.de/ddr.html）
11．SED独裁究明・連邦財団（Bundesstiftung zur Aufarbeitung der SED-Diktatur）.（http://www.bundesstiftung-aufarbeitung.de/）
12．ドイツ連邦共和国財団・歴史の家（Stiftung Haus der Geschichte der Bundesrepublik Deutschland）.（http://www.hdg.de/stiftung/）
13．ドイツ歴史博物館（Deutsches Historisches Museum）.（https://www.dhm.de/）
14．コンラート・アデナウアー財団（Konrad Adenauer Stiftung）.（http://www.kas.de/）
15．『ノイエス・ドイチュラント』（Neues deutschland（SOZIALISTISCHE TAGESZEITUNG)).（http://www.neues-deutschland.de/）
16．『デァ・シュピーゲル』（SPIEGEL ONLINE）.（http://www.spiegel.de/）
17．外務省（Auswärtiges Amt）.（http://www.auswaertiges-amt.de/DE/Startseite_node.html）
18．パーク・イン（park inn）.（http://www.parkinn-berlin.de/）

人名索引

ア 行

アイゼンハワー（Eisenhower, Dwight D.）
　75, 76, 144, 145, 156-159, 180-182, 184, 200
アウグシュタイン（Augstein, Rudolf）　94
アチソン（Acheson, Dean）　101, 108, 156
アッカーマン（Ackermann, Antonn）　121, 124, 177
アデナウアー（Adenauer, Konrad）　45, 51, 56, 57, 59, 75-77, 79, 80, 84, 87, 90-92, 94, 96, 97, 99, 102, 103, 106, 107, 118, 122, 124, 127, 132, 158-160, 168, 179, 182, 184, 189, 199, 206
アドマイト（Adomeit, Hannes）　11
アトリー（Attlee, Clement）　159
アリンソン（Allinson, Mark）　29, 30
イェンドレツキー（Jendretzky, Hans）　177
イーデン（Eden, Anthony）　35, 96, 100, 104, 107, 198, 200
ヴァーグナー（Wagner, Matthias）　137
ヴィシンスキー（Vyshinskii, Andrei Ia.）　104
ヴェティヒ（Wettig, Gerhard）　2, 86, 88, 113, 132
ヴェーナー（Wehner, Herbert）　180
ヴェーバー（Weber, Hermann）　12, 89, 149
ヴェントカー（Wentker, Hermann）　2
ヴォスレンスキー（Voslensky, Michael S.）　136, 137
ヴォレ（Wolle, Stefan）　24
ヴォロシーロフ（Voroshilov, Klimenti Ye.）　176
ウラム（Ulam, Adam B.）　86, 87
ウルブリヒト（Ulbricht, Walter）　4, 17, 19, 29, 30, 45, 47-49, 52, 88, 97, 117, 118, 122-124, 126, 129-131, 140, 148, 154, 155, 172, 177-179, 188, 189, 195, 204, 206, 207
オスターマン（Ostermann, Christian F.）　146, 147, 182
オット（Otto, Wilfriede）　147
オレンハウアー（Ollenhauer, Erich）　97, 107, 123, 124

カ 行

カイザー（Kaiser, Jakob）　44, 50, 92, 94, 97, 124
ガウク（Gauck, Joachim）　214
カガノヴィッチ（Kaganovich, Lazar M.）　152, 176, 178
カークパトリック（Kirkpatrick, Ivone）　107
カストナー（Kastner, Hermann）　52
カプラン（Kaplan, Morton A.）　10
ギャディス（ガディス）（Gaddis, John Lewis）　10, 38-40, 63
キーロフ（Kirov, Sergei M.）　131
クーデンホーフ=カレルギー（Coudenhove-Kalergi, Richard Nikolaus von）　108, 109, 110
クチンスキー（Kuczynski, Jürgen）　169
グラムル（Graml, Hermann）　86, 87, 113
グレースナー（Glaeßner, Gert-Joachim）　137
クレスマン（Kleßmann, Christoph）　13, 49, 50, 87, 90, 111, 146, 150, 164
グロセール（Grosser, Alfred）　86, 87
グローテヴォール（Grotewohl, Otto）　45, 52, 56, 59, 89, 91, 97, 120, 121, 123, 124, 126, 131, 140, 155, 177
グロムイコ（Gromyko, Andrei A.）　60, 61, 120, 132
ゲオルギウ=デジ（Gheorghiu-Dej, Gheorghe）　122
ケナン（Kennan, George F.）　11
ゴットワルト（Gottwald, Klement）　122, 174
コナント（Conant, James B.）　183
ゴムウカ（Gomułka, Władysław）　130, 150
ゴルバチョフ（Gorbachev, Mikhail）　3, 70, 142

サ 行

サブーロフ（Saburov, Maksim）　176
ザポトツキー（Zápotocký, Antonín）　174

シェルストヤーノイ（Scherstjanoi, Elke）133, 145, 147, 160, 162
ジダーノフ（Zhdanov, Andrei A.）　54, 87
ジャクソン（Jackson, Charles Douglas）　181
シュタイニンガー（Steininger, Rolf）　87
シュタムマー（Stammer, Otto）　22
シューターリッツ（Staritz, Dietrich）　2, 13, 90, 126, 127, 132
シューテーキクト（Stöckigt, Rolf）　145
シュテーファー（Stöver, Bernd）　146, 164, 177
シュトレーゼマン（Stresemann, Gustav）　121
シューマッハー（Schumacher, Kurt）　45, 56, 92, 97, 101, 107
シューマン（Schuman, Robert）　75, 108
シュミット（Schmidt, Elli）　177
ジョルジェスク（Georgescu, Teohari）　130
ジラス（Đilas, Milovan）　37
スターリン（Stalin, Joseph V.）　6, 17, 34-40, 42, 50-52, 54, 58, 68-70, 72, 85, 88, 111, 115, 117-119, 124-131, 139, 144-147, 150-152, 154-156, 159, 174, 176, 177, 194, 195, 206
スラーンスキー（Slánský, Rudolf）　130, 150
ゼーテ（Sethe, Paul）　12, 86, 87, 89, 94, 97
セミョーノフ（Semenov, Vladimir）　60, 65, 115, 126, 129, 132, 153, 155, 160, 162, 172-174, 185
ゼルプマン（Selbmann, Fritz）　173
ソコロフスキー（Sokolovskii, Vasilii D.）　50, 173, 186

タ 行

ダレス（Dulles, John Foster）　145, 156, 183, 190
ダーレム（Dahlem, Franz）　150
チェルヴェンコフ（Chervenkov, Valko）　122
チトー（Tito, Josip Broz）　119, 130, 150
チャイルズ（Childs, David）　24
チャーチル（Churchill, Winston）　7, 34-38, 58, 144, 146, 159, 161, 184, 189
チュイコフ（Chuikov, Vasily）　60
ツァイサー（Zaisser, Wilhelm）　123, 124, 131, 155, 177, 178
ツァルスキー（Zarusky, Jürgen）　113
ディートリッヒ（Diedrich, Torsten）　88

トゥルパノフ（Tiulpanov, Sergei Ivanovich）　87
ド＝ゴール（Gaulle, Charles de）　198
トルーマン（Truman, Harry S.）　38, 43, 156, 157
トロツキー（Trotskii, Leon）　35

ナ 行

ナジ（Nagy, Imre）　174
ナリンスキー（Narinsky, Mikhail M.）　126
ニーメラー（Niemöller, Martin）　201
ヌシュケ（Nuschuke, Otto）　50, 52, 173
ネクラーソフ（Nekrassow, Vladimir）　175
ネンニ（Nenni, Pietro）　115, 131
ノアーク（Noack, Ulrich）　94
ノヴォトニー（Novotný, Antonín）　174

ハ 行

ハイネマン（Heinemann, Gustav）　94, 124
ハーヴェマン（Havemann, Robert）　173
ハレー（Halle, Louis J.）　11
バーンズ（Byrnes, James F.）　42
ビェルト（Bierut, Bolesław）　122, 123
ピーク（Pieck, Wilhelm）　4, 42, 45, 49-52, 54, 57, 60, 88, 121, 124-127, 140, 155
ヒトラー（Hitler, Adolf）　48, 161
フェイト（Fejtö, François）　86, 87, 145, 152
フォイツィック（Foitzik, Jan）　133, 146
フォール（Faure, Edgar）　200
プフライデラー（Pfleiderer, Karl Georg）　94
ブラント（Brandt, Willy）　56
フリードリッヒ（Friedrich, Carl Joachim）　22
ブルガーニン（Bulganin, Nikolai A.）　124, 126, 176, 200
フルシチョフ（Khrushchev, Nikita S.）　8, 70, 111, 151, 153-155, 173, 174-176, 178, 179, 190, 200, 209
フルブルック（Fulbrook, Mary）　29, 151
ブレジンスキー（Brzezinski, Zbigniew K.）　22, 24, 25, 27, 32
プレヴァン（Pleven, René）　76
ブレヒト（Brecht, Beltolt）　169
ベヴィン（Bevin, Ernest）　198
ベリヤ（Beriia, Lavrentii P.）　111, 145, 151-

155, 161, 173-176, 178
ペルヴーヒン（Pervukhin, Mikhail） 176
ヘルンシュタット（Herrnstadt, Rudolf） 131, 155, 177, 178
ヘンネッケ（Hennecke, Adolf） 150
ホイス（Heuss, Theodor） 51, 60
ホーネッカー（Honecker, Erich） 29, 30, 142, 207

マ 行

マイスナー（Meissner, Boris） 11, 87
マイヤー（Meyer, Gerd） 137
マーシャル（Marshall, George C.） 40
マストニー（Mastny, Vojtech） 11, 72, 118-120, 129, 195
マックロイ（Malenkov, Georgii M.） 100, 107
マレンコフ（Malenkov, Andrei） 111, 124, 126, 152, 155, 173-176, 178, 179
ミコヤン（Mikoian, Anastas A.） 124, 176
ミッター（Mitter, Armin） 24
ミューラー（Müller, Ludwig） 201
ミールケ（Mielke, Erich） 123
メーラー（Möller, Horst） 24, 25, 27
メルカー（Merker, Paul） 150
メルケル（Merkel, Angela Dorothea） 214
メルニコフ（Melnikov, Daniil E.） 118
モーゲンソー（Morgenthau, Hans J.） 10
モドロウ（Modrow, Hans） 142
モネ（Monnet, Jean） 74-76
モロトフ（Molotov, Viacheslav M.） 4, 35, 38, 42, 43, 54, 124, 126, 145, 151-155, 160, 161, 173, 176, 178, 185, 197

ラ 行

ラウファー（Laufer, Jochen） 113
ラーコシ（Rákosi, Mátyás） 122, 174
ラレス（Larres, Klaus） 1, 2, 12, 146

リップマン（Lippmann, Walter） 94
リンス（Linz, Juan J.） 32
ルカ（Luca, Vasile） 130
ルッツ（Ludz, Peter Christian） 23, 26
ルンデスタッド（Lundestad, Geir） 11, 62, 77, 78
レイノー（Reynaud, Paul） 73, 74
レーヴェンタール（Löwenthal, Richard） 22
レーニン（Lenin, V. I.） 35, 40
レプシウス（Lepsius, M. Rainer） 27-29
レーマー（Remer, Otto-Ernst） 169
レムケ（Lemke, Michael） 17, 18, 86, 88
レンマー（Lemmer, Ernst） 50
ロスチャイルド（Rothschild, Joseph） 62
ローズノウ（Rosenau, James N.） 18
ローズヴェルト（Roosevelt, Franklin） 34, 37, 38
ロート（Loth, Wilfried） 2, 12, 13, 17, 86, 88, 90, 113, 126

石井修 205
伊東孝之 72, 86, 112
岩田賢司 43
岩間陽子 110
小島栄一 86
佐瀬昌盛 73, 110
高橋進 11
永井清彦 127
仲井斌 24
中田潤 13
羽場久美子 62
平島健司 98
古田善文 195
星乃治彦 146
三宅正樹 113
山田徹 137, 207

事項索引

あ行

アメリカ化（Amerikanisierung）　i, 18, 110
EDC（ヨーロッパ防衛共同体）条約　99, 105-108, 124, 127, 131, 160, 187, 198
ヴァイマル共和国　57, 163
ヴァイマル憲法　46, 52, 57, 202
オーデル＝ナイセ線　44, 69, 71, 103, 106, 109, 118, 119, 124, 194

か行

カードル・ノメンクラトゥーラ・システム　ii, 29, 136, 137, 139-142, 149, 201, 208, 210, 214
解放政策　7, 157-159, 184, 190
「架橋構想」　44, 97
北大西洋条約機構（NATO）　70, 77, 78, 100, 108, 184, 187, 189, 198, 199
教会闘争　201, 202
協議的権威主義（体制）　23, 26
「強制合同（Zwangsvereinigung）」　45, 48
グローテヴォール書簡　59, 60
「国内派」（東ドイツ）　88, 89, 120, 123, 124, 131
国家評議会（東ドイツ）　138, 140
コミンフォルム　41

さ行

「磁石説」（マグネット理論）　57
「社会主義の建設」（東ドイツ）　13, 18, 30, 116, 117, 128-131, 137, 142, 144, 145, 148-152, 154, 168, 169, 175, 178, 195, 206, 212
「（社会的）諸制度の構造（Institutionenordnung）」　27
シューマン・プラン　57, 75, 79
収斂理論（Konvergenztheorie）　23
授権法（全権委任法）　46
シュタージ（国家保安省）　24, 210
ジュネーブ会談（1955年7月）　200
招待された帝国（"empire" by invitation）　1, 6, 7, 11, 12, 71, 77, 198
新経済システム（NÖS）　23
「新コース」　168, 169, 174, 175, 178, 188
「人民民主主義」　35, 62, 87, 128, 129, 161
「スターリン・ノート」　2, 3, 6, 53, 57, 61, 68-70, 72, 79, 80, 82-86, 88-90, 92-94, 96-108, 111, 113, 115, 117, 118, 120-124, 126, 127, 130-132, 144, 146, 148, 149, 153, 154, 156, 160-164, 187, 193-196, 202, 212
スターリン批判　209
全ドイツ設立委員会　58, 60, 98, 118
ソ連化（Sowjetisierung）　i, 18-21, 29, 30, 145, 148, 151, 156, 169, 178, 179, 193, 205, 206
「ソ連型社会主義」　i, 6, 35, 62, 115, 120, 131, 136, 172, 178
ソ連管理委員会（SKK）　60, 122, 133
ソ連軍政本部（SMAD）　48, 50, 54, 55, 115, 122, 133
ソ連占領地区（SBZ）　i, 16, 17, 22, 45, 47, 48, 54-56, 89, 110, 116, 117, 132, 133, 180

た行

「大西洋共同体」　78
チェコ事件　171
デモンタージュ（Demontage）　116, 117
「ドイツからの冷戦」　4-7, 10, 13, 16, 17, 19, 20, 29, 31, 128, 144-146, 189, 193, 195, 204-208
ドイツ条約　60, 74, 76, 105-107, 124, 127, 131, 187, 198
ドイツ人民会議（Deutscher Volkskongreß）　47, 49, 50, 52
「ドイツと冷戦モデル」　70
ドイツ福音主義教会（EKD）　206, 207
ドイツ民主共和国憲法　47, 52, 64
ドイツ連邦共和国基本法　46, 51, 211
「統一リスト（Einheitsliste）」方式　45, 49, 53, 117, 122, 147
統合による「帝国」（"Empire" by integration）　77, 78

事項索引

な行

東方政策（オスト・ポリティーク）　19, 22, 31
トルーマン・ドクトリン　43

「二国家理論」　7, 70, 90, 111, 153, 179, 188, 201

は行

パリ協定　189, 199
反党グループ事件　178
「反ファシズム（Antifaschismus）」　48, 58, 154, 201, 202
「反ファシズム民主国家」　18, 20, 21, 30, 98, 120
東ドイツ憲法　202
非ナチ化　44, 84, 90, 115
封じ込め政策　11, 43, 74, 75, 144, 156, 158
プラハ・イニシアチブ　58, 59, 60, 118, 122
「プラハの春」　115
ブリュッセル条約　50, 198, 199
ブレトンウッズ会議　34
プロテスタント教会　28, 29, 183, 201-204, 214
壁龕社会（Nischengesellschaft）　26, 32, 208, 214
ヘルシンキ文書　19
ベルリン外相会議（1954年1月）　197
「ベルリンの壁」　i, 29, 116, 140, 213
ベルリン封鎖　51, 53, 71, 116, 194
ポツダム会談　38, 39, 54, 94, 106, 115

ま行

マーシャル・プラン　40-43, 53, 63, 78, 79

巻き返し政策　156, 159
マッカーシズム　157
「3つの環」　159
「民衆史としての社会主義国史」　146
モスクワ外相会談（1947年3月）　43, 194
「モスクワ派」（東ドイツ）　88, 89, 120, 124, 131, 171, 204

や行

ヤルタ会談　34, 36-39, 53, 115
宥和政策　35
ヨーロッパ防衛共同体（EDC）　59, 69, 73-76, 79, 84, 85, 90, 91, 93, 98-104, 109, 110, 118, 158, 184, 189, 198, 199

ら行

ラパロ条約　101, 121
リアス放送（RIAS）　158
「冷戦秩序」　i, 53, 131, 142, 189, 193, 194, 197, 200, 201, 207, 211, 212
「労働者と農民の国家」　21
ロカルノ条約　121
6月17日事件　6, 7, 129, 136, 144-146, 159, 168, 170, 171, 173-175, 177, 179, 180, 183-186, 188, 189, 206, 212

わ行

ワルシャワ条約機構（WTO）　70, 115, 154, 155, 189

〈執筆者紹介〉

清水　聡（しみず そう）

1973年生まれ。明治大学大学院政治経済学研究科政治学専攻博士後期課程修了。博士（政治学）。
明治大学政治経済学部専任助手，青山学院大学総合研究所客員研究員，法政大学社会学部兼任講師を経て，
現在：明治大学政治経済学部兼任講師，青山学院大学非常勤講師，玉川大学非常勤講師，東京家政大学非常勤講師。専門は，国際政治学，ドイツ冷戦史，EU研究。

主な論文・訳書に，
『国家のゆくえ──21世紀世界の座標軸』（共著，芦書房，2001年）
『国際政治から考える東アジア共同体』（共著，ミネルヴァ書房，2012年）
『法社会学の基礎理論』（共訳，法律文化社，2012年）
『移民・マイノリティと変容する世界』（共著，法政大学出版局，2012年）
『EU（欧州連合）を知るための63章』（共著，明石書店，2013年）
『冷戦史を問い直す──「冷戦」と「非冷戦」の境界』（近刊）（共著，ミネルヴァ書房，2015年）

Horitsu Bunka Sha

東ドイツと「冷戦の起源」　1949〜1955年

2015年10月3日　初版第1刷発行

著　者　清　水　　聡
発行者　田　靡　純　子
発行所　株式会社　法律文化社

〒603-8053
京都市北区上賀茂岩ヶ垣内町71
電話 075(791)7131　FAX 075(721)8400
http://www.hou-bun.com/

＊乱丁など不良本がありましたら，ご連絡ください。
　お取り替えいたします。

印刷：西濃印刷㈱／製本：㈱藤沢製本
装幀：白沢　正
ISBN 978-4-589-03701-5

Ⓒ 2015 Soh Shimizu Printed in Japan

JCOPY　〈社〉出版者著作権管理機構　委託出版物

本書の無断複写は著作権法上での例外を除き禁じられています。複写される場合は，そのつど事前に，㈳出版者著作権管理機構（電話 03-3513-6969，FAX03-3513-6979, e-mail: info@jcopy.or.jp）の許諾を得てください。

初瀬龍平編著
国際関係論入門
― 思考の作法 ―
A5判・330頁・2700円

現代の国際関係を考える基本的視座や視点，概念を丁寧に解説した初学者むけのテキスト。国家の利益や安全保障ではなく人間の生命と安全を重視し，その実現のために必要な知識と〈思考の作法〉を細やかに提示する。

三上貴教編
映画で学ぶ国際関係Ⅱ
A5判・220頁・2400円

映画を題材に国際関係論を学ぶユニークな入門書。国際関係の歴史・地域・争点における主要なテーマをカバーし，話題作を中心に50作品を厳選した。新しい試みとして好評を博した『映画で学ぶ国際関係』の第2弾。

高柳彰夫著
グローバル市民社会と援助効果
― CSO/NGOのアドボカシーと規範づくり ―
A5判・258頁・3700円

「成長による貧困削減規範」から「人権規範」への転換を目指すCSO（市民社会組織）の歴史，提言，規範づくりに着目し，CSO独自の役割を包括的に検証。「グローバル市民社会」を核とする著者の国際開発研究の到達点。

デヴィッド・ヘルド著／中谷義和訳
コスモポリタニズム
― 民主政の再構築 ―
A5判・242頁・3800円

グローバル民主主義理論の発展を牽引してきた理論家D.ヘルドの10年越しの最新著作の邦訳。地球規模の諸課題を克服するための政策とその実現のための統治システムを，理想と現実の相克を踏まえ提示。新たな理論構築を試みる。

トーマス・ライザー著／大橋憲広監訳
法社会学の基礎理論
A5判・478頁・10000円

ドイツの代表的な法社会学者による体系書。社会学の一分野として，また法学の分肢としての法社会学という二重の役割を浮き彫りにし，法社会学の知見の体系化を試みる。広渡清吾氏による解説「ライザー教授の法社会学」を所収。

― 法律文化社 ―
表示価格は本体（税別）価格です